基本と実務がよくわかる

小さな会社の
総務・労務・経理

24-25年版

税理士
池田陽介 監修

ナツメ社

インボイス制度とは?

そもそも「インボイス」って何?

インボイスは売り手が買い手に対して正確な適用税率や消費税額を伝えるものです。

インボイス
消費税を正確に記した請求書

インボイスください

買い手
課税事業者

売り手
インボイス発行事業者

2023年10月からインボイス制度開始

インボイスとは「適格請求書」のことです。インボイス発行事業者(適格請求書発行事業者)がインボイスを交付することができます。

インボイスの交付を求められる

売り手であるインボイス発行事業者は、買い手である取引相手から求められたときはインボイスを交付することになります。

買い手も売り手もインボイスの保存が必要

買い手では消費税の「仕入税額控除」を受けるために、交付を受けたインボイスを保存しなければなりません。売り手も、インボイスの保存義務があります。

インボイスで支払った消費税を示す

交付を受けたインボイスを保存することで支払った消費税を差し引くことができます。

課税事業者

インボイス

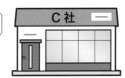

（消費税10%）

C社への売上 1,000円	預かった消費税 100円

B社からの仕入 700円	支払った消費税 70円

A社が納める消費税の金額
100円－70円＝30円

インボイスがあるので
差し引くことができる

仕入
700円

支払った消費税
70円

仕入先

預かった消費税
100円

売上
1,000円

販売先

C社

インボイスの交付がないと消費税の納税額が増加する!?

買い手はインボイスの交付がなければ消費税の「仕入税額控除」の適用を受けることができず、消費税納税額が増加してしまいます。

B社からインボイスが交付
されない場合にA社が納める金額
100円－0円＝100円

インボイスをもらってない！

インボイス発行には
これが必要

書面またはe-Taxで登録申請!

　取引先にインボイス(適格請求書)を交付するためには、納税地を所轄する税務署長に対して登録申請書を提出し、適格請求書発行事業者になる必要があります。

新しい請求書・領収書の形式で発行する準備!

　253ページで示しているように、「発行者の名称及び登録番号」や「税率ごとに区分した消費税額」など、請求書に記載する項目が追加されます。

　インボイス制度では、領収書も対象になります。ただし、小売店や飲食店など「不特定多数の人を相手」に販売を行う事業者の場合、発行する領収書を簡素化できる「簡易インボイス」の対象になります。

請求書(領収書)

〇〇株式会社

株式会社△△御中　　　　登録番号　T12345……
12月分　65,600円　　　　　　　××年12月20日

日付	品名	金額
12/1	肉　※	2,500円
12/1	肉　※	5,000円
12/2	備品	1,000円
	…	

合計	60,000円	消費税	5,600円
8%対象	20,000円	消費税	1,600円
10%対象	40,000円	消費税	4,000円

※軽減税率対象

レシートは
簡易インボイスに
該当します。

知っておきたい
消費税の簡易課税方式

簡易課税に
しよう

きめた！

　課税売上高が5000万円以下の場合、簡易課税方式を採用することができます。

　事業区分に応じて定められた「みなし仕入率(90〜40%)」に乗じて算出した金額を、仕入に係る消費税額として、売上に係る消費税額から控除することになります。

　簡易課税方式を選択するときは、税務署へ「消費税簡易課税制度選択届出書」の提出が必要です。

※小売業などは80%、建設・製造・電気業などは70%、不動産業は40%。飲食業はテイクアウトなど提供形態で異なるが、基本的に60%。

具体例：卸売業の場合

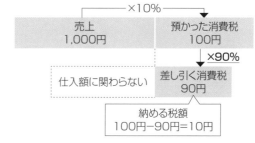

インボイス制度の経過措置

免税事業者からの仕入

　課税売上高が1億円以下の事業者は、インボイス制度導入後6年間は、免税事業者等からの仕入について、当初3年間は仕入税額の8割、その後3年間は5割を仕入税額控除できる。

2割特例

　消費税の納税義務がない(課税売上高が1000万円以下)法人や個人事業主が、インボイス発行事業者の登録をすることで課税事業者になった場合には、仕入額にかかわらず、納める税額は預かった消費税の20%に軽減される(3年間)。

電子帳簿保存法とインボイス制度

電子帳簿保存法は以下を定めた法律です。

❶帳簿書類の電子データによる保存を可能にすること

❷電子取引の情報の保存を義務化すること

	何を？	どうやって？
任意 / 電子帳簿保存	 請求書	 会計ソフト等に入力
任意 / スキャナ保存	紙で受領した請求書や領収書など	 スキャン・読み取り
義務 / 電子取引		電子データで作成された領収書等をメールやダウンロードにより受領 

インボイス制度と電子帳簿保存法は、事業者にとっては対応を迫られる問題です。電子データで受け渡すインボイスは「電子インボイス」と呼ばれ、電子帳簿保存法に従うことになります。2024年1月からは原則、事業者は電子取引データの保存が義務化されました。

どのように保存？

電子的に作成した
帳簿を
そのまま保存

スキャンデータ
を保存

授受した
電子データを
保存

ただし、新たな猶予措置あり！
（次ページのQ&Aを参照）

要件のポイントは？

電子帳簿等保存法
対応会計ソフトの
利用等

改ざん防止措置
と
検索機能の確保

具体的な措置

**タイムスタンプの
付与**

または

**履歴が残るシステム
での授受・保存**

システムの導入が難しければ、改ざん防止の「事務処理規程」を定めて処理することも可能。国税庁のホームページに規程のサンプルがある。

システムの導入が
難しければ

**表計算ソフトでの
「索引簿」の作成**

または

ファイル名の命名規則
（215ページ参照）

※以下の対象者は不要。
①売上高が5000万円以下の者
②その電子データの出力書面の提示等の求めに応じることができるようにしている者

インボイス制度と電子帳簿保存法 Q&A

Q インボイス制度の導入の目的は?

A 売買取引などにともなう、消費税の正確な把握と納税を目的とするものです。取引先からのインボイスの交付がなければ、売上時に受け取った消費税をそのまま納税することになります。結果として、仕入時にかかった消費税額を差し引くことはできず、消費税の納税額が増すということです。

Q 新規開業でインボイスの交付を受けるには?

A 新規開業などで新たにインボイスの交付を受けるためには、「適格請求書発行事業者の登録申請書」を所轄の税務署へ提出します。登録されれば、インボイス発行事業者(適格請求書発行事業者)と認められます。

Q インボイス制度への登録は義務ですか?

A 登録そのものは、事業者の任意です。インボイス制度を利用するためには、消費税の新しい取扱いである「適格請求書(インボイス)発行事業者」の登録が必要です。登録が済めば「T」のあとに13桁の数字が続く「登録番号」が付与されます。

Q 取引先の登録番号は確認できますか?

A 国税庁の「インボイス制度 適格請求書発行事業者公表サイト」(https://www.invoice-kohyo.nta.go.jp/)で確認できます。

インボイス制度の詳しい内容は
252〜255ページを参照

Q インボイス制度における少額特例とは?

A 少額特例は事業者の負担を軽減する制度です。課税売上高が1億円以下の事業者の場合、1万円未満の仕入れについては、インボイスの交付を受けなくても、帳簿のみの記載・保存で仕入税額控除を適用することができます(2029年9月30日まで)。

Q 電子帳簿保存法に対応する余裕がありません…

A 例外的に、税務署長が認める「相当の理由」(人手不足や資金不足など)がある場合は、検索機能がなくても電子取引データの保存が認められます。これは、中小零細企業を対象とした猶予措置です。ただし、税務調査の際に、電子取引データをダウンロードしたり、書面で渡したりできる状態にしておくことが必要です。

電子帳簿保存法の詳しい内容は
212〜215ページを参照

Q 2割特例を受けるにはどうすればいいですか?

A 2割特例は、これまで免税事業者だった事業者がインボイス発行事業者として課税事業者になる場合の税負担・事務負担の軽減措置です。適用を受けると、インボイス制度の開始から3年間、事業者の納税額が売上税額の20%に軽減されます。

主なポイントは以下の通りです。

・事前の届出は不要。特例を適用する旨を確定申告書に付記すればOK

・2年間の継続適用の縛りはなく、申告時に本則課税や簡易課税を選択できる

・2割特例の適用を受けた事業者が、適用を受けた課税期間の翌課税期間中に簡易課税制度の適用を受ける場合は、「簡易課税制度選択届出書」をその適用を受けようとする課税期間中に所轄税務署長に提出することにより、適用を受けることができる

はじめに

　新型コロナウイルスの感染拡大にともない在宅勤務制度を導入したことで、通勤費や住宅手当、社宅制度などの改定作業に追われた企業もあることでしょう。小さな会社にとって当面の課題は「消費税のインボイス制度」と「改正電子帳簿保存法」への対応です。

　特に、「インボイス制度」についてはお客様から質問も多く、また税務当局もそのような事情を考慮し緩和策を講じていますが、まだまだ負担が大きいのが現状です。

　企業として成長するためには、優れた営業力や技術力が不可欠ですが、営業部門や技術部門にばかり目が向き、会社の運営や管理がおろそかになってトラブル続きという企業も数多く見てきました。

　会社の日常業務が何事もなく進む。会社の運営や管理がスムーズにいく——本書のテーマである「総務」「労務・人事」「経理」の業務がほどよく機能してこそ、会社は長所を生かして成長に結びつけることができるのです。

　野球でいえば、「営業」や「技術」がピッチャーで、「総務」「労務・人事」「経理」はキャッチャーです。

どちらにより多くの比重をかけるかは会社によって異なるでしょうが、ピッチャーとキャッチャーは、そのどちらか一方が欠けても野球になりません。

　私自身も40人を超えるスタッフを抱えた事務所を運営しています。どうすれば事務所が効率よく運営できるのか、事務負担を簡素化するためにはどうすべきか、という試行錯誤の連続です。そうした経験も交えながら「総務」「労務・人事」「経理」の業務を整理し、社内担当者を含めて「よりわかりやすく」をテーマに、本書をまとめました。特に、「労務・人事」パートでは所内の田角晃社会保険労務士によるチェック、アドバイスを受けています。

　本書を参考に、成長する企業が数多く出現するとしたらこれに勝る喜びはありません。

税理士　池田 陽介

本書で取り上げて解説している法律や制度は変更される場合があります。また、税金の税率や社会保険・労働保険の料率は毎年変更されます。実務を行う際は、ウェブサイト等で最新の情報を確認するようにしてください。

- 本書の内容は、2024年3月現在の情報をもとに解説しています。
- 本書で取り上げて解説している法律や制度は変更される場合があります。また、税金の税率や社会保険・労働保険の料率は毎年変更されます。

小さな会社の「総務」の仕事

「総務」は こんな仕事

　総務の仕事は、会社設備の管理や庶務業務、契約書や文書の管理など多岐にわたります。全社員が自分の担当業務に専念できるようにサポートすることが総務部門の担当者には求められます。また、社内行事やイベントの運営のほか、会社によっては株主総会の準備や経営のサポートなども重要な業務です。

主な仕事内容

庶務関連業務 ▶ 28〜51ページ

　電話応対や受付・来客対応、郵便物の管理や印刷物の手配、社内・社外文書の作成といった「会社を運営するために不可欠な業務でありながら担当部署がない業務」のすべては、総務部門の業務領域といえます。

> 働きやすい環境の実現や会社のスムーズな運営を担う総務部門は、会社を縁の下で支える力持ち！

設備管理業務 ▶52〜59ページ

　事務用品や消耗品の管理も総務部門の担当者の役目です。できるだけ出費を抑えるために購入とリースを比較したり、備品の使用状況をチェックして無駄をなくしたりすることを意識しましょう。

経営サポート・手続関連業務 ▶60〜87ページ

　経営者のサポートも大切な業務です。会社の運営を円滑に行うためにはどうするか、社員が働きやすい環境をどう整備するかなど、「経営的な視点」を持って行動できるようになることも必要です。

代表取締役

「総務」に必要なスキルを身につけよう！

☑ 社内外の人と信頼関係を築くための「コミュニケーション能力」

☑ 様々なことに目が届く「視野の広さ」と「細やかな心配り」

☑ 出費を抑えたり無駄をなくしたりできる「コスト感覚」

小さな会社の「労務・人事」の仕事

「労務・人事」
はこんな仕事

　　　　　会社を成長させるためには優秀な人材の確保や育成が不可欠です。労務・人事部門は、採用から研修、配属や人事評価といった人材に関するあらゆる業務を担当し、社員が能力を発揮できるようにサポートすることが求められます。また、社会保険や労働保険などの各種手続き、社内規定の整備なども重要な業務です。

主な仕事内容

採用 ▶ 94〜109ページ

　採用人数や雇用形態、採用目的を考慮しながら、採用活動を行います。よい人材の確保は労務・人事部門の最も重要な業務の一つです。

社会・労働保険 ▶ 110〜131ページ

　社員が安心して働けるように、社会保険や労働保険への加入手続きを行います。手続き漏れなどがないように注意しましょう。

人材採用から配属・評価、能力開発まで、労務・人事部門は会社の「ヒト」にかかわるすべての業務を担う！

社内ルールと管理
▶132〜155ページ

社員がそれぞれの能力を発揮できるようにするためには、社内ルールを整備して、それを適切に運用することが求められます。

福利厚生と人事考課 ▶156〜163ページ

働きやすい職場の実現や人材の定着には、福利厚生を手厚くしたり、社員のやる気や成果を適切に評価したりすることが重要です。

多様な雇用方法 ▶164〜169ページ

雇用形態の多様化により、会社には様々な立場や年齢の人が働いています。それらの人たちが能力を発揮できるように環境を整備することは、これまで以上に求められています。

「労務・人事」に必要なスキルを身につけよう！

☑ 個人情報を適切に扱うための「秘密保持能力」

☑ 様々な手続きを遅滞なく正確に行う「事務処理能力」

☑ 採用や評価をするために必要な「人を見る目」と「公正さ」

小さな会社の「経理」の仕事

「経理」は
こんな仕事

　経理部門の仕事は単調な業務の積み重ねといえますが、金銭管理やそのデータ作成を通して会社の経営にかかわることが求められます。入出金の管理や給与の支払いのほか、決算書の作成は経理部門の重要な業務です。また、経営管理や資金繰りなどでは税理士や会計士などと協力して会社の課題解決に取り組むことも求められます。

主な仕事内容

支払い

入金

経理業務の基本
▶172〜193ページ

　高い専門性が求められる経理部門は、税金や金融機関の仕組み、証憑の発行や管理、税務署への届出といった基本業務についての知識を身につけることが必要です。

日々の入出金の管理から、決算書の作成や資金繰りまで、
経理部門は会社のお金に関するエキスパート！

給与の支払いと徴収
▶194〜205ページ

　毎月の給与の計算と支給は、スケジュールに遅れることなく、その手続きを完了させなければなりません。また、税や保険料の徴収や納付も適切に行います。

日々の業務と記帳 ▶206〜225ページ

　会社のお金の動きを帳簿に漏れなく記録することも重要な業務です。そのため、仕訳や複式簿記についての理解が求められます。

決算・納税業務 ▶226〜257ページ

　経理部門にとって、決算業務は年に一度のメインイベントです。1年間の会社の儲けを計算し、会社の財政状態や経営成績を決算書にまとめます。

「経理」に必要なスキルを身につけよう！

☑ 1円の誤差も見落とさない「正確性」と「責任感」

☑ 会社の状態を把握・理解するための「数字を読む力」

☑ お金の動きから会社全体を見渡せる「経営的な視点」

1年間の仕事カレンダー

	4月	5月	6月
総務	・入社式 ・関係法令の改正チェック	・定時株主総会の準備	・定時株主総会の開催 ・役員変更等による変更登記 ・お中元の手配
労務・人事	・新入社員研修 ・人事異動の発令 ・法改正にともなう就業規則の改定 ・組織変更などにともなう事務 ・給与の計算と支払い事務	・夏季賞与のための人事考課（賞与の計算） ・給与の計算と支払い事務	・夏季賞与の支給 ・労働保険の年度更新 ・ハローワークによる求人申込書受付開始（高校新卒予定者対象） ・大学新卒予定者の選考開始（筆記試験・面接） ・給与の計算と支払い事務
経理	・決算作業（決算書の作成） ・月次試算表の作成 ・源泉徴収簿の作成	・法人税や消費税などの申告・納付 ・事業所税の納付 ・自動車税の納付 ・月次試算表の作成	・従業員の住民税の納付（特例適用企業の場合） ・月次試算表の作成

総務、労務・人事、経理の各部門が、1年間に行う主な仕事をまとめました。仕事は、会社の規模や組織の形態などによっては兼任している場合もあれば、それぞれの部門で別の作業を行う場合もあります。いつどんな業務があるのかをチェックしましょう。

※本表は、3月決算（事業年度：4月1日～3月31日）、4月定期昇給・新入社員を受け入れ、賞与を6・12月に支給する会社の例です。

7月	**8月**	**9月**
・暑中見舞いの作成	・夏季休暇期間を取引先に連絡	・防災訓練
・社会保険の定時決定 ・労働保険料の納付 （第1期分） ・給与の計算と支払い事務	・給与の計算と支払い事務	・給与の計算と支払い事務
・源泉所得税の納付 （特例適用企業の場合） ・月次試算表の作成	・月次試算表の作成	・月次試算表の作成

日々の仕事として、総務であれば備品や消耗品の購入・管理、労務・人事であれば従業員の勤怠管理、経理であれば入出金の管理や帳簿の記帳などがあります。

	10月	11月	12月
総務	・健康診断の実施	・お歳暮の手配	・年賀状の作成 ・忘年会や納会 ・大掃除
労務・人事	・労働保険料の納付（第2期分） ・給与の計算と支払い事務	・冬季賞与のための人事考課（賞与の計算） ・給与の計算と支払い事務	・冬季賞与の支給 ・給与の計算と支払い事務
経理	・中間決算作業 ・月次試算表の作成	・法人税や消費税などの中間申告・納付 ・月次試算表の作成	・年末調整事務 ・従業員の住民税の納付（特例適用企業の場合） ・月次試算表の作成

「日々の仕事」「月次の仕事」「年次の仕事」
を意識しながら、計画的に進めましょう。

1月	2月	3月
・新年会 ・年始まわり ・年賀状の返礼や住所録の整理		・新入社員の入社準備
・労働保険の納付（第3期分） ・給与の計算と支払い事務	・人事評価の準備 ・教育計画の策定 ・給与の計算と支払い事務 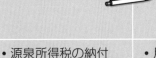	・新入社員の入社準備 ・会社説明会の開始（大学新卒予定者対象） ・人事異動の決定 ・就業規則の見直し ・定期昇給のための人事考課 ・労使協定の更新と届出 ・給与の計算と支払い業務
・源泉所得税の納付（特例適用企業の場合） ・給与支払報告書の提出 ・法定調書の提出 ・月次試算表の作成	・月次試算表の作成	・決算作業 ・月次試算表の作成

本書の使い方

●本書の構成

　本書は「総務の仕事」「労務・人事の仕事」「経理の仕事」の3つの
PARTで構成されています。また、巻末には手続き書類のサンプルや「よ
く使う勘定科目リスト」を掲載しています。

PART	名　称	概　要
1	総務の仕事	「総務の仕事の基本」、電話応対や来客対応、文書の作成など「庶務関連業務」、事務用品の管理など「設備管理業務」、経営者の補佐や登記・申請など「経営サポートや手続関連業務」について解説しています。
2	労務・人事の仕事	「労務・人事の仕事の基本」、人材募集や面接、入社手続きなど「採用」、「社会保険や労働保険」といった各保険の手続き、就業規則など「社内のルールと管理」、その他、「福利厚生と人事考課」「多様な雇用方法」について解説しています。
3	経理の仕事	「経理の仕事の基本」、毎月の給与計算など「給与の支払いと税の徴収」、記帳業務や仕訳といった「日々の業務と記帳」、決算書の作成や法人税等の計算など「決算や納税業務」について解説しています。

本書では、総務、労務・人事、経理について、利用頻度
の高い業務を中心に解説しています。それぞれの業務に
ついて、これからゼロから学んでいこうとする人でも理
解できるよう、できるだけ平易な言葉で、わかりやすい
説明を心がけています。

●わかりやすい紙面

　本書では見開き2ページ単位で、1つのテーマを解説しています。左ページに本文、右ページに図解やイラストで解説が基本構成です。まず、本文を読み進め、その後に右ページの図解やイラストの解説を読むと理解が深まります。

ココがポイント
業務のポイントや注意点をまとめています。

頻度/締切
業務の頻度と締切を表しています。

解説している仕事内容のジャンルを表しています。

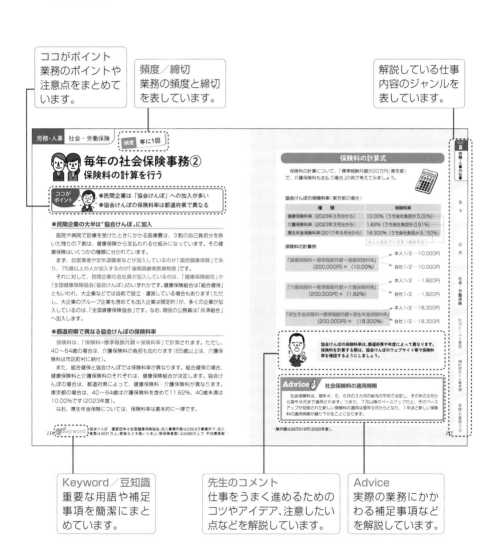

Keyword/豆知識
重要な用語や補足事項を簡潔にまとめています。

先生のコメント
仕事をうまく進めるためのコツやアイデア、注意したい点などを解説しています。

Advice
実際の業務にかかわる補足事項などを解説しています。

基本と実務がよくわかる 小さな会社の**総務・労務・経理**
24-25年版

もくじ

PART 1 | 総務の仕事

PART 2 労務・人事の仕事

●執筆／鎌田正文
●本文デザイン・DTP／有限会社プッシュ
●イラスト／宮下やすこ
●協力／伊藤光博・神田賢人
●編集協力／有限会社ヴュー企画
●編集担当／梅津愛美(ナツメ出版企画株式会社)

1

総務の仕事

総務部門は会社を縁の下で支える力持ち!

会社が成果をあげるためには、仕事に集中できる環境づくりやスムーズな会社運営が不可欠です。様々なことに目を配りながら、経営者や社員の後方支援を行いましょう。

総務の仕事の基本
会社のスムーズな運営を支える

**ココが
ポイント**
- ●全社員が担当業務に専念できるようサポート
- ●設備の管理や庶務など幅広い業務をカバー

●会社を縁の下で支える

　労務・人事部門が採用や人事、給与、福利厚生業務などを担当し、経理部門は会社の資金に関する業務を担います。それに対して、会社設備の管理や庶務業務、契約書や文書の管理などを手がけるのが総務部門です。

　その総務部門はある意味、空気や水のような存在です。全社員が自分の担当業務に専念できるように、縁の下で支える役割を担います。

　経営陣はいうまでもなく、営業部門、販売部門、製造部門、経理部門、労務部門など会社の各セクションが、本来の業務ができているということは、総務部門が十分に機能しているといえます。働きやすい環境の実現や、会社のスムーズな運営を支えるのが、総務部門の大きな役割です。

●多岐にわたる総務の仕事

　総務部門の具体的な業務の一つは、備品や消耗品、ＯＡ機器などの購入・管理などです。社有車や制服、社宅があればその管理業務も担います。また、契約書や取引先名簿などの管理も担当します。官公庁への書類の届出手続きや印鑑の管理なども任されることが多いでしょう。オフィスの防災や警備管理業務、ゴミや廃棄物の処理も、総務部門が主導することになります。

　本格的な株主総会を開催する場合は、その準備は大切な業務です。社長や役員のスケジュール管理といった秘書的な役割が求められるほか、受付業務など来客応対や代表電話の取次ぎも役目になります。ほかにも、社外との関係維持のための中元、歳暮、暑中見舞い、年賀状の手配、会社によっては、コンプライアンス管理や、会社がホームページなどで取得する個人情報の取り扱いに関する問合わせ業務、経営者の補佐役として経営サポートなどがあります。このように、総務部門の業務は多岐にわたるのも特徴です。

Keyword 総務と庶務　辞書的には、「総務＝組織全体に関する事務を扱う」「庶務＝いろいろな雑務」とされる。大企業の場合は、総務部門は営業部門などと同列に扱い、各部→

総務部門の主な業務

　総務の仕事内容は、経営のサポートから会社設備にかかわるものまで多岐にわたります。総務部門に求められる大きな役割は、働きやすい環境の実現や会社のスムーズな運営を支えること、つまり、経営者や一般社員が仕事に集中できる環境をつくるということです。

▶**経営サポート・手続関連業務**
- 株主総会に関する業務（60ページ）
- 事業内容の拡大・変更手続き（62ページ）
- 社名変更・会社移転手続き（64ページ）
- 役員の変更手続き（66ページ）
- 商業登記簿の基本（68ページ）
- 契約書・印鑑の基本（70・72ページ）
- 情報漏えいへの対策（76ページ）
- 個人情報保護への対応（80ページ）
- 職場のいじめ・パワハラ対策（82ページ）
- 取引先名簿の作成と情報の共有化（84ページ）

▶**設備管理業務**
- 事務用品・消耗品・什器備品の管理（52ページ）
- OA機器の導入（54ページ）
- 社有車の管理（56ページ）

▶**庶務関連業務**
- 電話応対のマナー（28ページ）
- 受付・来客対応の基本（30ページ）
- 郵便物や宅配便の扱い（32ページ）
- 印刷物の発注・管理（34ページ）
- 文書の整理・保管（44ページ）
- 慶事・弔事への対応（46ページ）

→門に庶務人員を配置したりする。設備・備品の購入やオフィスの建物管理は総務で、受付や電話対応は庶務としたりすることもあるが、明確な区別はなく、「管理部門」とする会社も少なくない。

電話応対のマナー
電話応対とメモの基本を身につける

ココが ポイント
- 電話応対で会社への印象が決まることを自覚
- 「○×課長ですね」「○△社長ですね」はNG！

● 電話の相手先に与える印象を認識する

　電話応対では相手の顔が見えません。そのため、言葉遣いやちょっとした気配り、対応の良し悪しが、その会社に対する印象を決めます。場合によっては、電話応対のミスで新規顧客を獲得できなかったり、それまでの顧客を失ったりすることもあり得ます。電話の応対一つで、会社への印象が決まることがあるという点を日ごろから意識しましょう。

　新入社員はもちろん、ベテラン社員であっても、電話の応対には十分に気をつけたいものです。定期的にスキルアップのための機会を設けたり、マニュアルを作成したりすることを検討するのもよいでしょう。

● 3コール以内で受話器を取り、ハキハキとした口調で応対

　電話応対は3コール以内に受話器を取り、「はい、○×株式会社です」と社名（商号）を名乗るのが基本です。ボソボソとした声では聞き取りづらく、印象も悪くなります。ハキハキとした口調で、普段よりはやや高めの声を出すように心がけるとよいでしょう。

　電話応対の際は、折々に「大変お待たせいたしました」「お世話になっております」「いつもありがとうございます」「少々お待ちください」といった一言も付け加えながら応対し、相手先会社や電話をかけてきた人物の名前、それに自社の取り次ぐ部署や担当者は間違いないようにメモを取るのが鉄則です。必要に応じて、相手の言葉を復唱して確認するようにしましょう。

　電話応対の際は電話を通してこちら側の様子が察知されると考えましょう。たとえば、パソコンで作業中であれば、作業の手を止めたり、パソコンの画面から目を離したりして、電話に集中するように心がけましょう。

Keyword　商号　会社の名称で、株式会社や合名会社、合資会社など会社の種類もつけなければならない。なお、有限会社は新しく設立することはできなくなっている。

電話の取次ぎの基本

① 相手を確認する

電話をかけてくる相手は、「○×会社の佐藤です」といったように、社名と名前を名乗るのが一般的。ただし、セールスなど相手が名乗らない場合もあります。本人確認の意味からも、以下のような対応が必要になります。

- ●恐れ入りますが、お名前をお伺いしてもよろしいでしょうか？
- ●恐れ入りますが、○×会社のどちら様でいらっしゃいますか？
- ●恐れ入りますが、どちらの佐藤様でいらっしゃいますか？

② 復唱して取り次ぐ

本人確認ができたら、「○×会社の佐藤様でいらっしゃいますね」と復唱して、要求された部署や担当者に取り次ぎます。取り次ぐ相手が上司や社長の場合、「○×課長さんですね」「○△社長ですね」といったように、「さん」「課長」「社長」といった敬称は省き、「池田ですね」と取り次ぎます。

なお、取り次ぐ部署や担当者が電話中や不在のときは、謝罪して「担当者に折り返し電話をさせる」旨を伝えます。

電話メモの基本

いつでもメモを取れるようにしておくのが鉄則です。ただし、先方に「メモをしますから、お待ちください」といったりするのはNGです。

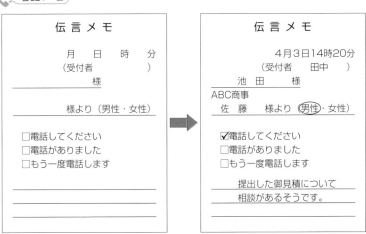

受付・来客対応の基本
来客は応接室の上座に案内する

**ココが
ポイント**
- 自社の受付体制を確認する
- 受付担当者がいない場合は全員が担当者

●自社の受付体制の目的を確認

　外来者の出入りが比較的自由なオフィスもあれば、オートロック方式で自由な出入りを制限しているオフィスもあります。

　また、玄関や入口に内線電話を備え付けて対応するシステムの場合も、来訪を告げられた担当者は、自分のデスクがある部屋に招き入れて応対することもあれば、応接室を利用する場合もあります。社員数など比較的規模が大きい企業であれば、専門の受付担当者が来訪者から「約束の有無」や「訪問したい部署や担当者」を聞き取り、担当者と連絡をとって確認した後に、社内に入ってもらうといった対応することもあります。

　近年では、情報漏えいの防止や不審者、飛び込み営業などの対策もあって、受付体制そのものがオープン型から閉鎖型に変化しています。社員の入退場ですら、カードやパスワード方式、生体認証システムで管理をすることもめずらしくありません。自社の受付体制やシステムについてその目的を理解するのがポイントです。

●全員が丁寧な対応を心がける

　受付システムが閉鎖的であったり、対応が機械化されたりしても、来社する人にとっては、受付の応対がその企業のイメージと重なるものです。たとえば、会社を訪ねてきた人が部屋に一歩足を踏み入れた瞬間に、フロアにいる社員の全員が起立して「いらっしゃいませ」とあいさつをする会社が存在します。来訪者はあいさつを受けてすがすがしい気持ちになるとともに、「教育が行き届いている会社だ」と感心するでしょう。

　受付担当者の有無にかかわらず、全員が受付担当者や直接の（業務）担当者のつもりで、訪問者に対して丁寧な応対をすることが基本です。

Keyword　生体認証システム　人間の身体的特徴を利用した認証システム。「指紋」「静脈」「顔」「虹彩」「声紋」などを利用する。

受付対応の基本

　来客対応の際は、担当部門や役職等にかかわらず、対応する社員一人ひとりが「会社を代表している」という意識をもつことが必要です。

▶①あいさつ ・・

　「いらっしゃいませ」などと声をかけながらお辞儀をする。相手の社名・氏名、誰に取り次ぐのかを確認し、「ただいま、お取り次ぎします」などと伝える。もし来訪者が名乗らない場合は、「恐れ入りますが、お名前をお伺いできますでしょうか」と尋ねる。

▶②案　内 ・・

　取次ぎ相手に連絡し、指示を受ける。応接室などへ案内する場合には、「お待たせいたしました。応接室へご案内します」などと声をかけて案内する。応接室に入ったら、「どうぞこちらへお掛けください」と、上座へ案内する。

▶③応接室での座る位置やエレベータでの立ち位置 ・・・・・・・・・・・・・・・・・・・・・・・・・・・

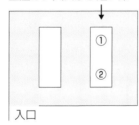

【応接室】

上座は、入口から遠い席

① ②

入口

【エレベータ】

同乗する場合

上座
① ②

③ 会社担当者

入口

上座とは、日本の室内に関するマナーで身分の高い人が座るところを指します。対義語は下座です。通常、入口から最も遠い席（位置）が上座とされます。

▶④見送り ・・

　基本的には業務担当者の役割だが、必要な場合は受付担当者が、「本日はありがとうございました」などと一言を添えて見送る。エレベータ使用の場合は、エレベータまで案内し、ボタンを押して待つ。ドアが開いたら「どうぞ」と一言添え、ドアが閉じるまでお辞儀をする。

郵便物や宅配便の扱い
発送簿・受取簿で一元管理する

> **ココが ポイント**
> ● 宅配便やバイク便はコストを考えて利用する
> ● 「親展」とある郵便物は開封しないで本人に

● 郵便物や宅配便の発送・受取は担当部門が管理

　郵便、宅配便、バイク便などを利用する文書や荷物の発送は、各部門がそれぞれ行うのではなく、総務部門（または担当セクション）などで一元管理するほうが、ミスやトラブルの防止になります。

　受取も担当部門が郵便や宅配便をいったん受け取って、当人や宛先部署に届けるほうがよいでしょう。

● 郵便や宅配便の利用にもコスト意識が不可欠

　郵便や宅配便をめぐっては、思い込みなどによって「送ったはず」「届いていない」といった事態が起こることがあります。そのため、相手先とトラブルにならないように「発送簿」と「受取簿」を作成・管理する必要があります。

　発送簿は「いつ」「どこへ」「何を」「どの便を使って」送ったかを、受取簿は「いつ」「どこから」「何を」「どの便で」受け取ったかを、パソコンなどにデータ保存します。また、送付物や送り先によって、郵便では速達や一般書留、簡易書留などにすることも多く、あるいは宅配便やバイク便、航空便の利用もあるかもしれません。どれを利用するにしても、コスト意識が不可欠です。宅配便は業者と交渉することで、割引料金で利用できる場合があります。なお、郵便物を書留で送った場合や、宅配便を利用した場合は、伝票の控えを保存しておきましょう。

　ダイレクトメールの郵便物の場合、「御中」「社長様」「担当者様」といった宛先で配達されるものもあります。ルール化しておくのが望ましいのですが、明らかにダイレクトメールであると判断できるものは、中身をチェックして処理するのがよいでしょう。ただし、「親展」と表記された郵便物は、本人に直接読んでほしいという意思表示です。開封せず本人に渡しましょう。

🔑 **Keyword**｜宅配便　1976 年に小口貨物の宅配システムを開始したヤマト運輸が「宅急便」を商標登録しているため、同じようなサービスを総称する場合は「宅配便」とするよ→

郵便物の発送・受取

▶ 発　送 ••

発送を記録する。速達や書留など数量や緊急度、重要度で使い分ける。

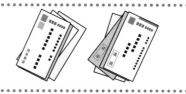

▶ 受　取 ••

担当セクションが受け取り、記録する。部署別に仕分けをして届ける。ダイレクトメールは処分。「親展」は開封せずに届ける。

発送簿（例）

日　付	相手先	内　容	送付方法	発信者	備　考
○／△	○×㈱佐藤様	見積書	普通郵便	営業／渡辺	
○／×	㈲○×鈴木様	お祝い	宅配便	社長	
○／△	㈱△△社長	周年記念行事 （往復ハガキ）	普通郵便	総務部	○月×日 返信／出席

主な郵便サービス

レターパック	「レターパックプラス」と「レターパックライト」がある。レターパックプラスは全国一律520円、レターパックライトは全国一律370円。いずれもポストへの投かんが可能。
速　達	基本料金に重量で260〜600円加算。普通郵便より速く届く。
一般書留	基本料金に435円加算。万一、郵便物が届かなかったりしたら、10万円まで損害を賠償してくれる。事実上、配達を保証。
簡易書留	基本料金に320円加算。万一、郵便物が届かなかったりしたら5万円まで損害を賠償してくれる。事実上、配達を保証。
内容証明	一般書留郵便物の内容について、「いつ」「いかなる内容の文書」を「誰から誰宛て」に差し出されたかということを、郵便局（日本郵便）が証明してくれるもので、支払いが遅れている債権の督促などに利用する。配達証明をつけることで、配達日時が記録に残り、時効に対抗できる。文字数や通数で料金が異なる。ネット利用もある。

※2024年秋から、はがき、封書（定形郵便物）の郵便料金が値上げになります。

→うになった。

印刷物の発注・管理
コストとスムーズな進行を意識する

ココがポイント
● コストを意識してペーパーレス化を進める
● 印刷会社を選定する際は見積りを取る

●ペーパーレス化と印刷物発注業務

　打ち合わせなどで資料やマニュアルを参照する際、パソコンやタブレットの画面で閲覧するケースが増えているように、ペーパーレス化は確実に進んでいます。従業員に支給していた給与明細書を廃止し、電子メールでの送付に転換している会社も少なくありません。これらの例のように、ペーパーレス化が可能なものはペーパーレス化を推進すべきであるといえます。

　ただし、名刺や社名入りの封筒、商品チラシなど、会社から印刷物が消えることはありません。場合によっては、見積書や納品書、注文書、請求書、領収書など、手書きのものでやり取りしているケースもあるでしょう。印刷物の発注・管理を担当する部門や担当者は、コストを意識しつつ、スムーズに任務を遂行する必要があります。

●見積りの依頼から納品までの流れ

　印刷物の発注から納品までの流れは、「印刷業者の選定→印刷物の発注→文字の校正やデザインのチェック→納品された品物のチェック」というのが一般的です。印刷業者を選定する際は、数社に見積りを取るようにしましょう。印刷物を正式に発注するには、文字や写真のデザイン、印刷する色・紙質を決めなければなりません。場合によっては、外部の専門家に任せる場合もあるでしょう。納品の日程や印刷枚数（量）についても指示を出します。誤字・脱字をチェックして納品に間違いが生じないようにします。

　なお、最も安価な印刷会社に発注するのが一般的ですが、臨機応変な対応も必要です。たとえば、デザインや紙質、特殊な加工など細かい指定やこだわりがあるため発注する印刷会社は決めているという場合には、結果的にそのほうがスムーズな納品になることもあります。

Keyword｜校正　文字や用語の誤りを正すこと。また、色使いのチェックを「色校正」という。事実関係など内容を含めて誤りを正す「校閲」とは、使い分けることが多い。

印刷物の発注・納品の流れ

▶①印刷業者の選定 ・・・・・・・・・・・

見積りを取って価格などを検討し選ぶ。価格以外の条件がある場合はそれに適した印刷業者を選ぶ。

▶②印刷物の発注 ・・・・・・・・・・・・・

文字や写真などのレイアウトを決め、印刷色や印刷物の紙質、量、日程などを指示。場合によっては、外部の専門家に、印刷発注業務を依頼。

▶③文字やデザインなどのチェック・・・

印刷会社から本番前のものを取り寄せ、文字や色を校正したり、写真の配置をチェックしたりする。

▶④納品物チェック ・・・・・・・・・・・・

指定した紙を使用しているのかなど、納品物の内容と枚数（量）をチェックする。

紙の大きさと封筒のサイズ

印刷物を発注する際は、紙や封筒の大きさ・サイズに注意が必要です。発注ミスを防ぐためにも、発注する前に必ずサイズが正しいかを確認しましょう。

紙の大きさ（mm）	
A 3 判	297 × 420
A 4 判	210 × 297
A 5 判	148 × 210
B 4 判	257 × 364
B 5 判	182 × 257

封筒のサイズ（mm）	
角 0 号	287 × 382
角 1 号	270 × 382
角 2 号	240 × 332
角 3 号	216 × 277
角 4 号	197 × 267
角 5 号	190 × 240
角 6 号	162 × 229
角 7 号	142 × 205
角 8 号	119 × 197

🔑Keyword | レイアウト　印刷物などでの文字（写真やイラストなどを含む）の配置や割り付けのこと。

社内文書
社内文書の種類と作成の注意点

● 社内文書の種類

社内文書は、いくつかの種類に分けられます。主なものとしては、以下のようなものがあります。

- 届出関連…残業・早退・休暇・欠勤の届出や、住所・家族の変更など、社員からの提出を受ける文書。
- 通達関連…会社の決定事項を伝える社内通達、異動や転勤などの辞令、社内行事の案内、社員の慶弔関係を伝える文書、得意先などの情報を伝える文書。
- 業務関連…上司への日報や報告書、業務に対する指示書、企画書、会議などの議事録、稟議書。

● 届出用文書はフォーマット化する

従業員へ記入と提出を求める届出関連の文書や書類は、従業員の労力を軽減するためにも、あらかじめフォーマット化したものを用意すべきです。パソコン等で作成してプリントしたものに記入してもらうか、各自がパソコンに保存して入力することで完結するようにすればよいでしょう。

● 社内文書（通達・業務関連）は横書き＆前文省略

通達関連や業務関連の社内文書は、用件が確実に伝わることが最大の目的です。正確に、わかりやすく、簡潔な文章にすることがポイントです。

基本は「横書き」「1文書1用件」です。前文は省略し、一般的に過度に丁寧な表現も不要とされます。ただし、作成した日付は必ずつけます。発信者や受信者名は職名の場合もあれば、個人名の場合もあるため、適宜判断するようにしましょう。

Keyword｜稟議書　比較的簡易な案件について、担当者が上司や決定権者に承認を求めるために作成する文書。「起案書」や「立案書」ともいう。「担当者→課長→部長（決定者）」→

稟議書の例

社内文書は簡潔に伝えることが重要です。しかし、簡潔に伝えると同時に、過不足のない情報を盛り込むことも必要です。

稟 議 書

起案日	×年△月〇日		決裁日	△年〇月×日
社長	担当部長	担当課長	起案部署	〇〇△△
			担当者	××△△

件名・概要	営業担当のタブレット増設について ご承認いただくようお願いします。
費　用	希望機種　　〇×社製　〇△インチ 1台5万円　×4台＝　20万円
日　程	購入希望日　〇年×月△日
内　容	営業担当は、得意先や新規顧客見込客を訪問の際、相手先でタブレットを使用して、当社の商品の内容やメリットを説明しています。このたび、営業強化に向けて増員したことにともない、各自に支給し1人1台体制になるよう、タブレットの購入をお願いいたします。
備　考	現在〇台体制ですが、新規購入で×台体制になります。

社内文書は簡潔に伝えることが重要です。しかし、簡潔に伝えると同時に、過不足のない情報を盛り込むことが必要です。過不足のない情報を伝えるためには「Who（誰が）」「When（いつ）」「Where（どこで）」「What（何を）」「Why（なぜ）」「How（どのように）」という「5W1H」を意識しましょう。

Advice　一斉メールを使用する場合の注意点

手間が省けて、素早く対応できることから、「社内一斉メール」を使用するケースも増えています。ただし、メールは未読のまま放置される場合があります。もし、重要な連絡や通知であれば返信を求めるなどしましょう。また、紙の文書で回覧し、回覧リストにチェックしてもらうようにするのもよいでしょう。

→ などと回覧し、それぞれが印などを押すことが多い。

社外文書①
社外文書の種類と作成の注意点

ココが ポイント
- 誤字脱字、入力変換ミスは絶対に避ける
- 敬語や季節のあいさつなどに気を配る

●社外文書の種類

　社外文書とは、社外の相手に自社の決定事項を通知したり、自社の意思を伝えたりする文書です。社外に対する主な文書は、以下の通りです。

- あいさつ状、通知書…新社長の就任や社屋の移転などを知らせる文書。年賀状、暑中見舞いなど。
- 招待状、案内状…開催する式典や行事へ招待する文書。
- 依頼書…見積りの依頼などをする文書。
- 注文書…商品の発注や購入を通知する文書。
- 詫び状…トラブルやクレームなどへの謝罪・釈明文書。
- 督促状（とくそくじょう）…売掛金（188ページ）の請求や支払いを督促する文書。
- 承諾状、断り状…要望に対する承諾・要望に対する断りの文書。
- 見舞状（みまいじょう）…会社や経営者などが被災したり、病気になったりする場合に出す文書。

●敬語や季節のあいさつ

　顧客や取引先など、社外向けの文書は、会社としてのあいさつであり、要望や意思の表明です。正確に、わかりやすく、簡潔な文章にするという点は社内文書と同様ですが、失礼がないよう、正しい敬語を使うのが基本です。また、季節のあいさつも欠かせないため、頭語や結語（40ページ）にも気を配るほか、社内文書と同様「５Ｗ１Ｈ」について注意するようにしたり、案件を大文字にするなどレイアウトやデザインに配慮したりします。

　もちろん誤字や脱字は許されないため、印刷して送付する場合でも、メールで送付する場合でも、必ず読み返して、間違いや失礼がないことを確認してから送りましょう。特に文字の入力ミスや変換ミスには十分な注意が必要です。

豆知識　５Ｗ２Ｈ　５Ｗ１Ｈに、「How much（いくら）」を加えて、５Ｗ２Ｈと呼ぶ場合があります。

社外文書の例

　左ページで挙げた通り、社外文書には様々な種類があります。以下は案内状の例です。社外文書を作成するときのポイントを押さえておきましょう。

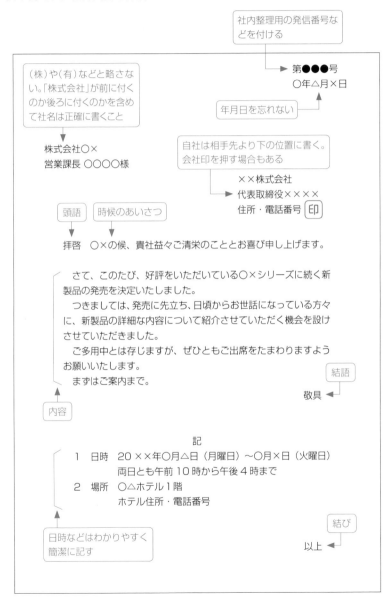

社内整理用の発信番号などを付ける

第●●●号

〇年△月×日

年月日を忘れない

（株）や（有）などと略さない。「株式会社」が前に付くのか後ろに付くのかを含めて社名は正確に書くこと

株式会社〇×
営業課長　〇〇〇〇様

自社は相手先より下の位置に書く。会社印を押す場合もある

××株式会社
代表取締役××××
住所・電話番号　印

頭語　　時候のあいさつ

拝啓　〇×の候、貴社益々ご清栄のこととお喜び申し上げます。

　さて、このたび、好評をいただいている〇×シリーズに続く新製品の発売を決定いたしました。
　つきましては、発売に先立ち、日頃からお世話になっている方々に、新製品の詳細な内容について紹介させていただく機会を設けさせていただきました。
　ご多用中とは存じますが、ぜひともご出席をたまわりますようお願いいたします。
　まずはご案内まで。

結語

敬具

内容

記
　1　日時　20××年〇月△日（月曜日）〜〇月×日（火曜日）
　　　　　　両日とも午前10時から午後4時まで
　2　場所　〇△ホテル1階
　　　　　　ホテル住所・電話番号

日時などはわかりやすく簡潔に記す

結び

以上

社外文書②
頭語と結語、時候のあいさつ

ココがポイント

● 「拝啓」は「敬具」、「謹啓」は「敬白」とセットで使う
● 「時候のあいさつ」に続く決まり文句も覚える

●社外文書の「決まり文句」を踏まえる

　ビジネス文書でも、特に社外文書を作成する場合のポイントは、基本的な構造を理解して、必要な要素を組み合わせることです。書出し（頭語）と結び（結語）、「時候のあいさつ」などは、一般的に使われている決まり文句を踏まえるようにしましょう。

　また、時候のあいさつに続く「慶賀のあいさつ（相手の幸せを祝うあいさつ）」や「感謝の言葉」、文書の最後に記す「結びのあいさつ」も社外文書を構成する際の必須要素ですので、忘れないようにしましょう。

●頭語と結語

頭語	結語	使用状況
拝啓	敬具	一般的に使用する
謹啓	敬白	特に丁寧に表現したい場合に使用する
前略	草々	前文を省略するややくだけた使い方
拝復	敬具	返信の場合に使用する

●時候のあいさつ

（「新春の候、貴社ますますご興隆のこととお喜び申し上げます」などと使う）

1月	新春	初春	大寒	仲冬
2月	晩冬	余寒	立春	梅花
3月	早春	向春	春風	弥生
4月	陽春	春暖	晩春	清和
5月	新緑	薫風	若葉	薄暑
6月	梅雨	初夏	青葉	向夏

7月	盛夏	猛暑	向暑	仲夏
8月	残暑	晩夏	処暑	新涼
9月	初秋	新秋	涼風	清涼
10月	錦秋	紅葉	秋晴	仲秋
11月	晩秋	向寒	霜寒	暮秋
12月	初冬	寒冷	師走	歳末

Keyword　時候のあいさつ　「拝啓」など頭語に続いて、儀礼的に使用する。時候のあいさつを入れることで、季節感などを表現することもできる。

礼状作成例

「頭語」と「結語」、「時候のあいさつ」や「慶賀のあいさつ」、「感謝の言葉」、「結びのあいさつ」などは、ある程度、決まった表現が用いられます。よく使われる表現や言葉を組み合わせて作成しましょう。

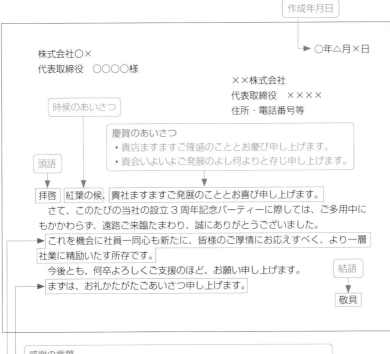

作成年月日
→ ○年△月×日

株式会社○×
代表取締役　○○○○様

××株式会社
代表取締役　××××
住所・電話番号等

時候のあいさつ

慶賀のあいさつ
• 貴店ますますご隆盛のこととお慶び申し上げます。
• 貴会いよいよご発展のよし何よりと存じ申し上げます。

頭語

拝啓　紅葉の候、貴社ますますご発展のこととお喜び申し上げます。

さて、このたびの当社の設立3周年記念パーティーに際しては、ご多用中にもかかわらず、遠路ご来臨たまわり、誠にありがとうございました。

これを機会に社員一同心も新たに、皆様のご厚情にお応えすべく、より一層社業に精励いたす所存です。

今後とも、何卒よろしくご支援のほど、お願い申し上げます。

まずは、お礼かたがたごあいさつ申し上げます。

結語

敬具

感謝の言葉
• 日ごろは何かとお引立てにあずかりあつく御礼申し上げます。
• 平素は格別ご支援をいただき、深く感謝いたしております。
• 変わらぬご愛顧のほどよろしくお願い申し上げます。

結びのあいさつ
• 略儀ながら、書中をもってお礼を申し上げます。

頭語と結語は組み合わせが決まっています。正しい組み合わせで適切に使えているか注意しましょう。

電子メールによるビジネス文書
作成の注意点と相手先の使い分け

ココが
ポイント
● 「CC」のアドレスは、主送信先にも見える
● 「BCC」のアドレスは、主送信先には見えない

●電子メールでのやり取りが主流

　書面によるビジネス文書の作成がなくなったわけではありませんが、現在では、電子メールによるやり取りが主流です。基本的に送信そのものにコストはかかりません。また、送信する時間や場所を選ぶ必要がなく、画像や音声などを添付できるため便利です。

●メールの宛先に注意

　新規メールや返信作成画面を開くと、「宛名」「CC」「BCC」「件名」の4つの入力スペースが示されます。

宛名(TO)	送信する相手先のメールアドレスを入力する。半角カンマ（セミコロン）で区切れば、複数のアドレスの入力が可能。
CC	宛名と同様、複数のアドレスを入力することができるが、CCに入力したアドレスは、主送信先の相手も確認できる。たとえば、宛名は取引先A社のZ部署で、CCに自社の上司のメールアドレスを入力すれば、主送信先であるZ部署に送信した内容と同じものが、上司にも送信される。
BCC	BCCに入力した相手には、CC入力と同様に、主送信先へのメールと同じメールが送信される。ただし、CCの場合と異なり、主送信先では、BCCに入力したアドレスを見ることはできない。つまり、BCCの受信者には、ほかの受信者が表示されない。一斉メールなどで使用するケースが多い。
件名	メール送信の目的やその内容を手短に知らせる。

豆知識　CCとBCC　CCとはCarbon Copy（カーボンコピー）、BCCとはBlind Carbon Copy（ブラインド・カーボンコピー）の略。現在ではほとんど使用する機会がないが、カーボン紙による転写（コ→

電子メールの文書例

メールの場合、だらだらと長い文章を書いたりせず、用件を簡潔に書くように心がけましょう。もし内容が多岐にわたったり、メールが長文になったりするような場合は、別紙（Wordなど）にまとめるなどしてメールに添付するようにしましょう。

CC を使用する場合、面識があって、アドレスが知られても問題ないことを確認する

宛名	natsume@abc.efg.co.jp
CC	tanaka@hij.klm.co.jp
BCC	
件名	来週の打ち合わせについて

件名は簡潔かつ明確に記す

BCC メールの場合は、宛名はブランク（空欄）でもかまわない

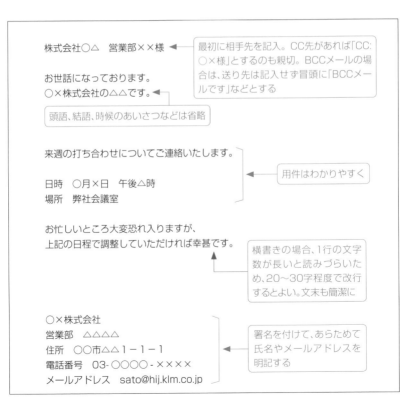

株式会社○△　営業部××様

お世話になっております。
○×株式会社の△△です。

最初に相手先を記入。CC先があれば「CC:○×様」とするのも親切。BCCメールの場合は、送り先は記入せず冒頭に「BCCメールです」などとする

頭語、結語、時候のあいさつなどは省略

来週の打ち合わせについてご連絡いたします。

日時　○月×日　午後△時
場所　弊社会議室

用件はわかりやすく

お忙しいところ大変恐れ入りますが、
上記の日程で調整していただければ幸甚です。

横書きの場合、1行の文字数が長いと読みづらいため、20〜30字程度で改行するとよい。文末も簡潔に

○×株式会社
営業部　△△△△△
住所　○○市△△1-1-1
電話番号　03-○○○○-××××
メールアドレス　sato@hij.klm.co.jp

署名を付けて、あらためて氏名やメールアドレスを明記する

→ピー）のなごりである。

文書の整理・保管
各種文書の保存期間に注意する

ココが ポイント
- ファイリングは継続することが重要
- 文書の廃棄にはシュレッダーを使用する

●文書や資料の整理・保管は大切な業務

社内の連絡文書や許認可にかかわる文書、社外からの文書、決算関連の書類など、会社には実に多くの文書や資料があります。それら文書や資料の整理・保管は総務部門の大切な業務です。

●ファイリングの基本

文書や資料の整理・保管をファイリングといいます。ファイリングは一定のルールを定め、それにしたがって分類・整理するのがポイントです。

❶ 「要」「不要」に分類し、不要なものはシュレッダーなどを利用し、内容がわからないようにして廃棄する。

❷ 契約書、官庁への届出書、決算書など内容によって分類する。

❸ 相手先別や部署別などの分類方法も検討し、必要に応じて採用する。

❹ 同じ書類を保管しないように原本の管理を徹底する。

❺ 保管スペースを確保するために、文書類のサイズを統一してコピー。それをスキャナーで読み取り、PDFなどの電子データで保管する。

●ファイリングの継続

文書類を整理・保管するのは、法的に保存が義務づけられていたり、企画書や見積書などの作成について、過去のものを参考にしたりすることがあるからです。ファイルなどに整理・保管する場合は、タイトルなどを付け、見つけ出しやすいようにしましょう。ファイリングは導入よりも、継続のほうが難しいものです。担当者はそれを自覚する必要があります。

Keyword │ PDF　米国企業のアドビ・システムズが開発した文書表示用のファイル形式で、文書や画像を電子化して保存することができる。基本的なものは無料で提供されている。

法律で定められた各種文書の保存期間

保存期間

2年	・健康保険や厚生年金に関する書類 ・雇用保険に関する書類
3年	・労災保険に関する書類 ・解雇・退職に関する書類 ・労働者名簿や賃金台帳などの書類
4年	・雇用保険の被保険者に関する資料
5年	・事業報告書、始末書など ・従業員の誓約書・身元保証書
7年	・年末調整の資料、源泉徴収簿 ・給与所得者の扶養控除等申告書 ・請求書、領収書、契約書など
10年	・株主総会の議事録 ・決算書(貸借対照表や損益計算書) ・総勘定元帳、現金出納帳、売掛金元帳、買掛金元帳など ・満期・解約後の契約書
期限なし	・会社設立・登記に関する文書 ・労働協約に関する文書 ・官公庁の許認可に関する書類 ・固定資産に関する書類 ・特許権、商標権等に関する書類 ・株主名簿,定款

帳簿関連の保存期間

　総勘定元帳、仕訳帳、現金出納帳、売掛金元帳、買掛金元帳、固定資産台帳、売上帳、仕入帳などの帳簿、棚卸表、貸借対照表や損益計算書は、保存が義務づけられています。

　見積書、注文書、納品書、請求書、領収書などの「証憑」と同じで(186ページ)、保存期間は7年〜10年です。法人税法では7年が基本ですが、欠損金を生じた年度については10年間に延長されました。会社法では元々10年です。起算日は、法人税法関連は法人税申告期限日、会社法関連の場合は、決算書などは作成した日、ないしは年度終了で帳簿記帳が終了した日です。

　帳簿書類の保存方法は、紙による保存が原則です。したがって、パソコン等で作成した帳簿書類についても、基本的にプリントアウトした紙で保存することになります。ただし、あらかじめ所轄の税務署長に対して申請書を提出し、承認を受ければ、紙による保存によらず、サーバ・DVD・CD等に記録した電磁的記録(電子データ)のままで保存することが可能です。

慶事・弔事への対応
基本的なマナーを押さえる

ココが
ポイント
● 突然やってくる葬儀にはもしもの備えをする
● 時間に余裕をもって年賀ハガキの用意をする

●慶事・弔事には臨機応変に対応

　取引先やその経営者の関係者から慶事・弔事の通知があった場合、列席・参列などの対応が必要なことがあります。反対に、自社が慶事・弔事を執り行う側になって、関係各社などに列席・参列を求めることもあります。

　慶事には周年記念行事や開店・開業、経営陣関係者の結婚式などが挙げられます。一方、弔事には葬儀や、一周忌や三回忌といった法事での付き合いなどが挙げられます。

　慶事では「祝儀・祝電」、弔事では「弔電・香典・花輪・供物」などを手配したり、受け取ったりします。また、招かれた場合の列席・参列の判断や、執り行う場合の案内・通知の範囲など、臨機応変な対応が求められますので、列席・参列したことで受け取った礼状、執り行った葬儀の香典帳などは大切に保管し、次の機会に生かすようにしましょう。

●年賀状や中元・歳暮は余裕をもって用意

　年賀状や中元・歳暮、年末年始のやり取りをする機会があります。取引先名簿などをチェックして、時間的に余裕をもって適切な対応をするのが基本です。

　年賀状は会社として送付するのか、担当部署・担当者ごとに送付するのかを会社のルールとして決めておくとよいでしょう。送付枚数を集計し、購入する年賀ハガキの枚数確認も必要です。

　また、年末年始のあいさつ用のカレンダーやタオル、中元・歳暮などは、一つひとつはさほど高価でなくても、全体としてはかなりのコストになります。送付先リストは、毎回チェックし、場合によっては儀礼廃止の選択も検討しましょう。

豆知識　列席・参列　結婚式の場合は「列席」、葬儀の場合は「参列」とするのが一般的。主催者側から見て参加した人を「列席」とし、式に参加した側からは「参列」と使い分ける

返信用ハガキの書き方の基本

　返信用ハガキの書き方にも基本ルールがあります。相手に対して失礼がないよう、そのルールを押さえましょう。

「行」を消して「様」「御中」と書く

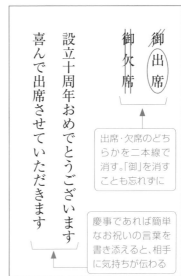

出席・欠席のどちらかを二本線で消す。「御」を消すことも忘れずに

慶事であれば簡単なお祝いの言葉を書き添えると、相手に気持ちが伝わる

葬儀でのマナー

　葬儀は前もって予想できません。黒ネクタイ、喪章、数珠、香典袋の用意や社内連絡網の整備をしておきましょう。仏式、神式、キリスト教式で異なりますが、最も多い仏式の焼香作法の基本はイラストの通りです。

遺族や僧侶に一礼して焼香台に進み、遺影に一礼して合掌する。

右手でお香をつまみ、頭を軽く下げて眉間まで上げた後に、香炉に置く。

遺影に合掌して一礼。遺族や僧侶にも一礼してから退出する。

　※焼香の回数や作法などは宗派によって異なります。

→ こともある。

会議の進行
目的に合わせた時間の設定をする

ココが ポイント
- 一度決めた日時は原則として変更しない
- 箇条書きでもよいので議事録を残す

● 報告や予定を共有する会議は週初めに開催

　会社の業務を円滑に進めていくためには、会議が欠かせません。会議は、「業務上の報告や予定などについて全員で共有・確認するため」「何か新しいことを行うための戦略や方針などを話し合うため」など、様々な目的に応じて行います。目的はそれぞれの会議ごとに異なりますが、基本的なルールは共通しており、まず会議を始める時間の設定が必要です。たとえば、会議の目的が「報告や予定をみんなで共有し合うため」であれば、週の初め（月曜日）に行うのがよいでしょう。

● テーマを明確にして時間オーバーを防ぐ

　それ以外の会議については必要に応じて随時行われることになります。日時は一度設定したら、原則として変更しないほうがよいでしょう。従業員の誰もが同じように忙しく、時間がない中で設定した日時です。誰か一人の都合が悪いからといって、その都度日時を変えていては、いつまでたっても会議が始まりません。

　会議では、議論が白熱して予定の時間をオーバーしてしまう可能性もあります。しかし、会議の終了時刻をあらかじめ設定していたら、なるべくその時間内で終わるように効率よく進める努力をするべきです。そのためには、会議の進行役を決めて、テーマを明確にし、冗長な報告などはなるべく省きましょう。場合によってはタイミングよく多数決を取るなど、常にスムーズな進行になるように心がけます。また、会議では会議の出席者や話し合った内容等について、誰の発言・提案かなど、箇条書きでもよいので議事録として残しておくことが重要です。みんなが忙しい中で開く会議だからこそ、効率よく意義のある内容のものにしていく必要があります。

　豆知識　会議費　会議のための室料や資料代が発生する場合、基本的に「会議費」として処理する。

会議の基本的な流れ

　会議の目的は、会議は開催することではなく、会社としての目的達成に結びつけることです。会議の責任者や進行役を担う際の基本的なポイントと流れは、以下の通りです。

① 資料の準備と配布
- 全員分の資料と進行表を用意。
- パワーポイントを使用する場合は、売上データなどをグラフ化（数値をわかりやすくビジュアル化する）。
- 参加者には会議の前日までに、会議の内容と時間の確認メールを通知（会議の席上での発言への準備を促す）。

② 目的と役割の確認
- 会議当日の冒頭において、司会や議事録の担当者を通知。
- 会議のルールを伝える（会議の目的、自由発言なのか指名か）。
- 経営トップなど幹部が会議を主導する場合はその旨を伝えて、補佐役を務める。

③ 進行表にしたがい時間厳守
- 時間厳守が鉄則。
- 進行表にしたがって、議題を一つひとつ進める。
- 遅れている場合は進行を促す。

④ 結論と今後について言及
- 議題ごとの結論を端的に述べ、出席者全員で共有する。
- 目標数値などは、進捗状況や成果の確認方法などを伝える。
- 会議開催の責任者であれば、最後に出席者に感謝の意を示す。

結論が出た議題に対する発言が出た場合は、「それは結論が出ている」と伝えて、会議を進行させることも必要です（よほどの問題でなければ、継続議題にしない）。

Advice　会議における飲食代の決算書への計上は？

　会議費で問題になるのは、交際費との区別がはっきりしないことです。交際費となると、会議費とは異なり、費用（損金）として処理するためには制限がつきます。現実には、会議費と交際費の区別は難しく、税務調査の際にも論点になることが少なくありません（256ページ）。会議で飲食する場合、1人あたり5000円未満で通常の昼食を超えない程度の提供であれば、会議費で処理するのが一般的です。

社内行事やイベントの開催
親睦と団結力の醸成につなげる

**ココが
ポイント**
- 年度初めにスケジュールを立てる
- 必要に応じて行事の中止も検討する

●行事やイベントは定期のものと不定期のものがある

会社が主催する行事やイベントは、定期のものと不定期のものに大別できます。たとえば、毎年、定期的に開催するものとして新年会や入社式があります。仕事始めや仕事納め、健康診断、防災訓練、あるいは新人研修なども毎年定期的に行う行事といえます。一方、創立記念式典や従業員表彰式、開業・開店記念式典などは必要に応じて不定期に開催される行事です。

行事やイベントは、社内向けのものであっても、社外の人を招いたりする場合や、会社所在地の近隣者を招いたイベントをする場合があります。会社の評判を落とさないように、関係者と協力して準備するようにしましょう。

●準備時間と予算を確認する

どの行事やイベントを行うかについては、年度のスタート時に大まかなスケジュールを立てます。ただし、恒例行事だからと漫然と続けるのではなく、行事を開催する目的を話し合って新しい行事を試みたり、場合によっては中止を検討したりすることも必要です。

どんな行事やイベントでも、開催するためにはある程度の準備時間が必要です。規模の大小はありますが、コストもかかります。定期的な行事については、マニュアルを作成したり、垂れ幕など舞台の飾りつけを使いまわしたりすることで、時間やコストを節約するように心がけましょう。

行事やイベントを開催する際は、以下の項目を確認して準備しましょう。

- 開催日を決めたら、事前準備の時間や予算、各自の役割を確認する。
- 当日の進行に無理がないかなどを確認する。
- 席順やあいさつの順番を確認する。

豆知識　社員旅行　社員旅行などの費用を会社が負担したケースでは、「外国での滞在日数が4泊5日以内（海外旅行の場合）」「旅行参加者が全体の人数の50％以上」の場合は、原則的に →

社内行事や社員旅行

　事業が順調に動き出し、社員も徐々に増え始めたら、会社の福利厚生についても考えていかなければなりません。福利厚生と一口に言っても様々なものが考えられますが、社内行事として比較的簡単にできるものとしては、季節の節目に行う納涼会や忘年会があります。また、社員旅行を実施する会社もあります。

社内行事（納涼会、忘年会など）

ポイント

- 参加しやすい日時や場所にする（例：金曜日の夜にしたり、駅周辺のお店を探したりする）。
- 遅くとも開催日の1カ月以上前には、日時・場所などを記載した掲示や回覧などで従業員全員に周知し、出欠をとる。
- 普段なかなか仕事以外の話ができない社員と交流を深めるため、なるべく全員と会話ができるように席を随時入れ替える。

社員旅行

ポイント

- みんなで楽しめる場所にする。
- 新しい知識の習得や素養を高めることを目的とする旅行を検討する。
- 半年ぐらい前からは、日程、行先、参加者の確認、予算などを考えて、早めに計画を立てる。
- あまりにも豪華な海外旅行などは、税務的に認められない可能性がある。

　社内行事や社員旅行は、社員どうしの交流を深め、日々の業務のモチベーションにつなげたり、会社への帰属意識を高めたりするのに有効です。コロナ禍でほとんどの行事を中止していたかもしれませんが、状況に応じて復活させるのもよいでしょう。

Advice　研修旅行

　社員旅行とは別に、研修旅行を実施することもありますが、その研修旅行が会社の業務を行うために「直接必要な場合」には、その費用は給与として課税されないことになっています。ただし、「直接必要でない場合」には、研修旅行の費用は参加者の給与として課税されるほか、以下の①〜③のような研修旅行は、「原則として会社の業務を行うために直接必要なものとはならない」というのが、税務当局の見解です。

①同業者団体の主催する、主に観光旅行を目的とした団体旅行
②旅行のあっせん業者などが主催する団体旅行
③観光渡航の許可をもらい海外で行う研修旅行

→給与としなくてもよいことになっている。

事務用品・消耗品・什器備品
社員全員でコスト意識を徹底する

ココがポイント
- 購入ルールと使用ルールを決める
- 年賀ハガキの書き損じは切手などへの交換可能

●社員全員のコスト意識を促す

　筆記用具や封筒などの「事務用品」、トイレットペーパーやティッシュペーパーなどの「消耗品」、プリンターのトナーやインク、コピー用紙などの「ＯＡ機器用の消耗品」は、毎日使用するものです。それだけに、コスト意識をもつことが大切です。これらは一括購入したり安価なものを買い求めたりするなど、管理・購入を担当する部門がコスト意識をもつのは当然ですが、同時に社員全員がコスト意識をもつように促す必要があります。たとえば、品目ごとに管理し、「在庫が○○になったら購入する」「ボールペンは替え芯を使う」といった具合に、購入・使用ルールを決め、徹底することがポイントです。

●什器備品は「安かろう・悪かろう」に注意

　机や椅子、オフィス家具、電話機、パソコン、複写機などの「什器備品」は、事務用品や消耗品などに比べて単価が高くなるため、コスト意識がより必要になります。場合によってはリース（54ページ）という選択もあるでしょう。

　ただし、社内で導入するパソコンやソフトウェアなどの場合、「安かろう・悪かろう」では、かえって高くつく恐れもあります。購入時期や購入機種の選定などは、実際に使用することが多い社員の意見なども聞き、上層部の決裁を仰ぐようにしましょう。

●切手・印紙は現金同様、厳重に管理

　切手や印紙、新幹線の回数券などは、現金と同様に扱い、管理や利用はより厳重にする必要があります。なお、年賀ハガキが、相手側の不幸の発生などで残ったり、書き損じたものがあったりする場合は、手数料を支払うことで切手などに交換してもらえます。

豆知識　年賀ハガキの交換　申出の時期によっては手数料無料の交換もあるが、書き損じの年賀ハガキなどは、基本的に1枚5円の手数料で、通常の切手やハガキへの交換が可能。

物品購入等の申請書のサンプル

申　請　書

年　月　日届出

申請者	
理由・用途	年　月　日

（○を付けてください）

物品購入

書籍購入

> 理由や用途は明確に記入する。不明な点があると承認されなかったり、回答までに時間がかかったりするので注意

研修参加

交際費・会議費　　　相手先

その他

　用途
　・
　理由

> 必要に応じて資料を添付する

申請金額	円	領収書 あり　なし
支　払　先		

	申請者	課長	精算日	管理
			／	

物品の購入は、購入のタイミングや数量などについてのルールを決めておきましょう。

53

OA機器の導入
リースか購入かの選択をする

ココがポイント
- リースは初期負担が軽い
- トータルコストでは購入のほうが得

●まず必要かを検討する

　コピー機、プリンター、ＦＡＸ、パソコン、電話機など、会社の運営に欠かせないＯＡ機器や情報通信機器を新たに導入する、あるいは新型機種に変更するといった場合、最初にやるべきは導入や機種変更が本当に必要かという検討です。もし、「必要」という結論になった場合は、リースか購入かを決めますが、その場合は数社から見積りを取るという手順を踏むことになります。また、コピー機であれば、カラーかモノクロか、スキャニング機能の有無、コピー用紙やトナーなどの消耗品の扱い、さらにはメンテナンスのコストなども勘案し、機種やメーカーを決めることが必要です。

●レンタル、リース、購入の違い

　短期間の利用であればレンタルという選択肢もありますが、できるだけ長く使用するということであれば、現実にはリースか購入の二者択一になります。レンタル、リース、購入の基本を押さえておきましょう。

レンタル	利用期間に応じてレンタル料を支払う。週単位など短期間の利用に便利。
リース	5年前後の契約期間に応じて毎月リース料を支払う。毎月の支払い金額がレンタルより安い。見積りの依頼や納品、メンテナンスなどはメーカーや販売店に依頼するのが一般的だが、契約の相手先そのものはリース会社であり、機器の所有権者はリース会社である。
購　入	分割ないしは一括払い。自社所有になるため使い方は自由。長期間使用するのであれば、トータルのコストでリースよりも有利な場合が多い。

豆知識　リースの種類　リースには２種類あり、一般的なリースは、中途解約ができないファイナンスリースである。それに対して、解約や自由なリース期間を設定できるリースをオペ→

「リース」「購入」のメリット・デメリット

▶リースの流れ

リース利用企業 ← リース契約 / リース料支払い → リース会社 ← リース物件購入 / 代金支払い → 販売会社・メーカー

リース物件納入

▶リースと購入のメリット・デメリット

　リースとは、契約企業に代わってリース会社が物品を購入し、それを契約企業に賃貸するというものです。当然、リース会社もその取引で利益を確保しなければなりません。そのため、リース代の総額は、物品を直接購入するよりも高くなるのが一般的です。

方法		ポイント
リース	メリット	・導入時の負担が購入に比べて軽い。
	デメリット	・基本的に中途解約ができない。 ・最終的な費用負担は購入に比べて重い。
購入	メリット	・トータルの支払いはリースに比べて安価。
	デメリット	・早期に故障して買い替えなどが発生すると、リースによりも高くつく場合もある。

▶リースと購入では、会計処理が異なる

　リースの場合の会計処理は、そのリース代を経費として定額で計上するのが基本です。一方、購入の場合は、一括払いはもちろん、金融機関から借入をして支払う場合も含めて、一時に経費にすることはできないため、定められた耐用年数に応じて経費化することになります（これを減価償却といいます）。たとえば、コピー機の耐用年数は5年、乗用車は6年です。

Advice 👆 決算書に計上する減価償却費

　決算書に計上する減価償却費は損金になりますが、実際に資金が毎年社外に流出するわけではありません。また、中小企業（青色申告事業者）にかぎり、取得価額30万円未満の減価償却資産については、年間300万円まで当期の損金にできる特例があります（237ページ）。

→ レーティングリースという。

社有車の管理
社員に安全運転の徹底を図る

ココがポイント
- 自賠責保険だけでなく任意保険にも加入する
- マイカーの業務利用はルールを決める

●社有車の活用には管理業務が不可欠

　営業担当者などが使用する四輪車や二輪車として、会社が用意した社有車を使用する場合、総務部門など担当部署は、使用状況の把握や定期点検・車検といった車両管理の業務を担うことになります。

　その場合、自動車税や自動車保険などの税金と保険、それにガソリン代の支払いなどに関する管理も必要です。会社に駐車スペースがない場合は、駐車場の確保なども手配する必要があります。

●購入にあたっては総合的に判断

　社有車を新車にするのか中古車にするのかは、購入価格や想定される下取り価格、減価償却費（236・238ページ）なども勘案して判断します。また、購入ではなくリースにする方法もあります。マイカー通勤している従業員の所有車を業務に使用する場合は、会社にとっては、車両の購入費用をカットできるとともに、車両管理の手間が省けるといったメリットがあります（右ページの「通勤費の非課税限度額」も参照）。その場合は、任意保険への加入や車両管理規程といった業務利用のルールを事前に決めておきましょう。

●マイカー通勤を許可する場合も安全を徹底！

　社有車の利用で最も徹底しなければならないのは、安全運転です。もし、従業員が業務で運転中に被害を与えた場合は、その最終責任は会社が負うことになります。そのため、強制保険である自賠責保険に加え、対人・対物賠償保険など補償範囲の広い任意保険への加入が必要です。同様に、マイカー通勤を許可している場合や、マイカーの業務利用の場合も加入するように徹底しましょう。

Keyword　自賠責保険　正式には「自動車損害賠償責任保険」といい、車の購入者は加入が義務づけられているため、「強制保険」とも呼ばれる。補償の範囲は相手側への補償にかぎられる。

通勤費の非課税限度額

区　　　分		課税されない金額
①交通機関または有料道路を利用している人に支給する通勤手当		1カ月あたりの合理的な運賃等の額 （最高限度額 150,000 円）
②自動車や自転車などの交通用具を使用している人に支給する通勤手当	通勤距離が片道 55km 以上である場合	31,600 円
	通勤距離が片道 45km 以上 55km 未満である場合	28,000 円
	通勤距離が片道 35km 以上 45km 未満である場合	24,400 円
	通勤距離が片道 25km 以上 35km 未満である場合	18,700 円
	通勤距離が片道 15km 以上 25km 未満である場合	12,900 円
	通勤距離が片道 10km 以上 15km 未満である場合	7,100 円
	通勤距離が片道 2km 以上 10km 未満である場合	4,200 円
	通勤距離が片道 2km 未満である場合	（全額課税）
③交通機関を利用している人に支給する通勤用定期乗車券		1カ月あたりの合理的な運賃等の額 （最高限度額 150,000 円）
④交通機関または有料道路を利用するほか、交通用具も使用している人に支給する通勤手当や通勤用定期乗車券		1カ月あたりの合理的な運賃等の額と②の金額の合計額 （最高限度額 150,000円）

Advice 👆 　社有車の減価償却

　社有車の耐用年数は、基本的に6年です。減価償却には「定率法」と「定額法」（238ページ）があり、税務署に届出をしなければ、個人事業主は定額法、法人は定率法で計算します。300万円の新車を購入した場合、定額法では、毎年均等に減価償却することから、1年間の減価償却費は50万円です。一方、（計算式は省略しますが）定率法では、減価償却費は1年目999,000円、2年目666,333円…となります。最終的にはいずれの方法でも1円の価値しか残りませんが、購入後数年間は、定率法のほうが減価償却できる金額は大きくなります。この減価償却費は損金になります。

頻度　その都度

オフィスの管理業務
安全衛生管理と防災対策を行う

**ココが
ポイント**

- 平時の備えが非常時の際に重要となる
- 社宅制度導入は税金負担を考慮する

●欠かせないオフィスの運営管理業務

　賃貸物件でも自社ビルの場合でも、フロアの清掃やゴミ出し業務、照明器具の交換など、**オフィスの衛生や運営管理業務は欠かせません**。また、火の始末や鍵の管理などのセキュリティについても責任をもつ必要があります。

　賃貸の場合は、物件を担当している**不動産会社との交渉作業**が加わります。一方、自社ビルの場合は、専門業者に委託するにしても、**エレベータや受水槽の点検・管理業務は自社の責任で実施する**ことになります。火災報知器や消火装置、非常はしごなど防火設備についても、定期的に点検して不具合があれば修理しておくことが大切です。なお、会社が社宅や社員寮を所有する場合は、その管理も大切な業務の一つです（右ページ参照）。

●災害や非常時に備える業務を担当

　地震や津波、噴火など自然災害は、いつ発生するかわかりません。また、近隣ビルで火災が発生するなどの非常事態が起こることもあります。**平時の備えが非常時にものをいいます**。以下の点を確認しておきましょう。

1 避難場所を確認しておく。

2 社内の連絡網を整備しておく。

3 従業員や従業員家族の安否確認の手段を決めておく。

4 災害時における社内の役割分担、指揮系統を決めておく。

5 懐中電灯やヘルメット、ラジオ、応急手当用品、飲料水、食料など災害用常備品を備えておく。

6 帰宅困難者が出る場合に備える。

Keyword ｜災害用常備品　「飲食」「排泄」「衛生」に関する備品、懐中電灯などの「生命」や「生活」にかかわる品などからなる。水は最低でも1人1日1本（2リットル）が目安とされる。

社宅・社員寮を管理する場合

　会社が所有する集合住宅などを従業員に貸したり、会社が業者から借り上げて社宅にしたりするケースがありますが、社宅制度を採用する場合は、入居資格や入居期間、家賃など社宅管理規定を定めて対応することになります。

　従業員は一定割合の家賃を支払うことで、新たな所得税の負担は発生しません。

　社宅の従業員負担が格安または無料の場合は、給与への加算とされ、上乗せ課税されます。また、現金で支給する住宅手当は、社宅の貸与とは認められないので給与として課税されます。

・課税されない一定額の家賃（①～③の合計額）
　① （その年度の建物の固定資産税の課税標準額）× 0.2%
　② 12円×（その建物の総床面積［平方メートル］／3.3［平方メートル］）
　③ （その年度の敷地の固定資産税の課税標準額）× 0.22%

　なお、取締役など会社の役員に貸与する社宅については、役員から「賃貸料相当額」を受け取っていれば、上乗せ給与としての課税はありません。

　賃貸料相当額は、社宅の床面積により小規模な住宅とそれ以外の住宅とに分かれ、社員への社宅貸与と同様、上記の表で計算します。小規模な住宅には、建物の耐用年数が30年以下の場合、床面積が132平方メートル以下のものが該当します。

　ただし、いわゆる豪華社宅である場合は、時価(実勢価額)が賃貸料相当額になります。自社所有の貸与か、賃貸物件の貸与かで賃貸料相当額が異なりますが、無償貸与や低い家賃であれば、給与として課税されます。

Advice　制服の支給や携帯電話の貸与

　従業員に制服を支給したり、携帯電話・タブレットを貸与したりしている場合は、それらの管理業務をしなければなりません。制服は無償での支給ではなく貸与形式が一般的です。貸与枚数や着用義務時間、クリーニングなど制服管理規定で定めます。一方、携帯電話・タブレットの場合も管理規定を策定して対応しますが、使用方法の徹底が不可欠。料金は会社負担が一般的で、私用での利用は禁止すべきでしょう。

基本

庶務関連業務

設備管理業務

経営サポート・手続関連業務

株主総会
開催準備や議事録作成を行う

ココが
ポイント
● 株式会社の最高意思決定機関は株主総会
● 総務部門は株主総会にかかわる事務を行う

● 議決権の割合によって発言力が変わる

会社は「株式会社」「合名会社」「合資会社」「合同会社」の4種類に分けられますが、多くの会社は株式会社です。暫定的に「有限会社」も残っていますが、現在では新たに有限会社を設立することはできません。

この「株式会社」は、株主が出資した資本金で事業をスタートします。つまり、株主が会社の実質的な所有者であるといえます。

大企業や株式を公開している企業をのぞけば、多くの株式会社は「株主＝経営者」であるオーナー経営者が主導するのが一般的ですが、法的には株主が出席して決議する株主総会が最高意思決定機関です。なお、株主総会には定時総会と臨時株主総会があります。総務部門は、召集通知の送付、決算書類など必要書類の準備、当日の会場設営の準備、議事録の作成といった株主総会にかかわる事務を行います。

● 議決権「50％超」「3分の2以上」の意味

株主は基本的に出資比率に応じて「議決権」を有します。そのため、議決権の割合に応じて、発言力や決議に対する割合が決まります。

株主総会の決議は多数決（人数ではなく議決権ベース）で行われます。ただし、決議内容によって、定足数（議事を行うために必要な最少出席者数）や議決権の割合が異なります。たとえば総会の議長の選出、取締役の選任、計算書類（決算書）の承認などは「普通決議」事項です。これらの場合、議決権のある株主の過半数が出席し、その過半数が賛成すれば可決となります。

また、会社の合併や株式交換、事業譲渡、取締役の解任などは「特別決議」事項です。これらの場合、可決には議決権の過半数を有する株主が出席し、出席株主の議決権の3分の2以上の賛成が必要になります。

Keyword 定時株主総会 決算内容や配当金などの承認を得るために、年に一度開催する。必要に応じて招集する場合は、臨時株主総会という。

定時株主総会の流れ

日程を決定する

定時株主総会は、決算日の翌日から3カ月以内に開催することと定められている。ただし、未上場の中小企業の場合は、決算書の作成、納税などの関係で2カ月以内に行っているケースが多い。

招集通知の発送

招集通知は、開催日の2週間前までに発送する必要がある。ただし、上場企業以外は、1週間前までの発送でかまわない。招集通知には、株主総会の日時・場所などを記載するとともに、貸借対照表などの決算書類も添付する。

準備を進める

株主や議決権数を確認し、会場の設営準備を進める。株主からの質問を想定し、回答を用意することが必要になる場合もある。

株主総会開催

会場の設営や受付を進めるとともに、必要に応じて、議長役を務める社長をサポートする。

議事録の作成

株主総会の議事録を作成する。議事録には、議事の経緯、結果を記載する。議事録は10年間保管する。必要があれば、役員や住所の変更などの登記手続きを行う。登記手続き期限は、本店所在地では2週間以内、支店所在地では3週間以内。その他、必要に応じて配当金の支払い手続きをする。

議決権の割合と経営支配の関係

議決権の割合と経営支配の関係は以下の通りです。つまり、議決権を3分の2以上取得すれば、会社のあらゆる決定事項について支配することが可能です。

- 会社経営の支配権獲得　議決権割合が <u>50%超</u>の賛成が必要
- 特別決議案の否決　　　議決権割合が <u>3分の1超</u>の賛成が必要

※特別決議とは、定款の変更、会社の解散・合併など、会社経営の根本にかかわる議案についての決議をいう。

増資や事業の拡大・変更
変更登記手続きや定款の変更を行う

**ココが
ポイント**

● 法務局で変更登記手続きをする
● 事業内容の拡大・変更には定款変更も必要

● 増資や事業内容の追加・変更の場合の手続き

　「登記」とは、一定の事項を広く社会に公示するために登記簿に記載することをいいます。事業を拡大するために増資をしたり、従来からの事業内容に新たな事業を加えたりする場合、変更登記手続きや定款の変更が必要となります。

増資に関する登記に必要な主な書類

　登記申請書／取締役会または株主総会の議事録／募集株式の引受けの申込みを証する書面／資本金の額の計上に関する証明書／払込みがあったことを証する書面／委任状（代理人が申請する場合）

　※登録免許税は増加資本金額の1000分の7だが、3万円未満の場合は3万円

事業内容の追加や変更に必要な主な書類

　登記申請書／定款変更の特別決議をした株主総会の議事録／委任状（代理人が申請する場合）

　※登録免許税は3万円

● 許認可業種は申請先や受付窓口を確認する

　「許可」「登録」「認可」「届出」などが必要になる業種を一般的に許認可業種と呼びます。事業に加える場合、事業内容の変更登記申請と同時に、営業開始までに許認可を得ておくことが必要です。なお、その許認可の期間に有効期限が定められている場合は、「期限切れ」にも注意しましょう。

　また、訪問介護や施設サービスなど介護保険事業の場合は、都道府県知事または市町村長の指定を受け、指定事業者になる必要があります。

🔑 Keyword｜増資　会社の資本金を増やすこと。新株を発行して株主から一定金額の払い込みを受ける有償増資が一般的。資本金は融資とは異なり返済義務はない。資本金を減らすのは減資。

許認可が必要な業種一覧

　業種によっては、役所や行政官庁の許認可（許可・登録・認可・届出など）が必要になります。許認可を受けずに営業すると、営業停止や罰金などの処分を受けますので、該当するかを必ず確認したうえで許可を受けて営業しましょう。許認可が必要な主な業種を以下にまとめています。

業務	許認可の種類	申請先	受付窓口	適用される法律
リサイクルショップ／骨董屋／古本屋	許可	公安委員会	警察署	古物営業法
質屋／風俗業	許可	公安委員会	警察署	風営適正化法
人材派遣／職業紹介	許可	厚生労働大臣	ハローワーク	労働基準法など
飲食店／食肉販売／菓子製造など	許可	知事	保健所	食品衛生法など
旅館／ホテル／民宿	許可	知事	保健所	旅館業法など
建設業	許可	国土交通大臣または都道府県知事	都道府県	建設業法
旅客自動車運送業	許可	国土交通大臣	陸運支局	道路運送法
貨物自動車運送業	許可	地方運輸局長	陸運支局	貨物自動車運送事業法
産業廃棄物処理業	許可	都道府県知事	都道府県庁	廃棄物の処理関連法律
理美容業	届出	都道府県知事	保健所	理容（美容）師法
旅行業（第1種）	登録	観光庁長官	運輸局	旅行業法など
不動産（宅地建物取引業）	免許	国土交通大臣または都道府県知事	都道府県庁	宅地建物取引業法
労働者派遣事業	許可	厚生労働大臣	都道府県労働局	労働派遣法

受付窓口は各地域で異なっている場合があるので、詳細はウェブサイト等で確認しましょう。

社名変更や会社移転
内容によって手続き・申請先が異なる

ココが ポイント

- まず法務局で変更手続きをする
- 必要事項ごとに税務署や労働基準局などにも申請

●法務局で変更登記を済ませ、税務署などでも変更手続きをする

　社名や所在地、事業内容、資本金額、役員などの変更があった場合は、速やかに商業登記を変更する必要があります。この商業登記とは、法務局の商業登記簿に会社の情報を記載する手続きのことをいいます。登記すべき期間は、原則として、その登記の事由が発生したときから、本店の所在地の場合は2週間以内、支店の所在地の場合は3週間以内と定められています。

　まず法務局（登記所）での変更手続きを済ませ、その後に税務署、労働基準監督署、公共職業安定所（ハローワーク）、年金事務所、市区町村などで関連する変更手続きをすることになります。

●社名変更や会社移転の場合の手続き

　社名（商号）の変更には、株主総会での特別決議が必要なため、株主総会の開催を経て変更手続きをします。社名の前後につけている「有限会社」を「株式会社」にする場合も、原則として、商号変更による設立の登記の申請が必要です。

　会社を移転する場合に、取締役設置会社の株式会社と、有限会社（取締役会非設置会社も含む）で、手続きが異なります。また、同じ法務局管轄内の移転か管轄外への移転かでも異なります（右ページ参照）。

●取締役の新任や再任の場合の手続き

　取締役の新任があったり、辞任があったりした場合には、変更登記が必要です。なお、役員が再任（重任）した場合も、基本的には変更の登記が必要です。取締役の任期は、原則として2年、監査役の任期は原則として4年と定められています（役員変更の手続きは66ページを参照）。

　Keyword｜**取締役設置会社**　株式会社には、取締役設置会社と取締役非設置会社がある。取締役設置会社は、株主総会を開催しなくても、取締役会で具体的な意思決定をすることが可能。

本店移転登記申請書のサンプル

株式会社本店移転登記申請書

1. 商号　　　　○○○株式会社

1. 本店　　　　○県△市△町○丁目○番○号

1. 登記の事由　本店移転

1. 登記すべき事項　20××年○月○日本店移転

　　　　　　　　　本店　○県○市○町○丁目○番○号

> 変更後の本店を
> 記載する

1. 登録免許税　　金　　　　　　　　円

1. 添付書類

　　　　株主総会議事録　　　1通

　　　　株主の指名又は名称, 住所及び議決権数等を証する書面 (株主リスト) 1通

　　　　取締役会議事録 (又は取締役の過半数の一致を証する書面)　1通

　　　　委任状　　1通

> 代理人に申請を委任
> する場合は委任状が
> 必要

上記のとおり, 登記の申請をします。

　　　　　年　　　月　　　日

社名変更や会社移転の手続き・届出先

社名、所在地、事業内容、資本金額、代表者および役員などの変更

社名、所在地、代表者および役員などの変更　　→　法務局 (登記所)

社名変更、所在地変更　　　　　　　　　　　　→　税務署

→　都道府県税事務所・市区町村

→　年金事務所 (健康保険組合等)

→　労働基準監督署

→　公共職業安定所 (ハローワーク)

役員の変更
法務局に申請書等を提出する

**ココが
ポイント**
● 代表取締役の場合は住所変更も届け出る
● 税務署や都道府県税事務所、年金事務所にも申請

● 役員の変更は法務局で手続き

　任期満了や辞任、解任、死亡といった理由で、代表取締役などの会社役員に変更があった場合、法務局での登記変更手続き（変更登記申請書の提出等）が必要になります。この「役員の変更」とは、代表取締役の氏名・住所の変更、取締役の退任・新任などを指します。

　任期満了で退任と同時に再び就任する再任（重任）の場合も、退任と新任の登記手続きが必要ですが、役員の構成メンバーに変更がない場合でも役員の任期が満了すれば、手続きをすることになります。

● 監査役設置会社は監査役の変更手続きが必要

　監査役設置会社の場合は、監査役の氏名・住所に変更があった場合に、法務局で変更手続きをすることになります。

　役員変更登記の手続きは、本店所在地と支店所在地の両方で行う必要があります。なお、変更手続き期間は、本店所在地の場合はその役員の就任承諾日から2週間以内、支店所在地の場合は3週間以内と定められています。

● 代表取締役の変更は税務署等での手続きも必要

　代表取締役に変更があった場合は、法務局以外にも、所轄の税務署や都道府県税事務所で、納税関連の変更手続きが必要になります。手続きに特段の期限は設けられていませんが、できるだけ速やかに行うべきでしょう。

　また、年金事務所には、「健康保険・厚生年金保険事業所関係変更（訂正）届」を提出することになります。こちらは、代表取締役の氏名・住所変更から基本的に5日以内とされています。

Keyword　任期満了　以前は役員の任期は最長でも取締役は2年、監査役は4年だったが、改正会社法の施行で、任期は最長10年まで延ばせるように変更されている。

役員変更の手続き

役員を変更する場合、一般的な手続きの流れは以下の通りです。

役員の退任・死亡など

新役員を選任　　　　　　　　新役員を選任しない

株主総会の普通決議で
新役員を選出

申請書を作成

代表取締役、取締役、監査役の役員変更が、「任期満了」か「死亡」、あるいは「辞任」「解任」「欠格事由（破産等）」によるかで、「変更登記申請書」に添付する書類は異なります。また、「取締役会がない会社（取締役会非設置会社）」と「取締役会がある会社（取締役会設置会社）」では、必要書類が異なるように、添付書類は様々です。

・必要書類
株式総会議事録／株主リスト／取締役議事録／就任承諾書／本人確認証明書／委任状（代理人が申請する場合）など
※登録免許税は１万円（資本金１億円以上は３万円）

法務局で印鑑登録をしている代表取締役が辞任の場合は、実印が押された辞任届などの添付が必要です。なお、変更の理由が「死亡」の場合には、死亡を証する書面（死亡届出書・医師の死亡診断書・戸籍抄本・住民票の写し等）を添付します。

商業登記簿の基本
登記の意義と見方を理解する

ココがポイント
- 登記をすることで商号の独占的使用が可能になる
- 「履歴事項全部証明書」で新規取引先を確認する

●商業登記簿は会社の「戸籍謄本」

　会社名（商号）、所在地、設立年月日、目的、資本金額、役員といった会社の主要事項を記載したものが、いわゆる商業登記簿です。個人でいえば、戸籍謄本に相当します。商業登記簿は、所在地を管轄する法務局（登記所）で登記を済ませることで、第三者に対して登記の内容を主張できたり、同種のほかの登記ができなくなったりすることから、「商号を独占的に使用できるようになる」といった効力が生じます。

　会社を設立する際、すべての会社は登記所で商業登記を行いますが、登記された商業登記簿であれば、他社の商業登記簿であっても閲覧が可能です。なお、自社の登記事項に変更があった場合は、速やかに登記を変更します。

●商業登記簿にも種類がある

　会社の基本情報を記載した商業登記簿は、コンピュータ化にともない「登記事項証明書（登記簿謄本）」と呼ばれるようになっています。申請も閲覧もオンライン化されています。

　個人の戸籍謄本や住民票などにもいくつか種類があるように、商業登記簿にも種類があります。商業登記簿は、現在効力のある事項のみ記載される「現在事項証明書」、現在事項証明書に記載されている内容に加え、3年前の元日より変更された事項のすべてが記載されている「履歴事項証明書」、閉鎖された登記記録が記載される「閉鎖事項証明書」や「代表者事項証明書」に大別されます。

　他社の商業登記簿も閲覧できるため、「履歴事項証明書」で新規の取引先の安全性を確認することなども可能です。

Keyword | 登記所　法務局や法務局の支局・出張所を指す。商業登記、不動産登記、成年後見登記などを受けつけている。住宅ローンの完済による抵当権抹消登記も登記所に申請することになる。

登記とは？

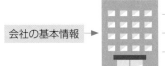

法務局（登記所）

会社の基本情報 → ■ →
- 第三者に対して登記の内容で対抗できる（公示力）
- 登記内容を信頼した第三者を保護する（公信力）
- 同種のほかの登記ができなくなる（独占力）

商業登記をする

履歴事項全部証明書の例（一部省略）

埼玉県蕨市南町○丁目○番○号
フォローアップ株式会社

会社法人番号	○○○○－○○－○○○○○○	
商号	~~フォロワー株式会社~~	
	フォローアップ株式会社	平成12年4月1日変更 平成12年4月8日登記
本店	~~埼玉県蕨市本町△丁目△番△号~~	
	埼玉県蕨市南町△丁目△番△号	平成12年4月1日変更 平成12年4月8日登記
公告をする方法	官報に掲載してする	
会社設立の年月日	平成1年5月1日	
目的	~~1. 不動産の賃貸~~	
	1. 経営コンサルティング業務 2. 会社・個人経営の帳簿の記帳及び決算に関する業務	
発行可能株式総数	548株	
発行済株式の総数 並びに種類及び数	発行済株式の総数 　　200株	
株券を発行する旨の定め	当会社の株式については、株券を発行する。	
資本金の額	金1000万円	
株式の譲渡制限に 関する規定	当会社の株式を譲渡により取得するには、取締役会の承認を受けなければならない。	
役員に関する事項	取締役　　池田一郎	
	取締役　　山田三郎	
	取締役　　佐藤正二	
	埼玉県さいたま市浦和区○丁目○番○号 代表取締役　　　池田一郎	
取締役会設置会社 に関する事項	取締役会設置会社	
監査役会設置会社 に関する事項	監査役設置会社	
登記事項に関する事項	平成元年法務省令第15号附則第3項の規定により　　平成16年8月30日移記	

抹消されている事項には下線が引かれている

抹消されている事項には下線が引かれている

株券を発行する会社は登記が必要

取締役会を設置する会社は登記が必要

監査役を設置する会社は登記が必要

これは登記簿に記録されている閉鎖されていない事項の全部であることを証明した書面である。

令和○×年△月×日
さいたま地方法務局○○出張所
登記官　　　　　　　　　○○○○　　[印]

契約書の基本
作成の流れと注意点を押さえる

ココが ポイント
- 契約内容や記名押印、日付を確認する
- 契約解除や損害賠償などの条件も盛り込む

●合意した内容を漏れなく明記する

「売買」「賃貸借」「請負」「委任」など、会社対会社の権利や義務をともなう約束は、契約書としてとりまとめます。口約束だけでも契約は成立しますが、後々のトラブルを防止するためにも、契約書を交わすのが鉄則です。

契約書には交渉で合意した内容を漏れなく明記するとともに、相手方が契約の責任を果たさない場合などに備え、契約解除や損害賠償などの条件を盛り込みます。なお、契約書の形式に決まりはありません。先に基本的な事柄だけを決め、その基本契約にもとづいて、細かい点まで決める本契約に移行する場合もあります。

●原則、契約書の当事者は社長

口約束によるトラブルを防ぐために、双方の当事者が合意した内容を契約書として文書にしますが、法的な効力を持たせるためには、契約の名義人と記名、押印などの取り扱いに注意する必要があります。

契約書に記す名義人は、代表取締役または代理権限を与えられた人です（基本的には社長）。なお、記名とは印字したもので、自筆の場合は署名といいます。また、押印は実印で行い、契約金額に応じて収入印紙を貼って消印を押します。署名や押印の前に、契約期間や納期など契約内容や日付の確認を必ず行いましょう。

●契約書は２通作成して、双方で保管する

契約書は同じものを２通作成し、甲と乙の双方が１通ずつ保管します。契約書は、会社にとって重要なものが多いだけに、紛失は絶対に避けなければなりません。保管には十分に気を配る必要があります。

  　契約書の保管　契約書は同じものを２通作成し、甲と乙の双方が１通ずつ保管する。契約書の保管には十分に気を配る必要がある。

契約書の基本

---

 ❶ 業務委託契約書

❷

A株式会社(以下「甲」という)と株式会社B(以下「乙」という)は、○△に関し、次の通り合意する。

❸
第1条(業務委託等)

　甲は、乙に対して、以下に定める業務(以下「本業務」という)を委託し、乙はこれを受託する。

(1)甲が指定する商品のPR活動

(2)甲が指定する商品の販売促進に関するコンサルティング

1. 甲は、乙に対して、本業務の委託料として、月額金25万円(消費税別)を支払う。

2. 甲は、乙に対して、翌月25日までに、当月分の委託料を甲の指定する金融機関の口座に振込送金の方法により支払う。振込手数料は甲の負担とする。

第3条
・
・
・
・

以上の内容を証するため、本契約書2通を作成し、甲乙各1通を所持するものとする。

○○年△月×日 ❺

　　(甲)東京都千代田区○○
　　A株式会社
　　代表取締役　○○○

　　(乙)東京都港区××
　　株式会社B
　　代表取締役　××○○ 乙 ❻

（甲印）❹　（甲乙印）❼

ポイント

❶印紙を貼り、消印を押す

❷契約書の合意者は「甲」「乙」とする

❸契約内容を記載する

❹甲と乙が合意した旨を記載する

❺契約年月日を記名する

❻お互いに住所、代表者名を記名。印鑑を押す

❼契約書が2枚以上の場合、綴じ目に甲乙の印鑑を押す(契印^{けいいん})

Advice 👆 安易な口約束やサインは禁物

　基本的に一度、交わした約束を、一方的に破棄することは許されません。約束を解除するためには、相手との合意が不可欠です。したがって、気軽に口約束やサインをするのは禁物です。物品購入の窓口になったり、飛び込みセールスへの対応係になったりすることが多い総務部門は、特に注意が必要です。

頻度　その都度

会社で使う印鑑の基本
印鑑の種類や押印のルールを覚える

**ココが
ポイント**

- ●実印は法務局に登録した印鑑
- ●押印の基本ルールを覚えて使い分ける

●押印の基本ルールを覚えて使い分ける

　政府は「脱ハンコ」を加速させています。ただし、ビジネスではハンコが必要とされる場面も残ります。ハンコは印鑑と同じ意味で使われますが、正式には「印章」といいます。また、印章を押すことを「押印（捺印）」といい、紙に押されたものが「印影」です。狭義では、印影のうち、実印として市区町村や法務局（登記所）に登録したものが「印鑑」となります。

●実印と認印の違い

　印章は、「実印」と「認印」に分かれます。

　会社の実印は「代表者印」といいますが、これは法務局に登録したもので、会社設立時に必ず登録します。そうすることで、法務局から印鑑証明書の発行を受けることができます。代表者印は契約書などに使用する大切なもので、保管を含めて取り扱いには十分に注意が必要です。なお、代表者が複数いる場合には、複数の実印を登録することも可能です。

　一方、実印以外の印章で、日常的に使用するものを「認印」といいます。たとえば「銀行印」「角印（社判）」「ゴム印」などが認印に該当します。銀行印は金融機関に届け出るもので、金融機関との取引に使用します。銀行印は実印でもかまいませんが、その場合は経理部門も使用することになるため、できれば分けておくほうがよいでしょう。

　角印は社判ともいいますが、一般的に注文書や領収書などに使用します。また、ゴム印は会社名や住所、電話番号、代表取締役者名などを押すためのものです。請求書や速達の文書などを送付するといった使用頻度が高いものもゴム印を使用するとよいでしょう。

豆知識　押印と捺印　契約書などで自分の名前を署名する場合には「署名捺印」として、名前の記載が印刷やゴム印などによる場合は「記名押印」と使い分けることがある。なお、法的効力 →

押印（捺印）の基本ルール

契印 <ruby>契<rt>けい</rt></ruby><ruby>印<rt>いん</rt></ruby>

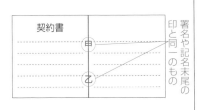

署名や記名末尾の印と同一のもの

契約書が複数ページにわたる場合に、署名者全員がページの綴じ目に押す。

割印 <ruby>割<rt>わり</rt></ruby><ruby>印<rt>いん</rt></ruby>

「原本と写し」や「原本と副本」など2通以上の契約書が同じものであることを示すために、またがって押す。

訂正印

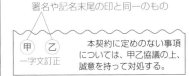

署名や記名末尾の印と同一のもの

本契約に定めのない事項については、甲乙協議の上、誠意を持って対処する。

文書の修正時に押す。実際には、修正箇所を二重線で消し、修正文言を記入し、「○字削除、×字加入」などと書き添える。

捨印 <ruby>捨<rt>すて</rt></ruby><ruby>印<rt>いん</rt></ruby>

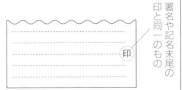

署名や記名末尾の印と同一のもの

契約書調印日に未確定事項があって、将来確定したときにただちに追加・訂正できるように、あらかじめ押しておく。契約書の誤字や脱字の訂正に備えて押す場合もある。

止印 <ruby>止<rt>とめ</rt></ruby><ruby>印<rt>いん</rt></ruby>

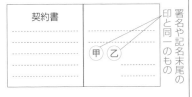

署名や記名末尾の印と同一のもの

契約書に余白が生じた場合、後からの書き込みを防ぐために押す。

消印 <ruby>消<rt>けし</rt></ruby><ruby>印<rt>いん</rt></ruby>

印紙

印紙を貼った場合、印紙の再使用を防ぐために、印紙と用紙にまたがるように押す。

→ という点では、**署名捺印のほうが記名押印に比べて高い**。

クレーム対応
基本的スタンスを社員全員が共有する

**ココが
ポイント**
- 全社的なクレーム対応マニュアルが不可欠
- 過去のクレームや対応の情報を共有する

●対応を誤れば会社運営に支障が出る

　自社が提供する商品やサービスに対して、寄せられるクレームが皆無ということは、通常、あり得ません。たとえば、納品や配達の遅延、請求ミスなどに関する苦情もクレームの一つとして挙げられます。また、電子メールでのやり取りが一般的になっている現在では、メールを見落とすといった些細なミスが、大きなクレームにつながる場合もあります。

　クレームに対するお詫びの文章を一つとっても細心の注意が必要であるように、すべての企業にとって、いかにクレームに対応するかはとても重要です。その対応次第では、会社の運営に支障をきたしたり、会社の存亡にかかわったりすることさえあると認識するようにしましょう。

●対応マニュアルの準備

　クレーム対応は迅速に行うのが基本です。ただし、クレーム対応では、最初にクレームを受けたスタッフの態度や応対によって、その後、大きな問題に発展することもあれば、穏便に収まるといった場合があります。

　また、会社側に「非」があるケースばかりではないため、とりあえず、すぐに謝罪をすればよいというわけでもありません。場合によっては、損害賠償問題に発展する可能性もあり、特に係争問題に発展することが多い海外の取引先や顧客に対しては、安易に「非」を認めないという考え方・姿勢も成立します。そのため、クレーム対応については、マニュアルの作成を含めて全社的な取り組みが不可欠です。最初の対応や緊急性の有無、責任者の出動時期といったクレームへの対応マニュアルを備えるとともに、「どんなクレームがあって、どのように解決したか」といった情報を蓄積し、共有することが重要です。

　豆知識　クレームに対するお詫び　インターネットで「クレーム」「お詫び」などと検索すれば、様々な場面に即したお詫び文を調べることができる。お詫び状などが必要な場合は、それらを参考にするとよい。

クレームへの基本的な対応

1
- クレーム相手の話をよく聞く。
- 緊急性の有無を判断する。

2
- 緊急を要する場合は迅速に対応する。
- その場でお詫びをするか、責任部署に取り次ぐ。

3
- クレームの原因調査などに時間を要する場合は、まずお詫び（謝罪文の送付など）をするか検討する（損害賠償などに直結しない文面にすることが必要）。

4
- 非があることが明らかな場合は、ミスを認めて、同じ過ちを繰り返さないことを宣誓し、具体的な改善策を示す。

5
- クレームはその内容や対応を含め、必ず報告書として残す。

6
- 必要があれば、詳細な調査後にあらためて謝罪と報告を行う。

20××年○月×日

クレーム報告書

総務部○○課
担当／佐藤

発生日時	20XX年6月1日（月）10:30
発生先	
対象商品	

クレーム内容

クレーム原因

今回の対応

今後の対策

備考

同様のクレームが発生するのを防ぐためにも、できるだけ詳しく記入する

報告書などでクレーム情報を蓄積し、それらを社内で閲覧・共有することが重要です。

機密情報やデータの管理
情報漏えいには「営業秘密」で対抗する

**ココが
ポイント**
- 営業秘密の不正持ち出し被害には法的措置をとる
- 秘密管理性・有用性・非公知性が営業秘密の3要件

●重要な文書やデータは厳重に管理する

　会社には対外的に秘密にすべき重要な文書やデータが存在します。社内にかぎっても、担当者や関係者以外には知られたくない機密情報があります。仮にそのような重要な文書や機密データが流出したり、漏えいしたりすれば、会社運営に多大な支障が生じることはいうまでもありません。たとえば営業に関するノウハウや製品の製造方法などは、会社にとって最大の機密事項です。重要な文書やデータについては、厳重な管理が不可欠です。

●内部からのデータ流出に注意

　重要事項や機密データが、文書化されている場合は、「極秘」「部外秘」「社外秘」などと朱で押印するなどして、取り扱いに対する注意を喚起しましょう。また、万一に備えて耐火性のある金庫を使用したり、保管場所やその鍵の管理にも注意を払ったりしましょう。

　社外秘の資料を複写して会議などで配布した場合は、会議後に回収し、判読できない状態にして廃棄するなどの処分も必要です。机の上にそのまま放置したりするのは、「秘密を知ってください」と言っているようなものです。

　コンピュータで情報やデータなどを管理している場合は、外部からの不正な侵入、いわゆるハッカー対策が不可欠です。社内においても、重要な情報にはパスワードをかけたり、データの社外への持ち出しを禁止する措置をとったり、関係者でなければ閲覧できないように、アクセス制限をかけたりすることが必要です。

　なお、重要情報をメールで送付する場合には、送付先に誤りがないか注意が必要です。また、重要な文書やデータは必ずバックアップをとります。USBメモリに保存して持ち出す場合も、紛失しないように注意しましょう。

　Keyword　不正競争防止法　事業者間の公正な競争を確保することにより、国民経済の健全な発展に寄与することを目的とした法律。他社のロゴマークの不正使用や営業秘密の→

営業秘密の厳守

　不正競争防止法では、企業が持つ秘密情報が不正に持ち出されるなどの被害にあった場合に、民事上・刑事上の措置をとることができます。そのためには、その秘密情報が、不正競争防止法上の「営業秘密」として管理されていることが必要ですが、所轄官庁の経済産業省は、それを「営業秘密の3要件」として示しています。

「営業秘密の3要件」とは、以下の①〜③のことをいいます。
①秘密として管理されていること（秘密管理性）
②有用な営業上または技術上の情報であること（有用性）
③公然と知られていないこと（非公知性）

例

「営業秘密の侵害」として、損害賠償請求が認められた事例
投資用マンションの販売業を営む会社の従業員が、退職して独立起業する際に、営業秘密である顧客情報を持ち出し、そこに記載された顧客に対して、勤務していた会社の信用を棄損する虚偽の情報を連絡した事案。

• 秘密管理性⇒顧客情報は入室が制限された施錠付きの部屋に保管。利用は営業本部の従業員などに限定されていた。
• 有　用　性⇒この顧客情報を使って営業を行えば、効率的に契約を成立させることが可能。
• 非 公 知 性⇒所有物件などを記載した顧客情報は、一般に知られていない。

Advice 👆 技術等情報の管理に係る認証制度

　経済産業省は、産業競争力強化法に基づき、重要技術をしっかり管理できていることを示す認証制度をスタートさせています（2018年9月25日施行）。これは、技術の流出を防ぐことを目的にしており、主に中小企業を対象にしています。具体的には、国が認定した「認証機関」による「認証」を、各企業が受けるというものです。認証機関は、国が示す「守り方」（認証基準）に即して技術等の情報管理が行われているのかを確認して認証します。認証の取得は、情報の管理を適切に行っていることを示し、〝信頼できる企業〟とのアピールになるでしょう。また、取引先の情報管理の状況を、認証を通じて把握することも可能になります。

→不正取得などに対して、刑事上の制裁（処罰）を科す場合があるほか、被害に対しては民事上の請求（救済）をすることができる。

不公正な取引への対応
「しない」「させない」を徹底する

ココがポイント
- 公正取引委員会が指定する不公正な取引を理解する
- 不公正取引に対しては裁判所への差止め請求が可能

●不公正な取引とは？

　ビジネスでは、不公正な取引をすることは許されません。また、不公正な取引を受けた場合も、それを中止させなければなりません。これは、「自由で公正かつ開放的な市場であってこそ、健全な競争が担保される」という考えにもとづいています。不公正な取引についての具体的な対応は、専門的な知識も必要で、社外の専門家などに協力を仰ぐことが多いですが、ビジネスを行ううえでポイントを押さえておくことは大切です。

　不公正な取引方法とは、公正な競争を阻害する恐れがある行為のうち、公正取引委員会が独占禁止法で指定するものを指し、「一般指定」と「特殊指定」に分けられます。一般指定はすべての業界に適用されます。特殊指定は百貨店やスーパー、海運業といった一定の業界のみを対象としたものです。

●不公正な取引の被害を受けた場合の対応

　公正取引委員会が一般指定としている不公正な取引は、「共同の取引拒絶」「その他の取引拒絶」「差別対価」「取引条件等の差別取扱い」「事業者団体における差別取扱い等」「不当廉売」「不当高価購入」「ぎまん的顧客誘引」「不当な利益による顧客誘引」「抱き合わせ販売等」「排他条件付取引」「再販売価格の拘束」「拘束条件付取引」「取引の相手方の役員選任への不当干渉」「競争者に対する取引妨害」「競争会社に対する内部干渉」の15項目です。

　これらの不公正な取引について、「差止め」を命じることができるのは、以前は公正取引委員会だけでしたが、現在は被害を受けている法人も公正取引委員会に違反行為の排除を求めることができるだけでなく、裁判所に対しても独占禁止法違反行為の差止めを請求することができるようになっています。なお、不公正な取引について、刑事罰の適用はありません。

Keyword　独占禁止法　「私的独占の禁止及び公正取引の確保に関する法律」が正式名称。公正かつ自由な競争を促進し、事業者が自主的な判断で自由に活動できることを目的としている。

不公正な取引の概要

不公正な取引は、行為の内容から以下の3つに大きく分けられます。

自由な競争の制限

自由な競争が制限される恐れがあるような行為です。取引拒絶、差別対価、不当廉売などが該当します。

競争手段が不公正

競争手段そのものが公正とはいえないものです。ぎまん的な方法や不当な利益による顧客誘引、抱き合わせ販売などが該当します。

自由な競争基盤の侵害

自由な競争基盤を侵害する恐れがある行為です。大企業などがその優越した地位を利用して、取引相手に無理な要求を押しつける行為などが該当します。

主な不公正な取引方法

▶ **共同の取引拒絶**
複数の事業者が共同して特定の事業者との取引を拒絶したり、第三者に特定の事業者との取引を拒絶させたりする。

▶ **差別対価**
取引先や販売地域によって、商品・サービスの対価に不当に著しい差をつけたり、その他の取引条件で不当に差別したりする。

▶ **不当廉売**
不当に安い価格で販売し、ほかの事業者の事業活動を困難にさせる恐れがある。

▶ **抱き合わせ販売**
ある商品を販売する際に、ほかの商品も同時に購入させることを抱き合わせ販売といい、不当に行われる場合には、不公正な取引方法として禁止されている。

▶ **拘束条件付取引**
取引相手の事業活動を不当に拘束するような条件をつける。

▶ **優越的地位の濫用**
優越した地位にある事業者が、取引相手方に対し、正常な商慣習に照らして不当に、事業遂行上必要としない商品等を購入させたりする。

個人情報保護への対応
技術力や組織力を最大限に発揮する

**ココが
ポイント**
- 全社員に個人情報保護法への理解を促す
- 社内や委託先における個人情報の保護を徹底する

●企業にとって個人情報保護は重要課題

　保有している顧客などの個人情報の流出は、企業の信用にかかわる大きな問題です。個人情報には、氏名や住所、生年月日、電話番号のほか、メールアドレスやIDなども含まれますが、個人情報を流出させてしまうと、企業は損害賠償の請求を受けたり、顧客の減少を招いたりするなど、場合によっては企業そのものの存亡につながる恐れがあります。

　インターネット通販の利用や医療機関での受診などでも明らかなように、個人情報をIT処理するのが当然の現代では、個人情報保護は重要な課題です。そのためには企業が有する組織力や技術力を最大限に発揮して対応し、また、全社員に個人情報保護法への理解を促すことが求められます。

●個人情報保護法

　個人情報保護法では、法律の適用を受ける対象者を「個人情報取扱事業者（こしんしょうほうとりあつかいじぎょうしゃ）」としていますが、ほとんどの企業が該当すると考えてよいでしょう。個人情報保護法のポイントは次の通りです。

❶ 不正な手段で個人情報を取得しないこと。　　**❷** 不適正な利用をしないこと。

❸ マイナンバー（個人番号）など自社で個人情報のデータを取り扱う場合は、安全管理のために適切な措置を講じること。

❹ 個人情報のデータの取り扱いを委託する場合は、個人データの安全管理を図るために、委託先に対して必要かつ適切な監督をすること。

❺ 基本的には、あらかじめ本人の同意を得ないで、個人データを第三者に提供しないこと。

🔑 Keyword 　個人情報保護法　正式名称は「個人情報の保護に関する法律」。個人情報に関する適正な取り扱い方法などを定めた法律で、2005年4月に全面施行された。2015年→

個人情報保護のポイント

1

- 不正な手段で個人情報を取得しない。
- 第三者からの適正な情報取得を徹底する。

2

- 第三者から個人情報を取得する場合、その個人情報が適法に入手したことが確認できない場合には、取得の自粛も含め、慎重に対応する。

個人情報を取り扱う際の適切な措置

　個人情報を流出させてしまうと、会社は社会的信頼を失い、大きくダメージを受けてしまいます。そうした事態を避けるためにも、適切な措置を取ってセキュリティを強化する必要があります。主な措置は以下の通りです。

① サイバー攻撃対策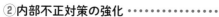
外部からのサイバー攻撃に備えて、ファイヤーウォールの設置やウィルス対策ソフトの導入など、インターネット・セキュリティを強化する。

② 内部不正対策の強化
従業員など社内関係者を介した情報漏えいを防ぐため、個人情報へのアクセスやダウンロードを制限する。また個人情報を取り扱う部屋への入退室管理を徹底する。

③ 委託先等の監督強化
データ入力やシステム開発を委託する場合、委託先が再委託をするようであれば事前報告を求めるなど委託先の監督を実施する。

④ 本人の同意を得て第三者へ情報提供
第三者へ情報提供する場合には、必ず本人の同意を得るようにする。ただし、個人が特定できないように加工した場合、同意を得ないで利用できるなどの例外もある。

→ に改正。個人の権利の拡充や、ペナルティの強化などについて、2020年にも改正（22年施行）されている。

職場のハラスメント対策
いじめやパワハラ、セクハラを許さない

ココが ポイント
- 中小企業でもハラスメント対策が義務化
- 就業規則にパワハラやセクハラについて盛り込む

●パワハラとは？

　2022年4月から、中小企業においても「パワハラ防止法」が適用されています（大企業は2020年6月施行）。

　職場におけるいじめ、いわゆる**パワー・ハラスメント（パワハラ）**は、「同じ職場で働く者に対して、職務上の地位や人間関係などの職場内の優位性を背景に、業務の適正な範囲を超えて、精神的・身体的苦痛を与える、または職場環境を悪化させる行為」とされます。暴行・傷害といった「**身体的な攻撃**」、脅迫・名誉棄損・侮辱などの「**精神的な攻撃**」は、パワハラの典型的な例です。

　また、仲間外れや無視といった「**人間関係からの切り離し**」、業務上明らかに遂行不可能なことを強制する「**過大な要求**」、能力や経験とかけ離れた程度の低い仕事を命じたり、仕事を与えなかったりする「**過小な要求**」、私的なことに過度に立ち入る「**個の侵害**」などもパワハラ行為に該当します。

●セクハラとは？

　職場における**セクシュアル・ハラスメント（セクハラ）**についても、企業は必要な対策が求められます。セクハラとは、「労働者の意に反する性的な言動への労働者の対応によって、労働条件について不利益を受けたり、就業環境が害されたりする」ことをいいます。「**労働条件の不利益**」とは、性的な言動に対して拒否や抵抗を示したことで、降格や減給、不利益な配置転換などを受けること、「**就業環境が害される**」とは、性的な言動を受けることで能力の発揮に重大な悪影響が生じるといった事態などを指します。

　企業はパワハラやセクハラに対応するため、あらかじめ**就業規則に規定**を盛り込んだり（132ページ）、相談窓口を設置して対応したりすることが必要です。

Keyword　職場のパワハラ　職務上の地位はもちろん、人間関係や専門知識など様々な優位性も含まれるため、職場のパワハラは、上司から部下への行為にかぎったものではな→

パワハラやセクハラ対策の基本

パワハラやセクハラなどのハラスメントが発生する職場環境では、**従業員の士気がそがれたり、メンタルヘルス不調などの問題が起こったりします。**生産性を上げ、従業員の健康を保持するためにもハラスメント対策は不可欠です。

1 就業規則に盛り込む
- パワハラやセクハラの行為者については、厳正に対処する。
- そのための方針・対処の内容を就業規則等に設ける。

2 相談窓口の設置
- 相談窓口を設置して、対応責任者を決める。
- 相談窓口担当者は、内容や状況に応じ適切に対応する。また、広く相談に対応する。
- 必要に応じて、外部専門家と連携する。

3 教育や周知
- パワハラやセクハラ予防研修を実施する。
- 管理監督者を含む従業員に周知・啓発する。

4 実態の把握
- 事実関係を迅速かつ正確に確認する。
- パワハラやセクハラが確認された場合、被害者に対する配慮の措置を適正に行う。
- 行為者に対しては措置を適正に行う。

上記以外にも、以下のような対策や注意が必要です。
- 行為者に対しては再発防止の研修を実施する。
- 相談者・行為者等のプライバシー保護に配慮する。
- 相談したことや、事実関係の確認に協力したことなどを理由に不利益な取り扱いをしない旨を定め、従業員に周知する。

→ く、先輩・後輩間、同僚間、部下から上司に対して行われるものもある。

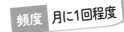

取引先名簿・従業員名簿・社内連絡網
情報をデータ化して社内で共有する

ココがポイント
● 情報の更新しながらデータの価値を高める
● コンプライアンスや個人情報保護法に配慮する

●取引先情報の社内共有化

　取引先情報の共有化は、企業にとって重要なテーマの一つです。ある部門の取引先が別の部門の新たな顧客になって売上増加につながるなど、情報の共有化のよって会社の発展に寄与することも少なくありません。会社によって情報のデータ化を担当する部門や部署などは異なりますが、名簿の作成やその管理によって、取引先情報の共有化を図ることが重要です。

●最適な方法で保存・共有化

　取引先企業のデータ管理は、かつてはペーパーによる保存・保管が主流でした。しかし、現在ではCDやDVD、フラッシュメモリ、ハードディスクドライブなど、記憶媒体は多様になっています。会社内における利用方法などを考慮し、自社にとって最適な方法を選ぶようにしましょう。

　データ化する際の必要項目は、「企業名・代表者名」「会社の住所・地図・電話番号・メールアドレス」「担当者の名前・携帯電話番号・メールアドレス」「取引の内容（締日・支払日・取引金融機関等）」などです。取引先情報は正確であってこそ価値をもちます。情報はたえず更新するようにしましょう。

　また、名刺管理ソフトを活用するなどして、名刺データの社内共有化も検討しましょう。担当者が急に退社してしまったなどの場合でも、データが一元管理されていれば、後任の担当者に情報をスムーズに共有できます。

●情報管理を徹底する

　情報のデータ化・共有化では、情報漏えいや不正利用に注意しましょう。場合によっては損害賠償問題に発展することもあります。会社がコンプライアンス違反に問われないよう、情報管理と従業員教育の徹底が不可欠です。

Keyword | コンプライアンス　「法令遵守」と訳されることが多いが、法律だけでなく、社会規範を守るという意味合いもある。企業の不祥事を防ぐという観点から使われるようになった。

取引先名簿のサンプル

取引先情報は、取引先名簿を作成して管理を行い、社内共有化を行いましょう。
以下は取引先名簿の一例です。

取引先名簿

20××年4月1日作成
作成者／総務部　鈴木次郎

取引先コード	0	0	0	3	8	5										
フリガナ	ナツメボウエキカブシキガイシャ															
会社名	夏目貿易株式会社															
フリガナ	トウキョウトチヨダクミサキチョウ															
住所	東京都千代田区三崎町〇－〇〇―〇〇〇															
フリガナ	サトウ マコト															
代表者名	佐藤 誠															

郵便番号	1	0	1	0	0	6	1	電話番号	0	3	1	2	3	4	〇	〇	〇	〇
								FAX番号	0	3	1	2	3	4	〇	〇	〇	〇

振込先銀行

フリガナ	カモメギンコウ チヨダシテン						
銀行名	かもめ銀行 千代田支店						
預金区分	1 普通預金 / 2 当座預金	0	0	4	1	3	〇 △
フリガナ	ナツメボウエキカブシキガイシャ ダイヒョウトリシマリヤク サトウマコト						
口座区分	夏目貿易株式会社 代表取締役 佐藤 誠						

振込区分	1 文書 / 2 電信	手数料区分	1 自社負担 / 2 他社負担
支払日	1 定時　毎月末日 / 2 臨時 （　　日）	支払条件	現金 ％ ／ 手形 ％ ／ サイト 日
備考			

従業員の名簿作成と連絡網整備

　従業員の住所が入社時のままだったり、各部門でバラバラに管理していたりすると、正確な現住所を把握するのに時間がかかります。取引先名簿と同様、従業員名簿の作成と一元管理は欠かせません。緊急事態時には一斉メールなどを利用しますが、万一に備えて、社内連絡網を整備するのもよいでしょう。

　ただし、従業員の名簿は、「個人情報の保護に関する法律」、いわゆる個人情報保護法と関係します。したがって、社内における共有化は避けるのが基本です。総務や人事部門など担当部門が厳重に管理することが必要です。

マイナンバーの社内管理
漏らさない・なくさない・棄損しない

ココが ポイント
● 同意書を用意して、マイナンバーの提供を求める
● 拒否された場合は「念書」を書いてもらう

●マイナンバーの収集

　国は国民一人ひとりにつける背番号、いわゆる「マイナンバー制度」をスタートさせています。そのため、会社は社員およびその扶養家族のマイナンバーを収集し、それを管理・保管することになります。

　会社は社員に対し、「個人番号を収集する必要があること」を告知し、個人番号の提供に同意してもらう必要があります。その際には、個人番号の利用目的を明確に記載した「同意書」（右ページ上参照）を用意し、各社員に署名・押印してもらいます。ただし、現行の法制度では、個人番号の提供を拒否しても、罰則があるわけではありません。そのため、社員の中には提供を拒否する人がいるかもしれません。そのような場合は、社員が提供を拒否したことを明確にするための「念書」（右ページ下参照）を書いてもらいます。これは、提供を拒否されたため個人番号が収集できなかったのか、個人番号を提供されたのに紛失してしまったのかが後々わからなくなって、トラブルに発展することを避けるためです。

●マイナンバーの管理

　社員から提供されたマイナンバーを記載した書類は、原則としてカギをかけることができる保管庫に保管し、必要に応じてそれを利用することになります。必要になるのは、給与所得の源泉徴収票作成事務や、市区町村への給与支払報告書の提出時、また社会保険関係の手続きなどを行う際です。これらの業務を委託している場合は、保管している社員の個人番号を税理士や社会保険労務士に提供する必要があります。

　いずれにしても、会社は従業員のマイナンバーを「漏らさない」「なくさない」「棄損しない」という原則を徹底することが求められます。

🔑 **Keyword** │ **法人番号**　法人についてもマイナンバーが付与されている。ただし、個人のマイナンバーと異なり、単なる「背番号」のようなもので、インターネット上でも公開されている。

マイナンバー提供の同意書のサンプル

年　　月　　日

○×株式会社
代表取締役　○×△×様

氏名　　　　　　　㊞

個人番号利用目的同意書　兼　個人番号通知書

1.　個人番号の利用目的
　　私および私の扶養家族は、貴社（一定の事務委託先を含む）が、下記2に掲げる私および私の扶養家族の個人番号（行政手続きにおける特定の個人を識別するための番号の利用等に関する法律に定める個人番号をいいます）を以下の目的で利用することに同意します。
　　①給与所得・退職所得の源泉徴収票作成事務
　　②地方税に関する事務
　　③雇用保険届出事務
　　④健康保険・厚生年金保険届出事務
　　⑤労働者災害補償保険法に基づく請求に関する事務
　　⑥国民年金の第3号被保険者の届出に関する事務

> 本人とその扶養親族のマイナンバーを記入してもらう

2.　氏名・続柄・性別・生年月日・個人番号
　　私および私の扶養親族の個人番号は以下の通りです。
　　※個人番号の通知カードの写しを添付してください。

氏名	続柄	性別	生年月日	個人番号
	本人	男　女	TSH　．　．	
		男　女	TSH　．　．	
		男　女	TSH　．　．	
		男　女	TSH　．　．	
		男　女	TSH　．　．	

特定個人情報の提供拒否に関する念書

（法人名）

_____　殿

　　私は、「行政手続きにおける特定の個人を識別するための番号の利用等に関する法律」に基づく貴法人からの特定個人情報の開示又は提供の求めに対し、一身上の都合により拒否したことをここに証明します。これにより、万が一、貴法人が第三者から請求を受け、また第三者との間で紛争となり、損害を被った場合には、その一切の責任は私にあり、貴法人に何ら責任あるいは過失のないことをここに証明します。

> 会社が収集する義務を怠ったわけではないことを明確にする

年　　月　　日

住所　_____

氏名　_____　㊞

コラム 人事考課制度について

●評価・査定の公平性、評価基準の明確化

　会社は人事考課（じんじこうか）をベースに、給与を改定したり、ボーナスの支給額を決めたり、昇格や降格といった人事を発動したりします。このように会社員としての評価・査定をされるだけに、人事考課は、従業員にとって最も気になるものの一つといえます。

　人事考課の評価や査定によっては、モチベーションを下げる従業員が出てくるかもしれません。場合によっては、評価がきっかけで離職につながることもあります。しかし、それは人事考課の本来の目的ではありません。人事考課は、会社の経営にとってプラスになるように行い、社員一人ひとりの仕事への意欲的な取り組みや能力を十分に引き出して、処遇に充足感を感じてもらう必要があります。そのためにも、人事考課は公正でなければなりません。誰もが納得できる評価基準の明確化が求められます。

●自社流を確立する

　人事考課の運用次第で、業績が伸びることもあれば、下がる恐れもあります。人事考課はそれだけ重要なものですが、特に決まった方法があるわけではなく、各社が自前で人事考課を確立しているのが現実です。

　人事考課は、企画力や技術力などの「能力考課」、仕事の達成度などの「業績考課」、仕事への取り組み態度や意欲、協調性などの「情意（態度）考課」の3つを大項目として、それぞれに細かい査定項目を加えるのが一般的とされます。もちろん、新入社員と中堅社員、幹部社員では、人事考課が異なります。たとえば、上司が一方的に行うのではなく、自己評価も申告させるなど、評価・査定項目を含めて自社独自の人事考課を確立することもポイントです。

　また、評価・査定をしたら終了ではなく、結果をもとに本人と話し合うなど、自己能力開発意欲を刺激し、会社と一体になった人材育成も必要です。

PART

2

労務・人事の仕事

労務・人事部門は「ヒト」にかかわるあらゆる業務を担当！

採用から研修、配属や人事評価、社会保険や労働保険の手続きといった「ヒト」にかかわるあらゆる業務を担当します。社員のパフォーマンス向上をサポートしましょう。

労務・人事の基本
役割と仕事を理解する

> **ココがポイント**
> - 人材に関するあらゆる業務を担当する
> - 社会保険の加入手続きから人事制度の制定まで

●従業員のやる気を促し、能力が発揮できるようにサポート

　企業が持続的に発展するためには、「ヒト」「モノ」「カネ」の3要素が欠かせません（「情報」を加えて、経営の4資源とする場合もあります）。もちろん、「企業は人なり」というように、「ヒト」が最優先です。つまり、企業の持続的経営と成長には、優秀な人材の確保や育成が不可欠だといえます。

　労務・人事の仕事は、「ヒト」である従業員を対象とします。総務部門や経理部門と連携することもありますが、会社の経営資源のうち、人材に関するあらゆる業務を担当するのが労務・人事部門であるといえます。

　現在では、一人ひとりの就業意識や働き方が多様化しています。従業員のやる気を促したり、能力を発揮できるようにしたりするためには、労務・人事部門が中心になって、組織の課題の解決に取り組むことが必要です。

●労務・人事の主な仕事

　労務・人事の仕事の一つは、社会保険や労働保険の加入手続き、従業員の退職の手続きといった各種手続きです。また、従業員の遅刻・早退・欠勤といった勤怠管理とそれにもとづく給与計算に加え、給与規定や就業規則の作成・見直しといった社内規定の整備・改定も欠かせない業務です。

　ほかにも、労務・人事部門は、人材の採用や教育研修、従業員の心身両面の健康管理、職場環境の整備などで主導的な役割を担います。

　なお、会社の方針によっては、転勤・異動・退職・解雇といった人材の配置、昇進・降格の人事考課、人事制度の策定などについても、労務部門が深くかかわる場合があります。

　Keyword　勤怠管理　従業員の出退勤や欠勤、休暇取得の状況などを正確に把握し、管理すること。給与や残業代の正確な計算、労働基準法などの法令や会社の就業規則の遵守→

PART
2
労務・人事の仕事

基本

採用

社会・労働保険

社内ルールと管理

福利厚生と人事考課

多様な雇用方法

労務・人事の仕事

　労務管理は、「男女雇用機会均等法」や「育児・介護休業法」「労働契約法」といった関係法令が数多くあり、それらの法令は毎年様々な改正が行われるため、情報収集が欠かせません。特に、労務や人事部門の担当者は、労働関係法令の中心である「労働基準法」の理解を進める必要があります（132ページ）。

▶社会保険などの加入手続き

【会社設立時や新規採用時】
- 社会保険新規手続き（110ページ）
- 労働保険新規手続き（112ページ）

【退職発生時】
- 雇用保険喪失手続き（128ページ）
- 社会保険喪失手続き（128ページ）

▶社内規定の整備・改定

- 就業規則の作成・改定（132ページ）
- 給与規定の作成・改定（136ページ）
- 労働時間や休憩時間（138ページ）

▶従業員にかかわる手続き

- 扶養家族の増減（122ページ）
- 住居変更（123ページ）
- 業務中のケガや通勤災害（124ページ）

▶従業員の募集・採用

- 会社案内・求人募集（94ページ）
- 面接・採用（102ページ）
- 雇用契約の締結（106ページ）

→状況の確認に不可欠。タイムカードやICカードの活用で出退勤時刻や入退室時刻を記録したり、コンピュータシステムへ記録したりするなど労働時間管理システムの確立が求められる。

労務・人事のスケジュール
従業員採用時の手続きを理解する

ココが ポイント
- 高卒・大卒予定者の採用スケジュールを確認する
- 年金事務所への年に一度の手続きが不可欠

●労務・人事の年間スケジュール

　企業における一般的な労務・人事部門のスケジュールは、以下のようなものです。そのための準備や手続きなどに時間がかかりますので、スケジュールを組んで早めに動き出すようにしましょう。

　なお、従業員の勤怠管理や人事考課、結婚・出産・住所変更などにともなう事務、定期健康診断、社内研修や社内レクリエーション、従業員の病気やケガへの対応、退職にともなう事務などは、適宜行います。

4月	新入社員の受け入れにともなう事務、人事異動の発令、賃金改定
6月	（高校新卒予定者の）ハローワークによる求人申込書受付開始（96ページ）、（大学新卒予定者の）選考開始（筆記試験・面接）、夏季賞与支給（120ページ）、労働保険の年度更新（118ページ）
7月	（高校新卒予定者の）学校への求人申込・学校訪問開始（96ページ）、社会保険の定時決定（114ページ）、労働保険料の第1期納付
8月	随時改定後の標準報酬月額による保険料徴収（114ページ）
9月	高校新卒予定：生徒の応募書類受付（学校経由、沖縄は8月末から）と選考・採用内定開始、定時決定による新標準報酬月額の適用（114ページ）
10月	新標準報酬月額による保険料徴収、労働保険の第2期納付
12月	冬季賞与支給（120ページ）
1月	労働保険の第3期納付
3月	（大学新卒予定者の）会社説明会・エントリーシート受付開始、異動にともなう事務（122ページ）、就業規則の見直し・届出（132ページ）

Keyword | **定時決定**　社会保険の保険料算出の基本となる「標準報酬月額」を、年に1度改定すること。毎年4・5・6月の3カ月の報酬の平均をとって決定する（114ページ）。

従業員採用時の書類と手続き

　従業員採用時には、社会保険、労働保険、所得税関係で必要な書類があります。書類の扱いや提出先と合わせて押さえておきましょう。

▶社会保険関係

【必要書類】

　「健康保険・厚生年金保険被保険者資格取得届」

【書類の扱いと提出先】

　採用した日から５日以内に所轄の年金事務所に提出する。

▶労働保険関係

【必要書類】

　「雇用保険被保険者資格取得届」

【書類の扱いと提出先】

　採用月の翌月10日までに、所轄のハローワークに提出する。賃金台帳、労働者名簿、タイムカードなど、社会保険の資格取得や雇用期間を確認できる資料を添付する。

▶所得税関係

【必要書類】

　「給与所得者の扶養控除等（異動）報告書」

【書類の扱いと提出先】

　最初の給与支払日までに従業員に記入してもらい会社で保管する。また、「給与所得の所得税源泉徴収簿」を会社で作成して保管する。

　「デジタル手続法」により、各種申請や届出などの行政手続きがインターネット経由に移行しています。「e-Gov　電子申請」では、各省庁が管轄する様々な行政手続について申請・届出を行うことができます。法人税など税申告や健康保険など社会保険については、電子申請が義務化されました。現在は資本金1億円超の大企業に限定されていますが、該当しない企業も将来に備えて電子申請に備えておくのがいいでしょう。

→給与が著しく変動したときは、定時決定を待たずに標準報酬月額を改定するが、それは「随時改定」と呼ぶ。

よい人材の確保①
様々な募集方法を活用する

> **ココが ポイント**
> - 様々な人材募集の方法を検討する
> - 採用人数や雇用形態を検討して最適な方法を選ぶ

● 企業にとってプラスになる人材の採用

　「企業の最大の財産は人材」といわれるように、企業が成長していくためには、よい人材の確保が不可欠です。努力を重ねて会社を軌道に乗せても、会社の足を引っ張ってしまうようなマイナスの人材を雇ってしまえば、業績が伸び悩んだり、ほかの従業員にも悪影響が及んだりすることにもなりかねません。プラスになる人材の採用は、企業にとって最上位に位置づけられる業務の一つだと認識して、取り組むことが大切です。

● 採用人数や雇用形態

　人材募集の方法は様々あります。代表的なものとして、「ハローワーク（公共職業安定所）」の利用のほか、求人情報誌や新聞広告、新聞の折り込みチラシ、タウン情報誌といった（紙の）広告媒体も多く利用されています。

　また、現在では自社のホームページでの求人募集、インターネット上の求人情報サイトの利用などが一般的ですが、最近ではSNSを活用する企業や、人材派遣会社や人材紹介会社を利用するという企業も増えています。

　人材の採用は、自社の将来を見据えながら人員計画を立て、それに沿って時間をかけて進める場合が多いですが、その一方で、すぐに即戦力を採用したいという場合もあります。大切なのは、そうした目的をはっきりさせ、採用する人数や雇用形態などをきちんと検討するとともに、それぞれの募集方法のメリットとデメリットも考慮しながら、自社にとって最適な方法を選ぶということです。

　なお、知り合いの経営者などに紹介してもらうといった方法もありますが、紹介してもらった人がマイナスの人材の場合、紹介してくれた人との関係に悪影響を及ぼす場合があるため、基本的には避けるのが賢明です。

🔑**Keyword** ｜ ＳＮＳ　ソーシャル・ネットワーキング・サービスの略称。インターネットを利用してコミュニケーションが図れるサービス。代表的なＳＮＳとして、「ツイッター（現→

人材募集の方法

　人材募集の方法は様々なものがあります。それぞれにメリットとデメリットがあるため、求める人材像や予算、採用活動の期間などを考慮しながら検討しましょう。

	メリット	デメリット
ハローワーク（公共職業安定所）	・コストがかからない ・全国の求職者への情報提供が可能 ・助成金が受けられる場合もある	・求める人材と異なる応募も多い ・公的機関であるため、利用できるまでの手続き等が面倒
新聞・求人雑誌などの紙の広告媒体	・転職を考えていなかった人も目にする可能性が高い ・購読者層を加味することで、ある程度対象をしぼった求人が可能	・採用に至らない場合もコストがかかる ・広告スペースによって、掲載情報がかぎられる
折込みチラシ	・配達エリアがしぼられるため、対象をしぼった求人が可能	・新聞や雑誌での求人広告に比べて安価とはいえ、コストが発生する
インターネット上の求人広告サイト	・若年層を中心に閲覧する求職者が最も多い ・様々な求人サイトがあるため、求める人材像や予算によって使い分けることが可能	・採用決定までコストが発生しない求人広告サイトも存在するが、基本的にはコストが発生する
自社のホームページの活用	・自社のアピールや社員紹介、職場の雰囲気など、伝えたいことを自由に表現することが可能	・表現方法などによっては、自画自賛と受け取られることも少なくない ・知名度がない会社などは、自社ホームページへ誘導するための施策が必要で、そのためのコストがかかる場合もある
人材派遣会社	・採用の手間がかからない ・必要な場合の利用が可能	・時給に換算した場合、自社採用より割高につく ・自社の人材育成にはつながらない
人材紹介会社	・ターゲットをしぼった求人が可能	・比較的コストが高い

インターネット上の求人広告サイトには様々なものがあります。複数の求人広告サイトを比較するなどして、慎重に検討しましょう。

→エックス）」「フェイスブック」「ライン」「インスタグラム」などが挙げられる。

よい人材の確保②
ハローワークで人材を募集する

**ココが
ポイント**
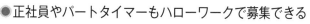
- 正社員やパートタイマーもハローワークで募集できる
- 新規の高卒・中卒見込者の募集はハローワーク経由に限定

●全国での求人が可能

　人材の採用は、会社にとって最重要業務の一つです。採用した人材が短期間で退職するといった雇用のミスマッチは、人材採用に投じた費用や時間が無駄になってしまうため、避けなければなりません。そのためにも、求める人材像を明確にし、経済的・効率的に進めることがポイントです。

　人材採用にかけられる予算は会社によって異なりますが、多くの会社は、かぎられた予算をやりくりしながら採用活動を行っています。そこで活用したいのが、公的機関であり料金が発生しない「ハローワーク（公共職業安定所）」を利用した募集です。

　ハローワークでは、キャリアを積んだ求職者、いわゆる中途採用者を中心に新卒求職者への就職情報を提供することができます。また、フルタイムの正社員だけではなく、パートタイマーの求人も可能です。ハローワークのインターネットサービスを利用することで、求人地域を限定することなく、広範囲の地域への求人が可能です。求める人材と異なる応募も多いといったデメリットがありますが、活用するメリットのほうが大きいといえます。

●高卒・中卒見込者の求人はハローワークのみ

　求人活動で一定の制限があるのは、中学・高校卒業見込者の求人です。学校を通じて求人活動をするのが一般的ですが、同時にハローワークを通さなければなりません。専門学校・短大・大学の新卒見込者については、必ずしもハローワークを通す必要はありませんが、ハローワークでは、「新卒応援ハローワーク」として大学院・大学・短大・高専・専修学校などの学生や、これらの学校を卒業した人材を対象に、積極的にマッチング支援を行っており、その活用も検討すべきです。

Keyword ｜ ハローワーク　公共職業安定所を指す。厚生労働省が設置している行政機関で、職業紹介や就職支援サービス、雇用保険に関する業務などを担当。労働基準監督署は→

ハローワークでの求人方法

ハローワークでの求人は、無料で利用できます。最寄りのハローワークに「求人申込書」を提出、またはインターネットサービスで求人申込みをすることで、およそ3カ月間、求人票が公開されます。

求職者はインターネットで求人情報を検索できるため、事実上、日本全国での求人です。なお、パートタイマーの求人の場合は、専用の申込書を使用します。

▶ハローワーク利用の流れ

はじめて利用する場合は、事務所登録シートで事業所を登録 1

最寄りのハローワークに求人申込書を提出 2

求人情報が3カ月間公開される（申込み当月を含め、翌々月まで。延長も可能）3

ハローワークから人材紹介。面接などで採用か不採用を判断 4

ハローワークにも紹介状裏面の「選考結果通知」をFAXあるいは電話で連絡 5

事務所登録シートは書式にしたがって、事業所名、代表者名、住所、社会保険、育児休業制度の利用状況などの基本情報を記入。また、事業所の地図を登録し、仕事の内容も記入しましょう。

▶高卒見込者の求人のポイント

・「全国学校便覧」で各校の求職者数が公表される。
・「全国高等学校統一応募用紙」をハローワークに提出し、受理された書類を各学校に提出（推薦依頼を学校に求める場合は「高校求人依頼校名簿」を提出）。
・応募前の職場見学の実施が可能。また、企業は求人情報を掲載している学校への訪問が可能。

→主に労働問題や労災保険の給付などを所管する。国の出先機関として都道府県に労働局が設置されており、組織的には「厚生労働省→都道府県労働局→労働基準監督署・公共職業安定所」となる。

よい人材の確保③
「正社員」以外の採用も検討する

ココが
ポイント
- 雇用形態を組み合わせて人材を確保する
- 戦力になるパートタイマーを採用する

●目的に合わせて効率的に人材を確保する

　会社は事業が軌道に乗って成長し始めると、新たな経営戦略を立案し、新商品の開発や新事業の立ち上げを進めるような場合があります。そのような場合には、新たな人材を確保することが必要になります。ただし、人材が必要だからとやみくもに社員の数を増やすのではなく、「現在の人員数は適正なのか」「人員が不足しているなら、どれくらい必要なのか」「適材適所への配置替えにより、現在の人員でカバーできないのか」といったことを、いったん検討することも必要です。

　実際に求人を行う際は、「正社員を採用するのか、契約社員なのか、パートタイマーやアルバイトを採用するのか、あるいは派遣労働者を使用するのか」「即戦力の正社員がすぐにほしいため中途採用をするのか、将来性を重視して育成を行うため、新卒採用をするのか」といったように、現状や目的に合わせた求人を行うことが大切です。

●パートタイマーやアルバイトの戦力化も不可欠

　人材に余裕がない中小企業などの場合、パートタイマーやアルバイトの戦力化は不可欠です。たとえば、都内を拠点とするスーパーでは、パートタイマーの従業員を「地域限定社員」として処遇するとともに、公正な評価や教育訓練の徹底などで戦力化を図り、高い利益率を実現している企業もあります。このように、「パートやアルバイトだから…」などと扱わず、重要な戦力として育成することが重要です。

　なお、パートタイマーやアルバイトの採用は、景気や仕事の分量の増減などに応じて調節することも可能です。仕事の状況をきちんと見極めて採用活動を行いましょう。

Keyword　｜パートタイム労働者　パートタイム労働法では、「パートタイマー」「アルバイト」「嘱託」「臨時社員」「準社員」など、呼び方は異なっても、「１週間の所定労働時間 →

「正社員」に代わる人材の採用手順

　人材の採用は、「求める人材像」×「採用方法」の組み合わせで考えます。業務内容や予算などを考慮し、場合によっては正社員以外の人材の採用も検討しましょう。正社員に代わる人材の採用手順は以下の通りです。

①求める人材像を決める

パートタイマーや
アルバイトの採用

派遣社員の採用

契約社員の採用

②採用方法を決める

ハローワークの利用

求人情報誌や新聞など
紙の広告媒体の利用

折込みチラシの利用

インターネットの
求人広告サイトの利用

人材派遣会社の利用

人材紹介会社の利用

　ハローワーク以外は、基本的にコストがかかるため、**採用計画や予算などを考慮したうえで利用を検討する**ようにしましょう。なお、募集する人材がパートタイマーなどの場合は、地域限定の折込みチラシなどの利用も検討してみましょう。求人情報誌や求人広告サイトに比べて、低コストで利用できるケースも多いようです。

Advice　パートやアルバイトを確実に採用する

　正社員に比べて報酬が少ないパートタイマーやアルバイトを選択する人がいます。その理由は様々ですが、好きな時間に働きたいからという人もいれば、育児や介護に追われて勤務時間が限定されるからという人もいます。

　パートタイマーやアルバイトのなかには、職場の誰よりも業務内容を熟知しているなど、欠かせない人材になっている場合や、業種によっては多くの会社がパートタイマーやアルバイトに依存しているという場合もあります。そのため、「出勤・退社時間自由」「出勤・休日自由」というように、「いつ来て、いつ帰ってもいい、いつ休んでもいい」ということを打ち出して、優秀な人材を確保することも一つの方法でしょう。

→ が同一の事業所に雇用される通常の労働者の１週間の所定労働時間に比べて短い労働者」をパートタイム労働者（短時間労働者）と規定している。

よい人材の確保④
基準を明確にして書類選考を行う

ココが ポイント
- 採用を判断するためのモノサシを持って書類選考をする
- 応募書類の不備の有無や転職回数なども判断材料にする

● 自社の採用判断のモノサシが不可欠

　人材採用の一般的なステップは、①「採用計画の立案」、②「求人」、③「書類選考」、④「筆記試験・適性検査」、⑤「面接」、⑥「採否の決定」となります。企業によっては「筆記試験」を実施しなかったり、筆記試験より先に面接を行ったりする場合もありますが、採用計画を立ててから、実際に新しい従業員を迎え入れるまでには、かなりの労力と時間を要します。

　企業にとって従業員を新しく雇うことは、コスト増につながります。採用者が健康保険や厚生年金保険に加入するとすれば、給与以外に企業の負担が発生します。これらのコストは、給与の約15％が目安といわれますので、単純計算で月給が20万円の従業員を雇い入れれば約23万円、30万円の月給であれば約34万5000円が人件費になります。つまり、人材採用では、コスト増となってもそれをカバーして余りあるような、企業の業績アップに貢献する人材の確保が求められます。そのためにも、「どのような人材を採用したいのか」をもとに、選考時の判断基準を明確にしておく必要があります。

● 書類選考時の注意

　書類選考では、応募基準を満たしているのかをまず確認しましょう。また、履歴書やエントリーシートなどの応募書類に「誤字や脱字が多い」「写真がきちんと貼られていない」「押印がない」「無記入の項目がある」など、書類の不備が目立つ場合は、仕事のきめ細かさや注意力、基本的な文章力の欠如などの表れともいえるため、注意が必要です。

　中途採用の場合、応募者のキャリアについてきちんと確認しましょう。職種にもよりますが、「転職経験は〇回まで」といった決め方があってもよいでしょう。

豆知識 給与以外の会社負担　健康保険や厚生年金保険などの社会保険、雇用保険に加入の場合、保険料は基本的に従業員と会社が折半で負担する。会社負担の割合は給料の約15％であり、→

書類選考の注意事項

書類選考を行う際には、以下の点について注意しましょう。原則として「本人に責任のない事項」を採用基準にしたり、不必要に個人情報の提出を求めたりしてはいけません。

人事部

1

▶**公正な選考を意識する**

公正な選考の基本として、本籍や出生地、家庭環境などの「本人に責任がない事項」や、宗教や支持政党、思想などの「本来自由であるべき事項」といった本人の持つ適性・能力以外のことを採用基準にしないようにします。

2

▶**所定の応募用紙を使用する**

新規高卒予定者の応募用紙には「全国高等学校統一用紙」、その他は「JIS規格履歴書」を使用します。自社のエントリーシートなどを使用する場合も、JIS規格履歴書にない事項を含んだものは避けましょう。たとえば、「本籍」「自宅周辺の略図」「家族構成」「家族の職業」「購読新聞」「尊敬する人物」「支持政党」「借入金額」などの記入欄は設けないようにしましょう。

3

▶**添付書類を求めない**

戸籍謄本や住民票の提出を求めてはいけません。

4

▶**個人情報の取り扱いに注意する**

履歴書など応募書類は個人情報であり、その取り扱いには細心の注意を払う必要があります。書類を返却しない場合は、応募者に事前にそのことを通告しておきましょう。

Advice 書類選考時のチェックポイント

書類選考を行う際は以下の点を確認しましょう。
- 無記入の項目がないか?
- パソコンで作成された履歴書の場合、一般的な項目が省略されていないか?
- 手書きの場合、丁寧な字で書かれているか? 誤字や脱字がないか?
- 職務経歴書に不明な点はないか?
- 自社で生かせる職務経歴がアピールされているか?

→それを含んだ人件費は「給与+社会保険料等負担」になる。仮に給与が20万円の場合「20万円+20万円×0.15」で、約23万円になる計算。

よい人材の確保⑤
不採用者にも丁寧に対応する

> **ココがポイント**
> ● 不採用者のフォローには「不採用の理由」が必要
> ● 面接では就職差別や人権侵害につながる質問を避ける

●不採用者に反感を抱かれないようにする

　人材の採用にあたって最も重要なことは、会社にプラスの影響を与える人材を確保することです。次いで重要なことは、不採用とした人への対応です。たとえば、小売業や外食などのパートの募集などで、不採用になったことをきっかけに反感や嫌悪感を抱き、それまで利用していた店舗に足を向けなくなったりすることはよくあることです。悪質な場合は悪口を言い広めるようなこともあります。

　つまり、採用では「不採用の理由」も必要なのです。そういった観点から、採用にあたっては、面接だけで決めるのではなく、筆記試験も実施すべきです。業種にもよりますが、試験は一般常識問題でも、漢字や計算問題でも、職種によっては専門知識を問う問題でもかまいません。

　また、職場でのチームを編成する際、「リーダータイプ」や「フォロワー（リーダーに従い、支える人）タイプ」をうまく組み合わせるためにも、適性検査を実施してもよいでしょう。「筆記試験の点数」や「希望職への適性」などが不採用の主たる要因だと知ってもらうことで、その企業や店舗に対する悪感情も軽減されます。採用・不採用はできるだけ早く連絡すべきですが、特に不採用者への連絡は丁寧に行いましょう。

●面接時の注意

　面接を行う際は、「家は持ち家ですか、賃貸ですか」「家業は何ですか」などと、結果的に就職差別や人権侵害と指摘されかねない質問事項を避けるようにしましょう。また、採用前の段階での必要性の低い健康診断、身元調査なども避けるのが無難です。具体的には、右ページの「面接時のチェックポイント」に注意しながら、面接を進めるようにしましょう。

Keyword | 適性検査　応募者に「○×」や「はい・いいえ」などで答えてもらい、協調性、決断力、持続力などから、職場や仕事内容への適性などを判断する参考データとして利用 →

面接時のチェックポイント

面接を行う際は、その人の経歴や業務内容について様々な話をしながら、**応募者が自社で活躍できる人材かを見極めていきます**。また、正しい言葉遣いや基本的なビジネスマナーを身につけているかを確認するのも重要です。

1 ▶ビジネスマナーをチェックする

面接や筆記試験の以前に、時間厳守や会社玄関の入り方、あいさつなどのビジネスマナーをチェックしましょう。自転車や自動車で面接会場に来た場合、駐輪・駐車の際に「ここに駐輪（駐車）してもよろしいですか」といった一言が添えられるかもチェックします。

2 ▶応募者が自社にマッチするかをチェックする

面接では質問事項への受け答え以外に、視線やしぐさ、雰囲気、服装などもチェックしましょう。規模が小さい企業の場合は、社内の雰囲気と応募者のマッチングもポイントです。

3 ▶仕事に対する考え方をチェックする

求める職種と自己PR・希望がマッチしているかなど、仕事に対する考え方については特に質問を重ねましょう。強いこだわりがある人材を採用するか、柔軟な考え方の人材を採用するかなど、判断基準はより明確にしておきます。また、仕事に対する積極性や理解度もチェックします。

4 ▶長く働いてもらえそうか確認する

パートタイマーやアルバイトの採用では、勤務日や勤務時間などの希望を聞き、自社で力を発揮してもらえる人材か確認します。また、育児や介護、学生であれば学業等の状況を確認し、長く働いてもらえそうかもチェックしましょう。

Advice 👆 自社に面接スペースがない場合の対応

自社に面接スペースがない場合、貸し会議室などを借りることになります。その場合は、下見を必ず行い、「会議室の広さは適切か？」「騒音が気にならないか？」「駅から離れすぎていないか？」などを必ず確認するようにしましょう。また、パソコンなどを使用する場合、電源の確保やネットワーク環境なども合わせて確認しておきましょう。

→する。

入社手続き①
入社時に採用者に求める書類

ココがポイント
- 内定を通知して入社の意思を確認する
- 採用者に必要な書類の提出を求める

● 入社の意思を確認する

　応募から採用決定まではできるだけ短期間で行うのが、採用する側にとっても応募する側にとっても望ましいといえます。採否が決定したら応募者に速やかに通知しましょう。不採用の場合は、応募者がその理由を質問してくる場合がありますが、どのように対応するのか事前に決めておきましょう。

　採用したい人材に対しては、**採用通知書を発送するなどして、内定を通知**します（電話やメールで済ませることもあります）。「特別な理由がないかぎりは入社する」という意志を伝える「入社誓約書（内定承認書）」の提出を求めるかは企業によりますが、**入社の意思を必ず確認する**ようにしましょう。

● 採用時に求める書類

　採用が正式に決定した場合は入社日や出社時刻などを通知しますが、同時に各種書類の提出を求めます。新卒の場合は「卒業証書」「成績証明書」の提出を求めることが一般的ですが、中途採用の場合も必要があれば前職の「退職証明書」などの提出を求めることができます。

　採用時に求める書類は以下の通りです。

提出書類（共通）	「入社誓約書」「身元保証書」「各種免許証・資格証」「住民票記載事項証明書」「雇用時健康診断書」「通勤経路図」「給与振込依頼書」「個人番号（マイナンバー）」「印鑑」
新卒者の場合	「卒業証書」「成績証明書」
転職者の場合	「退職証明書」「雇用保険被保険者証」「前の会社の源泉徴収票」「年金手帳」

Keyword ┃ 退職証明書　会社を退職したことを証明する書類。退職者から、在職中の契約内容等について証明書の交付の請求を受けたときは、使用者は遅滞なく交付する。退職証明書に→

入社誓約書のサンプル

入社誓約書に法的な効力はほとんどありません。しかし、就業規則や上司の命令に従ってまじめに働くことを約束して、署名・捺印するものであるため、本人に自覚を促す効果はあるでしょう。

誓 約 書

様

私は、税理士法人池田総合会計事務所(以下「会社」という)に勤務するにあたり、在職中(試用期間中を含む)はもちろん離職後も、以下の事項を順守することを誓約します。

第1条(規則等順守の誓約)
私は、下記事項またはそれに類する行為を行いません。
① 関与先の脱税または脱法行為の相談を受け、またはこれらに関して助言、指導あるいは実行の手助けを行うこと
② 勤務時間の内外を問わず、業務に関連したアルバイト行為を行うこと
③ 勤務時間中、直接の上司の了解を得ずに職場を離脱または放棄すること
④ 関与先より、個人的理由に基づくものであっても、会社の許可なく金品を収受し、または接待・供応にあずかること
⑤ 部外者に会社または職員に関する批判や不平または不満を述べるなどして、いたずらに会社と関与先または第三者との信頼関係を損なうに至る結果となる言動もしくは行為をすること
⑥ 私または第三者の利益のために、会社と関与先の顧問契約が解消に至る結果となる言動もしくは行為をすること
⑦ 会社の全ての関与先は、私といかなる状態にあっても会社のものという関係を無視し、関与先の私物化を図るなどして会社に不利益をもたらす行為を行うこと
⑧ その他、諸法令、会社の就業規則およびその他諸規定に違背すること

第2条(機密保持の誓約)
私は、会社の規則等を順守するとともに、以下の営業上または技術上の情報(以下「機密情報」という)について、会社の許可なく、閲覧、開示、漏洩もしくは使用いたしません。
① 業務で取扱う個人情報
② 業務上知り得た施策、業務に関する文書・印刷物、ノウハウ、営業、仕入、技術に関する情報
③ 財務、人事、組織に関する情報
④ 他社との業務提携および業務取引に関する情報
⑤ その他、会社が機密保持の対象として取扱う一切の情報

第3条(機密情報の帰属等)
私は、機密情報の帰属が会社にあることを確認し、その権利が私に帰属する旨の主張をしません。
2 私は、機密情報が記載・記録されている媒体については、職務執行以外の目的で複製・謄写しないこと、および会社の許可なく施設外に持ち出しません。
3 私は、機密情報の廃棄にあたっては、絶対に外部漏洩しないよう、印字データについてはシュレッダー処理または溶解処理をし、電子データについては確実なデータ消去を行います。
4 私は、機密情報が漏洩し、またはそのおそれがあると知ったときは、直ちに会社にその旨を報告し、拡散を防止するために会社の指示に従います。
5 退職時には、機密情報が記載・記録されている媒体の複製物および関係資料等をすべて返還し、自ら保有しません。

第4条(損害賠償)
前各条に違反した場合、会社が被った一切の損害を賠償することおよび懲戒処分の対象となることについて、一切不服を申し立てません。

20 年 月 日

　　　　　　　住所

　　　　　　　氏名(自署)

Advice 👆 身元保証書

使用者と保証人(多くの場合は入社する人の親。ただし会社によって異なる)との間で取り交わす契約書として「身元保証書」を求める企業もあります。これは、入社する人の社会人としての適正を保証するとともに、故意または重大な過失等によって会社に損害を発生させた場合に、その損害を補てんすることを約束する書類です。

→ 明記する項目は「使用期間」「業務の種類」「その事業における地位」「賃金」「退職の事由」の5つ。ただし、退職者が請求しない事項については、記入してはならないことになっている(労働基準法第22条第1項)。

入社手続き②
労働契約を結び、労働条件を示す

ココがポイント
- 労働契約は入社後のトラブル予防に不可欠
- 労働条件を書面で明示する

●新規採用者の入社手続き

採用・入社が決定したら、会社は入社手続きを行います。

まず、新規採用者の社会保険については、採用した日から5日以内に「健康保険・厚生年金保険被保険者資格取得届」を所轄の年金事務所に提出します。雇用保険については、採用月の翌月10日までに、所轄のハローワークへ提出します。また、要件を満たすパートタイマーも加入が必要です（170ページ）。

給与を支払う際に源泉徴収をしますが（196ページ）、その際に必要な「給与所得者の扶養控除等（異動）報告書」を、入社後に記入・提出してもらう必要があります。ほかにも、「労働者名簿」「賃金台帳」「出勤簿」も作成します。

●労働条件を書面で明示する

会社は新規採用者に対して「賃金を支払う義務」を、新規採用者側は「使用されて労働する義務」をそれぞれ負います。これを労働契約といい、契約書を交わします。基本的には合意のうえ押印し、1通ずつ保管します。労働契約は採用後のトラブルを防止するためにも、口頭ではなくきちんと書面で結びましょう。

また、新規採用者に対しては、「労働契約の期間」や「就業の場所・従事する業務の内容」等の労働条件を、「労働条件通知書」などの書面で明示しなければなりません（労働基準法第15条）。ただし、就業規則において、適用される条件が具体的に記載されていて、どの部分が適用になるかを明らかにしたうえで就業規則を渡す場合は、労働条件通知書を省略することもできます。

労働条件の通知については、パートタイマーに対しても、書面で行う必要があります。2024年からは、「就業場所・業務変更の範囲の明示、および有期労働契約について「更新上限の有無と内容」の明示が必要になりました。

Keyword 労働基準法第15条　労働条件の明示を規定しており、労働条件と事実が相違している場合は、労働者側から労働契約を解除することが可能。条件にもよるが、会→

労働条件の明示事項

会社が労働者を採用する際は、**労働条件の明示**が必要です。特に、**賃金**や**労働時間**などは書面で明示しなければなりません。

必ず明示が必要な事項	・昇給に関する事項 **（書面での交付が必要な事項）** ・労働契約の期間　・有期労働契約を更新する場合の基準 ・就業の場所や従事する業務の内容および変更の範囲 ・有期労働契約の更新上限の有無と内容 ・始業時刻や終業時刻、所定労働時間を超える労働の有無、休憩時間、休日、休暇、交替制勤務をさせる場合は就業時転換に関する事項　・退職に関する事項 ・賃金（退職手当、臨時に支払われる賃金等は除く）の決定、計算・支払いの方法、締切り、支払い時期に関する事項
定めをした場合に明示が必要な事項	・退職手当の定めが適用される労働者の範囲、退職手当の決定、計算・支払いの方法、支払いの時期に関する事項 ・臨時に支払われる賃金や賞与などに関する事項 ・安全衛生に関する事項　・職業訓練に関する事項 ・災害補償、業務外の疾病扶助に関する事項 ・表彰、制裁に関する事項　・休職に関する事項

労働契約書（雇用契約書）のサンプル

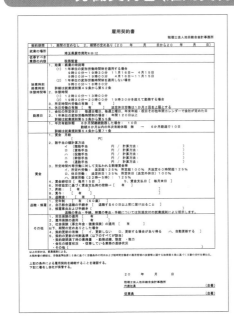

労働契約書（雇用契約書）とは、雇用主（会社）と使用者（従業員）の両者間で、労働条件を明らかにするために交わす契約書をいいます。

労働契約書は正社員のみならず、契約社員やパートタイマー、アルバイトを雇用する際にも必要な書類です。

→社側は労働者側から帰郷するための旅費の負担を求められることもある。

人材の育成
社員研修やOJTで人材を育成する

> **ココが ポイント**
> - 様々な研修から自社の目的に合ったものを選ぶ
> - OJTは計画的に、継続して実行する

●外部の新入社員研修を利用する

　会社によっては人材に余裕がなく、ギリギリの人数で会社を運営しているという場合があります。それだけに、新しい人材を採用した際は、できるだけ早く戦力になってもらうための人材育成の方法を検討する必要があります。

　たとえば、新入社員の育成については、採用人数が多い企業であれば、社外から講師を招いてテーマ別に数日間かけて研修を行うような場合があります。一方、採用人数が1〜2人というような企業であれば、社外で開催されている新入社員向けの研修に参加させるという場合もあります。

　なお、社員研修を主催している企業は数多くあり、講師や研修内容も多岐にわたります。そのため、どのような研修を選べばよいか判断が難しい場合もありますが、複数の研修を比較検討したり、信頼できる人物からアドバイスを受けたりするなどして、自社の人材育成に適した研修を見つけましょう。

●OJTで人材を育成する

　新入社員の教育方法の一つに、職場内での教育訓練である「OJT（オン・ザ・ジョブ・トレーニング）」があります。上司や先輩が部下に対して、職場での仕事を通して必要な知識や技術、職場での役割やマナーなどを指導し、育成します。OJTにおいて重要なのは、新入社員と話し合う中で育成目標を立て、それに沿って、計画的に継続して実行するという点です。また、期限を区切って成長度合いを評価するなど、人事考課との連動性も重要です。

　ただし、現場の上司や先輩社員自身が多くの仕事を抱えるケースも多く、OJTに割く時間的な余裕がなかったり、指導内容にバラつきが出てしまったりすることがあります。そのため、人材育成を現場任せにせず、経営陣や労務・人事部門が協力して人材育成を行うことが必要です。

豆知識　人財　「人材」という言葉を、能力や将来性などの観点から、「人財」「人罪」「人在」などと言い換えて表現することがある。たとえば、「人財」は「仕事ができて、将来性もある会社の財産になる→

社員研修やOJTの目的

新卒社員のように、はじめての会社勤務であれば、ビジネスマナーや仕事に対する考え方を一つずつ丁寧に教えていくことが必要です。たとえば始業時間が9時ということであれば、出勤時刻ではなく業務開始時刻が9時であることを自覚させる必要があります。以下は、社員研修やOJTを通して身につけてもらいたい主な知識や技術、考え方です。

▶社会人としての意識づけ
- 働く目的
- 学生と社会人の違い
- 社会人としての基本ルール

▶ビジネスマナー
- 身だしなみ
- あいさつ
- 敬語などの正しい言葉遣い
- 電話応対

▶会社生活の基本
- 出退勤のルール
- 休暇の取り方
- 時間の使い方
- 仕事へのモチベーション

▶会社の仕組み
- 経営理念
- 自社の事業内容
- 会社の組織
- 取引先との関係
- 利益とコスト

▶ビジネスの基本
- ビジネスの基本用語
- 優先順位のつけ方
- 指示・命令の受け方
- メモの取り方

▶ビジネススキル
- ビジネス文書の書き方
- 報告書の書き方
- 財務諸表の基本
- OA機器操作能力

→「人」という意味で使われる。また、「人財開発部」といった名称の部署を設置する企業もある。

社会保険への新規加入
新規で社会保険への加入手続きを行う

ココがポイント
- すべての法人は社会保険に加入する義務がある
- 社長が1人という会社の場合でも強制加入

● 社会保険の扱い

　社会保険とは社会保障制度の一つで、医療・年金・雇用・労災・介護の5つに分類されます。会社は基本的に、公的医療保険である「健康保険」や、公的年金である「厚生年金保険」に加入しなければなりません。この「社会保険への加入」とは、正確には、「社会保険の適用事業所になる」といいます。

　この「適用事業所」は、国が法律で加入を義務づけている「強制適用事業所」と、健康保険の強制適用事業所以外で、年金事務所長の認可を受けて加入した「任意適用事業所」に分かれますが、法人の場合は業種や従業員数に関係なく、すべて「強制適用事業所」になります。一方、個人事業の場合は、従業員5人以上が強制適用事業所、5人未満の場合は、「任意適用事業所」になりますが、個人事業でも農林水産業やサービス業などの場合は、従業員数にかかわらず任意適用事業所となります。なお、健康保険と厚生年金保険の新規加入手続きは、会社設立後、5日以内に所轄の年金事務所で行います。

● 社会保険の適用事業所

　社会保険の適用事業所の区分けは以下の通りです。

区　分		人　数	社会保険
法人事業所		業種・人数問わず	強制適用
個人事業所	一般的な事業所（適用事業）	従業員5人以上	強制適用
		従業員5人未満	任意適用
	農林水産業、飲食などサービス業、士業など（非適用事業）	人数問わず	任意適用

Keyword　強制適用事業所　健康保険や厚生年金保険への加入が義務づけられている事業所。株式会社や有限会社などの法人の場合は、社長が1人でやっているような会社も→

公的年金制度の概要

厚生年金
（国民年金第2号被保険者）
• 会社員、公務員など

→ 保険料は月給の18.3%（会社と折半 ※2017年10月納付分から固定）
→ 老齢厚生年金（報酬比例）

← 原則的に65歳から「老齢基礎年金（定額）＋老齢厚生年金（比例）」を受給。標準的なモデル世帯の厚生年金は夫婦で23万0483円（24年度の例）

国民年金第3号被保険者
• 専業主婦など

→ 保険料は配偶者と会社が負担

← 65歳から加入期間に応じて受給。厚生年金加入期間があれば加算される

国民年金第1号被保険者
• 自営業者、学生など

→ 20歳から60歳まで保険料を納付（2024年度は、月額1万6980円）

← 65歳から老齢基礎年金を受給。24年度満額81万6000円

老齢基礎年金（定額）

Advice 👆 日本の公的年金

　日本の公的年金は〝2階建て〟にたとえられます。日本に住んでいる20歳以上60歳未満のすべての人が加入する「国民年金（基礎年金）」が1階部分。2階部分は会社などに勤務している人が加入する「厚生年金保険」です。

　それら公的年金を補完する3階部分としては「確定給付企業年金」や「確定拠出年金」などがあります。確定給付企業年金は、将来の「給付額」をあらかじめ決めるものです。確定拠出年金は「拠出額（掛金）」を先に確定します。

→含め、すべて強制適用事業所になる。

労働保険への新規加入
新規で労働保険への加入手続きを行う

ココがポイント
- 労災保険と雇用保険は基本的に「労働保険」として一体
- 労働保険も基本的には強制加入となる

●労働保険は基本的に強制加入

　仕事中のケガなどに関する「労災保険」と、失業保険ともいうべき「雇用保険」を合わせて「労働保険」といいます。この労働保険については、従業員を1人でも雇えば、会社は適用事業所として加入することになります（強制加入）。

　ただし、健康保険や厚生年金保険と異なり、社長が1人でやっている会社の場合には、雇用保険に加入することができません。労災保険についても特別な事業を除いて、加入することができません。

区　分		従業員数	労働保険	
			労災保険	雇用保険※
法人事業所		従業員1人以上	強制適用	強制適用
個人事業所	一般的な事業所	従業員1人以上	強制適用	強制適用
	一定要件を満たす農林水産業	従業員5人未満	任意適用	任意適用
	上記を除く農林水産業		強制適用	強制適用

※従業員のすべてが適用除外にあたる場合は、適用事業所とはならない。

●手続きは従業員を雇い入れた日から10日以内

　労災保険と雇用保険については、保険料の申告・納付は一本化するのが基本です。これを一元適用事業といいます。

　したがって、労働保険の新規加入手続きは一体であると考えましょう。ただし、労災保険の加入手続きは所轄の労働基準監督署、雇用保険の加入手続きは所轄のハローワークと別々の場所で行います。なお、いずれも従業員を雇い入れた日から10日以内に手続きをします。

Keyword | 一元適用事業　労災保険と雇用保険については、保険料の申告・納付は一本化するのが基本。これを一元適用事業という。それに対して、保険料の納付を別々に→

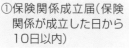

一元適用事業の場合の手続き

①保険関係成立届（保険関係が成立した日から10日以内）

②概算保険料申告書（保険関係が成立した日から50日以内）

③雇用保険適用事業所設置届（設置の日から10日以内）

④雇用保険被保険者資格取得届（資格取得の事実があった日の翌月10日まで）

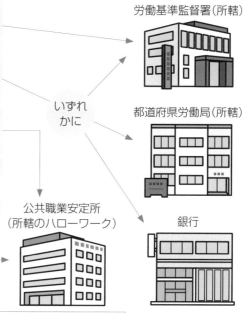

労働基準監督署（所轄）

いずれかに

都道府県労働局（所轄）

公共職業安定所（所轄のハローワーク）

銀行

①の手続きを行った後、または同時に②の手続きを行う。
①の手続きを行った後、③および④の手続きを行う。

二元適用事業の場合の手続き

①保険関係成立届（保険関係が成立した日から10日以内）

②概算保険料申告書（保険関係が成立した日から50日以内）

③雇用保険適用事業所設置届（設置の日から10日以内）

④雇用保険被保険者資格取得届（資格取得の事実があった日の翌月10日まで）

①の手続きを行った後、または同時に②～④の手続きを行います。②の手続きはハローワークでは行えません。

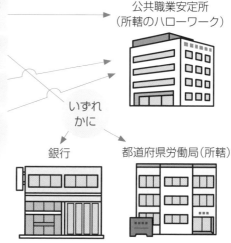

公共職業安定所（所轄のハローワーク）

いずれかに

銀行

都道府県労働局（所轄）

→するなど、労災保険と雇用保険を別個に取り扱う事業を二元適用事業という。農林水産業、建設業、港湾運送業などが該当する。

113

毎年の社会保険事務①
保険料の天引きや納付に備える

ココが ポイント
- 保険料算定の基礎となる標準報酬月額を毎年変更する
- 新しい標準報酬月額は9月から翌年8月まで適用する

●標準報酬月額から保険料を算出

　健康保険、介護保険、厚生年金保険といった社会保険は、従業員の毎月の給与などの報酬から天引きし、会社の負担分と合わせて保険料を翌月末までに年金事務所に納付します。

　この社会保険料算出のもとになるのが「標準報酬月額」です。ただし、昇給などによって標準報酬月額が必ずしも毎回同額というわけではないため、1年に1回、標準報酬月額を実際の報酬と見合ったものにするための改定を行います。この1年に1回の改定を「社会保険の定時決定」といい、毎年4、5、6月の3カ月の給与の平均をとって決定します。

　それを「健康保険・厚生年金保険被保険者報酬月額算定基礎届」に記入して、7月1日〜10日の間に所轄の年金事務所に提出します。届出にもとづき、新しい標準報酬月額が確定すれば、「決定通知書」が会社に送付されてきます。新しく決定した標準報酬月額は、その年の9月から翌年の8月まで適用されます。ただし、社会保険料は前月分を徴収することになっており、実際に天引き金額を変えるのは10月の給与からとなります。

●標準報酬月額は交通費や残業代も含めて算出

　報酬には給与以外に交通通勤費や残業代なども含まれます。また、標準報酬月額は、健康保険は50等級、厚生年金保険は32等級に分かれています。この標準報酬月額に健康保険料率や厚生年金保険料率を乗じて保険料が確定しますが、健康保険料率は都道府県で異なります。

　賞与（ボーナス）については「標準賞与」として別途保険料がかかることになります。

Keyword｜**社会保険の随時決定**　保険料の基準となる標準報酬月額を1年に1回改定する定時決定に対して、随時決定というものがある。これは、昇給または降給で報酬が→

都道府県別の健康保険料率

（2024年度の「協会けんぽ」の場合）

北 海 道	10.21%	滋 賀 県	9.89%
青 森 県	9.49%	京 都 府	10.13%
岩 手 県	9.63%	大 阪 府	10.34%
宮 城 県	10.01%	兵 庫 県	10.18%
秋 田 県	9.85%	奈 良 県	10.22%
山 形 県	9.84%	和歌山県	10.00%
福 島 県	9.59%	鳥 取 県	9.68%
茨 城 県	9.66%	島 根 県	9.92%
栃 木 県	9.79%	岡 山 県	10.02%
群 馬 県	9.81%	広 島 県	9.95%
埼 玉 県	9.78%	山 口 県	10.20%
千 葉 県	9.77%	徳 島 県	10.19%
東 京 都	9.98%	香 川 県	10.33%
神奈川県	10.02%	愛 媛 県	10.03%
新 潟 県	9.35%	高 知 県	9.89%
富 山 県	9.62%	福 岡 県	10.35%
石 川 県	9.94%	佐 賀 県	10.42%
福 井 県	10.07%	長 崎 県	10.17%
山 梨 県	9.94%	熊 本 県	10.30%
長 野 県	9.55%	大 分 県	10.25%
岐 阜 県	9.91%	宮 崎 県	9.85%
静 岡 県	9.85%	鹿児島県	10.13%
愛 知 県	10.02%	沖 縄 県	9.52%
三 重 県	9.94%		

※40〜64歳までは、全国一律の介護保険料率（1.60%）が加わります。

Advice 👆 算定基礎届の呼び出し調査

　報酬月額算定基礎届の提出に合わせて、調査が定期的に実施されるため、その調査に対する備えも必要になります。調査は、算定基礎届の提出期限である7月1日〜7月10日の間に、日時指定で年金事務所に出向くよう依頼がくるのが一般的です。調査対象は、社会保険の有無や雇用形態にかかわらず、7月1日現在在職している全従業員です（役員、パートタイマー・アルバイト等の短時間就労者を含む）。持参を求められる帳簿は年金事務所によって異なりますが、「出勤簿または給与明細等」「賃金台帳または給与明細書」「給与所得・退職所得等の所得税徴収高計算書」「前年7月分以降の社会保険関係届」「法人（商業）登記簿謄本」などです。

→ 著しく変動したときは、定時決定を待たずに標準報酬月額を改定することをいう。

毎年の社会保険事務②
保険料の計算を行う

> **ココが ポイント**
> ● 民間企業は「協会けんぽ」への加入が多い
> ● 協会けんぽの保険料率は都道府県で異なる

● 民間企業の大半は〝協会けんぽ〟に加入

　医院や病院で診療を受けたときにかかる医療費は、3割の自己負担分を除いた残りの7割は、健康保険から支払われる仕組みになっています。その健康保険はいくつかの種類に分かれています。

　まず、自営業者や定年退職者などが加入しているのが「国民健康保険」であり、75歳以上の人が加入するのが「後期高齢者医療制度」です。

　それに対して、民間企業の会社員が加入しているのは、「健康保険組合」か「全国健康保険協会（協会けんぽ）」のいずれかです。健康保険組合は「組合健保」ともいわれ、大企業などでは自前で設立・運営している場合もあります（ただし、大企業のグループ企業も含めても加入企業は限定的）が、多くの企業が加入しているのは、「全国健康保険協会」です。なお、現役の公務員は「共済組合」へ加入します。

● 都道府県で異なる協会けんぽの保険料率

　保険料は、「保険料＝標準報酬月額×保険料率」で計算されます。ただし、40～64歳の場合は、介護保険料の負担も加わります（65歳以上は、介護保険料は市区町村に納付）。

　また、組合健保と協会けんぽでは保険料率が異なります。組合健保の場合、健康保険料と介護保険料のそれぞれは、健康保険組合が決定します。協会けんぽの場合は、都道府県によって、健康保険料・介護保険料が異なります。東京都の場合は、40～64歳は介護保険料を含めて11.58%、40歳未満は9.98%です（2024年度）。

　なお、厚生年金保険については、保険料率は基本的に一律です。

Keyword 　協会けんぽ　運営団体は全国健康保険協会。加入事業所数は248.9万事業所で、加入者数は4026万人。家族などを除いた本人（被保険者数）は2507万人で、平均標準報 →

保険料の計算式

保険料の計算について、「標準報酬月額が20万円（東京都）で、介護保険料も支払う場合」の例で考えてみましょう。

協会けんぽの保険料率（東京都の場合）

種　類	保険料率
健康保険料率（2024年3月分から）	9.98%（うち会社負担分4.99%）
介護保険料率（2024年3月分から）	1.60%（うち会社負担分0.80%）
厚生年金保険料率（2017年9月分から）	18.300%（うち会社負担分9.150%）

本人と会社で1/2ずつ負担する

保険料の計算例

「健康保険料＝標準報酬月額×健康保険料率」
（200,000円）×（9.98%）
→ 本人1/2 …9,980円
→ 会社1/2 …9,980円

「介護保険料＝標準報酬月額×介護保険料率」
（200,000円）×（1.60%）
→ 本人1/2 …1,600円
→ 会社1/2 …1,600円

「厚生年金保険料＝標準報酬月額×厚生年金保険料率」
（200,000円）×（18.300%）
→ 本人1/2 …18,300円
→ 会社1/2 …18,300円

協会けんぽの保険料率は、都道府県や年度によって異なります。保険料を計算する際は、協会けんぽのウェブサイト等で保険料率を確認するようにしましょう。

Advice　社会保険料の適用時期

　社会保険料は、毎年4、5、6月の3カ月の給与の平均で決定し、その年の9月から翌年8月まで適用されます。つまり、7月以降のベースアップだと、そのベースアップが反映された新しい保険料の適用は翌年9月からとなり、1年ほど新しい保険料の適用時期が繰り下がることになります。

→酬月額は29万5438円（2021年度）。

毎年の労働保険事務
労災保険や雇用保険を申告・納付する

ココが ポイント
- 労働保険は従業員1人でも加入義務がある
- 要件を満たせば雇用形態にかかわらず適用される

●労働保険は労災保険と雇用保険の総称

「労災保険」と「雇用保険」を総称して「労働保険」といいますが、事業を開始して、従業員を1人でも雇い入れた場合には、労働保険の加入手続きをしなければなりません。労働保険は、従業員の雇用形態にかかわらず、一定の要件を満たせば適用されます。

●ケガや障害に備える労災保険

労災保険とは、通勤災害や仕事中のケガ、障害、死亡などに対して保険給付が行われるものです（124ページ）。この労災保険は、従業員5人未満の個人経営の農林水産事業を除き、従業員を1人でも使用していれば強制的に適用されます。正社員、パートタイマー、契約社員といった従業員の雇用形態は問いません。なお、保険料は事業主の全額負担となりますが、個人名での加入ではないため、新たに従業員を雇用したからといって、特に手続きはありません（雇用保険は従業員が被保険者になるため、ハローワークに届出が必要）。

●失業や育児休業に備える雇用保険

雇用保険とは、失業した場合の失業等給付や、育児休業給付などに備えるためのものです。従業員本人や事業主の意思にかかわりなく、加入手続きをしなければなりません。つまり、従業員の入社・退社があった場合には、そのための事務が発生します。ただし、パートタイマーについては、「1週間の所定労働時間が20時間以上であること」「31日以上引き続き雇用されることが見込まれること」の2つの要件を満たさなければ、加入が免除されます。

なお会社では、労働保険は、健康保険や厚生年金保険とともに「法定福利費」とされます。

Keyword | 法定福利費　企業の会計では、社会保険（健康保険・厚生年金保険）と労働保険の会社負担保険料は、法定福利費として損金処理をする。具体的には、売上高か

労働保険の申告・納付

労働保険の申告・納付のポイントは以下の通りです。

1

▶保険料額の計算

4月1日～翌年3月31日の「1年間に社員へ支給する賃金総額×保険料率（労災保険率＋雇用保険率）」で計算する。
（労災保険は全額事業主負担、雇用保険は事業主と従業員の双方で負担）

2

▶申告・納付

6月1日～7月10日（10日が土曜日なら12日、日曜日なら11日）に行う。初回分については、支払いが見込まれる賃金総額による保険料（概算保険料）を支払う。翌年からは、実際に支払った前年度の賃金総額による保険料（確定保険料）との差額を精算するとともに、その年度の概算保険料も合わせて納付。

3

▶分割納付が可能なケース

概算保険料額が40万円（労災保険か雇用保険のどちらか一方の保険関係のみ成立している場合は20万円）以上の場合や、労働保険事務組合に労働保険事務を委託している場合は、原則として3回に分割して納付することが可能。

●雇用保険料率表（2023年4月～）

事業の種類	保険料率		事業主負担率	被保険者負担率
一般の事業	15.5/1000	（内訳）→	9.5/1000	6/1000
農林水産・清酒製造の事業	17.5/1000		10.5/1000	7/1000
建設の事業	18.5/1000		11.5/1000	7/1000

※2023年4月以降、料率が引き上げられています。また、賞与にも同率の雇用保険料がかかります。

Advice 👆　労災保険率

労災保険率は、事業の種類によって料率が異なります。
たとえば、林業は52/1000、定置網漁業は37/1000、農業は13/1000、食料品製造業は5.5/1000、めっき業は6.5/1000、交通運輸事業は4/1000、ビルメンテナンス業は6/1000、卸売業・小売業・飲食店・宿泊業は3/1000、金融業・保険業・不動産業・通信業などは2.5/1000となります。

→ら原価を引いて求めた売上総利益から差し引く。

賞与時の社会保険と労働保険の手続き
賞与時にも保険料を源泉徴収する

ココがポイント
- 賞与時は標準賞与額をもとに社会保険料を計算する
- 雇用保険料は毎月の給与と同様に計算する

● 社会保険料の扱い

　従業員に賞与（ボーナス）を支払った場合、社会保険料（健康保険料・厚生年金保険料）や労働保険料がかかるため、会社は源泉徴収（198ページ）などの事務手続きを進める必要があります。

　まず、社会保険料に関しては、支払日から5日以内に年金事務所へ「健康保険厚生年金保険賞与支払届」を提出して、支払った旨を報告します。また、保険料の計算は、毎月の給与の場合とは異なります。賞与の場合は、給与の保険料の計算に使用した「標準報酬月額」を使用せず、「標準賞与額」に保険料率をかけて金額を求めます。会社はその計算にもとづいて、本人負担分を源泉徴収し、会社負担分と合計して納付します。

　標準賞与額の限度額は、健康保険は年度（4月〜翌年3月）の累計額573万円、厚生年金保険は1カ月あたり150万円です。なお、1年に4回以上支払われた賞与は給与とみなされます。その場合は、賞与時の手続きは不要ですが、代わりに標準報酬月額算定基礎届の際に上乗せして報告することが必要になります。

● 労働保険料の扱い

　労働保険料に関しては、賞与支給時には、労働保険のうち会社と従業員（本人）の両者で（2分の1ずつ）負担する雇用保険料について源泉徴収します。雇用保険料は通常の給与に対するものと同様であるため、賞与額に保険料率をかけて金額を求めます。

　雇用保険料の会社負担分、会社が全額負担する労災保険料と合わせて年度末に精算します。

Keyword　標準賞与額　健康保険や厚生年金保険の保険料・保険給付を算定するときの基礎となる賞与の額（実際に支払われた賞与額から1000円未満を切り捨てる）。健康→

賞与時の保険料の計算式

賞与時の保険料の計算について、「賞与総額から1000円未満を切り捨てた金額が30万円の場合」の例で考えてみましょう。（介護保険料も負担する40歳以上65歳未満　※東京都の場合）

協会けんぽの保険料率（東京都）

種　　類	保険料率
健康保険料率（2024年3月分から）	9.98%（うち会社負担分 4.99%）
介護保険料率（2024年3月分から）	1.60%（うち会社負担分 0.80%）
厚生年金保険料率（2017年9月分から）	18.300%（うち会社負担分9.150%）

- 「健康保険料＝標準賞与額×健康保険料率」
  （300,000円）×　（9.98%）
  → 本人1/2　14,970円
  → 会社1/2　14,970円

- 「介護保険料＝標準賞与額×介護保険料率」
  （300,000円）×　（1.60%）
  → 本人1/2　2,400円
  → 会社1/2　2,400円

- 「厚生年金保険料＝標準賞与額×厚生年金保険料率」
  （300,000円）×　（18.300%）
  → 本人1/2　27,450円
  → 会社1/2　27,450円

- 「本人負担雇用保険料＝賞与金額×6/1000」
  （一般事業の場合　※2023年4月分から）
  → 1,800円

- 「会社負担雇用保険料＝賞与金額×9.5/1000」
  （一般事業の場合　※2023年4月分から）
  → 2,850円

- 「会社負担労災保険料＝賞与金額×3/1000」
  （小売・卸業の場合　※料率は業種で異なる）
  → 900円

賞与の場合の保険料の計算では、「**標準報酬月額**」ではなく、「**標準賞与額**」に保険料率をかけて求める点に注意しましょう。

→保険は年度の累計額573万円、厚生年金保険は1カ月あたり150万円が上限となる。

従業員の社会保険事務手続き
扶養家族の増減に関する手続きを行う

ココが ポイント
- ●「給与所得者の扶養控除等（異動）報告書」を提出させる
- ●年金事務所やハローワークに必要書類を提出する

●従業員の扶養家族に増減があったら

　従業員が結婚したり、子どもが生まれたり、高齢の親を呼び寄せ同居をしたりするといった扶養家族に増減がある場合、会社では従業員に関する事務手続きが必要です。従業員の子どもが働くようになった場合なども同様です。扶養家族の増減に関する事務手続きには、次のようなものがあります。

①従業員から「給与所得者の扶養控除等（異動）報告書」を提出してもらい、会社で保管する（所得税などの源泉徴収額の変更は196ページ参照）。

②扶養家族の変更については、協会けんぽに加入の場合、変更があってから5日以内に、事業所を管轄している年金事務所に「健康保険被扶養者（異動）届」を提出する。

③従業員が結婚した配偶者を扶養家族にする場合は、「国民年金第3号被保険者該当（種別変更）届」を事業所管轄の年金事務所に提出する。

●社会保険において扶養家族にできる範囲

　扶養家族にできる範囲は次の通りです。なお、健康保険が協会けんぽの場合は、扶養家族が何人いても、従業員が負担する保険料は変わりません。

	扶養家族にできる範囲	条件
①	従業員の配偶者・子・兄弟姉妹・直系尊属	同居非同居を問わない
②	従業員の①以外の3親等内の親族	同居が条件
③	従業員の内縁関係の配偶者の父母・子	同居が条件
④	年間収入 130万円未満※	（扶養家族が60歳以上または障害者の場合は、年間収入が180万円未満）

※年間収入の限度額は、所得税・住民税の限度額とは異なります。また、政府の「年収の壁」対策により、年間収入130万円以上でも扶養になるケースがあります。

Keyword 国民年金第3号被保険者　厚生年金（共済年金）保険料を負担している人（第2号被保険者）に扶養されている配偶者が該当。収入条件を超えると被扶養者から →

よくあるケースでの社会保険事務手続き

　以下は従業員に関する社会保険事務手続きとして、よくあるケースです。手続きの内容によって提出先が異なります。「電子申請」「窓口持参」「郵送」で提出できます。

▶結婚などで従業員の氏名が変わった場合

※共稼ぎなど配偶者の扶養家族に入らない場合

【健康保険・厚生年金保険】
（※）「健康保険・厚生年金保険被保険者氏名変更（訂正）届」

事業所管轄の年金事務所

【雇用保険】
「雇用保険被保険者氏名変更届」

事業所管轄のハローワーク

▶従業員の住所が変わった場合

【健康保険・厚生年金保険】
（※）「健康保険・厚生年金保険被保険者住所変更届」

（配偶者を扶養している場合）
（※）「国民年金第3号被保険者住所変更届」

事業所管轄の年金事務所

▶保険証を紛失した場合

【健康保険・厚生年金保険】
「健康保険被保険者証再交付申請書」

事業所管轄の協会けんぽ

【雇用保険】
「雇用保険被保険者証再交付申請書」

事業所管轄のハローワーク

（※）マイナンバーと基礎年金番号が結びついている場合は届出不要です（協会けんぽの場合）

→外れ、配偶者は自ら保険料を支払う国民年金第1号などに加入することになる。

労災保険を受け取る手続き
給付種類と支給の概要を押さえる

● 業務災害や通勤災害が発生した場合

　業務中に発生する従業員のケガや病気、死亡を「業務災害」といい、通勤にともなうものを「通勤災害」といいます。これらは、社内の安全衛生管理体制を徹底して発生を防ぐことがベストですが、実際に発生した場合には、労働基準監督署へ労災保険給付の請求をするなど、事務手続きが必要になります。業務災害と認定されるためには、ケガや病気、死亡の発生が、「会社の施設内であり、通常の勤務時間内である」などの要件を満たす必要があります。通勤災害は、基本的に自宅と会社の往復間のケガなどを指します。

● 業務災害と通勤災害では中身が同じでも名称は異なる

　労災保険による給付には、「療養補償給付」「休業補償給付」「傷病補償年金」「介護補償給付」「遺族補償給付」などがあります。これは業務災害の場合の名称です。給付内容は同じですが、通勤災害の場合は「補償」の文字を省き、「療養給付」「休業給付」「傷病年金」「障害給付」「介護給付」などとなります。

　手続きの相手先は、労働基準監督署です。ただし、療養（補償）給付でいえば、医療機関が労災保険指定医療機関の場合、医療費負担はありません。なぜなら、医療機関に「療養補償給付たる療養の給付請求書」を提出すれば、医療機関経由で労働基準監督署に提出され、医療費も払われる仕組みになっているからです。療養した医療機関が労災指定機関でない場合には、療養費を立て替えて支払いますが、その後「療養補償給付たる療養の費用請求書」を、直接、労働基準監督署長に提出すると、その費用が支払われます。

　なお、会社が労災保険に加入していれば、経営者や取締役など役員を除く従業員が保険の対象となり、雇用形態も問いません。一方、労災保険に加入していない場合は、会社は労働基準法により補償責任を負うことになります。

Keyword｜休業（補償）給付　業務上のケガや病気などで休業する労働者に対して、使用者がその療養期間中賃金の一定割合を支払う補償。労災による休業が1～3日目の→

主な労災給付

　主な労災給付とその支給内容は次の通りです。給付の対象となる状況を合わせて押さえておきましょう。

状　況	労災給付名称	支給内容
業務中・通勤中にケガや病気が発生	療養（補償）給付	労災指定病院の場合は、「療養の給付請求書」をその医療機関に提出すれば、療養費の支払いは不要
業務中・通勤中のケガや病気が原因で休業	休業（補償）給付	休業4日目から「平均賃金×60％相当額」を支給
業務中・通勤中のケガや病気が1年6カ月を経過しても治らない	傷病（補償）給付	傷病の程度（第1級〜第3級）により年金を支給
業務中・通勤中のケガや病気で障害が残った	障害（補償）年金	障害の程度（第1級〜第14級）により年金または一時金を支給
業務中・通勤中のケガや病気で介護が必要になった	介護（補償）給付	介護の状態に応じて介護費用を支給
業務中・通勤中のケガや病気で死亡	遺族（補償）給付	遺族の人数などに応じて年金または一時金を支給
	葬祭料・葬祭給付	葬祭料や葬儀費用を支給

Advice 👆 通勤災害の適用となる「通勤の範囲」

　通勤災害の適用となる「通勤の範囲」とは、次の①〜③の場合を指します。
①住居と会社（職場）との間の往復
②事務所と工場など、就業の場所からほかの就業の場所への移動
③単身赴任先の住居と帰省先の自宅と会社間の移動
　「通勤」とみなされるためには、移動行為が業務に就くためであったり、業務を終えたことによって行われたりするものであるという前提がつきます。一方、「移動の経路を逸脱し、または中断した場合」は、「通勤」とみなされません。
　たとえば、退勤後に居酒屋に立ち寄った場合には、居酒屋に向かう途中も、店を出た後の移動も「通勤」とはみなしません。ただし、通勤の経路上のスーパーやコンビニでの買い物や病院での治療といった場合には、「逸脱、中断」とはなりません。

→場合の休業補償は、労災保険から給付されないため、平均賃金の60％を事業主が直接従業員に支払うことになる。

従業員の退職手続き①
退職の意思表示は書面で求める

> **ココがポイント**
> ● 健康保険証は回収し、年金手帳は返還する
> ● 「退職証明書」を求められたら遅滞なく交付する

● 退職の意思表示は書面で提出させる

　退職には、「定年退職」「自己都合退職」「解雇」の3種類があります。従業員が自己都合退職の意思を示している場合は、その後のトラブルを避けるためにも、口頭ではなく「退職届」の提出などの書面での意思表示を求めるべきです。また、退職届と同じようなものに、「退職願」があります。退職届が退職への明確な意思表示であるのに対して、退職願は会社側の承諾を得るという意味合いがあるとされます。退職願は会社が承諾するまでに撤回も可能とされており、その取り扱いについては、どの役職者の承認段階で正式に退職が決まるのかといったルールを定めておくことも必要です。

　社員は理由にかかわらず、退職する自由を有しています。会社はそれを拒むことはできません。ただし、会社にとって有用な人材の場合、退職願であれば、翻意を促すような場合もあります。なお退職は、法的には2週間前に申し出ればよいことになっていますが、仕事の引継ぎや代わりの人員の補充などを考慮すれば、2カ月程度の時間的猶予がほしいものです。従業員からの突然の退職願などで社内が混乱しないよう、普段から従業員の様子に気を配ったり、コミュニケーションを密にとったりすることが大切です。

● 健康保険証は回収、年金手帳は返還

　従業員の退職が正式に決まった場合は、退職者から「健康保険被保険者証（健康保険証）」を回収し、「退職所得の受給に関する申告書」の提出を求めます。手続きのため年金手帳を預かっている場合などはただちに本人に返却します。なお、従業員の退職に際して、在職中の契約内容等について証明書の交付の請求を受けた場合は、会社は遅滞なく、「退職証明書」を交付しなければなりません。

Keyword 健康保険被保険者証　健康保険に加入すると事業所を通じて交付される被保険者証。被保険者証は、いわば健康保険の身分証明書にあたり、健康保険で保険医療

退職証明書と解雇理由証明書のサンプル

退職証明書

_____　殿

以下の事由により、あなたは当社を　　　　年　　　月　　　日に退職したこと
を証明します。

　　　　　　　　　　　　　　　　　　　　　　　　年　　　月　　　日

　　　　　　　　　　　　　　事業主氏名又は名称
　　　　　　　　　　　　　　　使用者職氏名

> 請求のあった事項にかぎり、
> 会社は遅滞なく作成し交付
> する義務がある

　①　あなたの自己都合による退職
　②　当社の勧奨による退職
　③　定年による退職
　④　契約期間の満了による退職
　⑤　移籍出向による退職
　⑥　その他　（具体的には　　　　　　　　　　　　　　）による退職
　⑦　解雇（別紙の理由による。）

※該当する番号に○を付けること。
※解雇された労働者が解雇の理由を請求しない場合は、⑦の「（別紙の理由によ
　る）」を二重線で消し、別紙は交付しないこと。

解雇理由証明書

_____　殿

当社が、　　　年　　　月　　　日付けであなたに予告した解雇については、
以下の理由によるものであることを証明します。

　　　　　　　　　　　　　　　　　　　　　　　　年　　　月　　　日

　　　　　　　　　　　　　　事業主又は名称
　　　　　　　　　　　　　　　使用者職氏名

> 解雇理由は具体的に記載する

［解雇理由］※1、2

1　天災その他やむを得ない理由（具体的には、
　　　　　　　　　　によって当社の事業の継続が不可能となったこと。）による解雇
2　事業縮小等当社の都合（具体的には、当社が、
　　　　　　　　　　　　　　　　となったこと。）による解雇

3　職務命令に対する重大な違反行為（具体的には、あなたが
　　　　　　　　　　　　　　　　　したこと。）による解雇。
4　業務について不正な行為（具体的には、あなたが
　　　　　　　　　　　　　　　　したこと。）による解雇
5　勤務態度又は勤務成績が不良であること（具体的には、あなたが
　　　　　　　　　　　　　　　　　したこと。）による解雇
6　その他（具体的には、
　　　　　　　　　　　　　　　　　　　　　　）による解雇

※1　該当するものに○を付け、具体的な理由等を（　）の中に記入すること。
※2　就業規則の作成を義務付けられている事業場においては、上記解雇理由の
　　記載例に関わらず、当該就業規則に記載された解雇の事由のうち、該当す
　　る解雇の事由を記載すること。

→機関にかかるときは、必ず窓口に提出する。

従業員の退職手続き②
社会保険・雇用保険・税金の手続きを行う

ココが ポイント
- 退職者住所の市区町村に市民税関連の書類を提出する
- 失業等手当を受けられるように事務処理を行う

● 各種保険の手続き

　従業員が退職する場合は、健康保険や厚生年金保険、雇用保険、税金関連の手続きを進める必要があります。

　まず、健康保険や厚生年金保険などの社会保険の手続きは、従業員から健康保険証を回収し、「健康保険・厚生年金保険被保険者資格喪失届」とともに、所轄の年金事務所に提出します。もし、従業員から保険証を回収できない場合は、「被保険者証回収不能届」を提出します。手続き期限は退職の翌日から5日以内です。

　一方、雇用保険については、退職の翌日から10日以内に、「雇用保険被保険者資格喪失届」「雇用保険被保険者離職証明書」を所轄のハローワークに提出します。

● 税金関連の手続き

　従業員が退職する場合の税金の手続きには、住民税や所得税に関連するものがあります。

　まず、住民税関連の手続きについては、退職の翌月10日までに「給与支払報告・特別徴収に係る給与所得者異動届出書」を退職者住所地の市区町村に提出します。一方、所得税関連の手続きについては、退職年の給与や源泉徴収額をまとめた「給与所得の源泉徴収票」を作成し、退職日から1カ月以内に本人に交付します。

　退職金の手続きについては、退職金支給日に退職者から「退職所得の受給に関する報告書」の提出を受けるとともに、「退職所得の源泉徴収票」「特別徴収票」を作成し、退職日から1カ月以内に本人に交付しましょう。

Keyword | 健康保険　退職して被保険者の資格を失った場合、退職した会社で加入していた健康保険に加入することが可能。保険料は全額自己負担で、期限は最長2年間となる。

雇用保険の手続き

退職者が雇用保険（失業等給付）を受けるためには、会社側と退職者本人の双方でそれぞれ手続きが必要です。

▶会社側 ･････････････････････････････

①退職の翌日から10日以内に、「雇用保険被保険者資格喪失届」「雇用保険被保険者離職証明書」を所轄のハローワークに提出。労働者名簿、出勤簿（タイムカード）、賃金台帳、退職届（退職理由を確認できる書類）を添付。

↓

②ハローワークから「離職票」の交付を受ける

↓

③離職票を退職者に送付

▶退職者本人 ･････････････････････････

①退職者は、自宅住所を管轄するハローワークに「離職票」と「雇用保険被保険者証」を持参して、失業認定を受ける。

↓

②会社都合での退職の場合は、待期期間（7日間）を経て、失業等給付を受給できる。一方、自己都合退職の場合は、手続きから受給まで2カ月を要する（2025年度から1カ月に短縮予定）。

Advice 👆 退職手続き時のよくある質問に対応する

　退職する人は「雇用保険を受給できる資格はあるのか？」「雇用保険の支給を受けるためにはどうするのか？」「支給金額はいくらか？」「支給期間はいつまでか？」などと疑問を持つものです。そのため、労務・人事担当者は従業員から質問を受けることも少なくありません。退職に関する事務処理をスムーズに進めるためにも、雇用保険の給付額や給付期間などの知識は必須です。

　なお、雇用保険を失業保険と表現することもあるようですが、これは原則として4週間に一度、失業の認定（失業状態にあることの確認）を受けることからきているようです。

従業員の退職手続き③
退職金にかかる税金を処理する

ココが ポイント
- 源泉徴収を行い、翌月10日までに所得税を納付する
- 住民税も退職者に代わって納税する

● 退職金の納税手続きは会社が担当

定年退職者がまだ存在しないような歴史の浅い企業であっても、退職する従業員に対して退職金を支給するといったケースがあります。そのため、労務・人事の担当者は、自社の退職金制度について正しく理解しておく必要があります。

従業員の退職にともなって退職金を支給した場合、それにかかる税金については、会社側が処理することが必要です。なお、退職金にかかる税金は、ほかの所得と切り離して計算する分離課税となります。

会社は退職金支給者に対して、退職金を支給するまでに「退職所得の受給に関する申告書」を提出してもらいますが、これは、退職者が税務署に直接提出するといった書類ではなく、会社で保管するものです。もし、退職者から書類の提出がない場合には、会社は退職金に税率20.42%を乗じた金額を、退職金から源泉徴収することになります。

● 退職金支給後の手順

退職金にかかる所得税は、支給時に源泉徴収を行います。源泉徴収した所得税は、翌月10日までに税務署に納付します。退職者には「退職金の源泉徴収票」を作成し、1カ月以内に交付します。また、退職金には住民税もかかります。退職金から住民税相当額を差し引き、翌月10日までに市区町村に納付します。退職者には「特別徴収票」を作成し、1カ月以内に交付します。

退職金の「源泉徴収票」と「特別徴収票」は、1枚で両方を兼ねる仕組みになっています（1枚になっている）。また、退職者が役員以外の従業員の場合には、源泉徴収票と特別徴収票を、税務署や市区町村に提出する必要はありません。なお、退職金には雇用保険料や社会保険料はかかりません。

Keyword　**分離課税**　ほかの所得と合算するのではなく、切り離して所得税を計算する課税方式。退職金（退職所得）の場合も、給与所得などとは切り離して課税される。

PART
2
労務・人事の仕事

基本

採用

社会・労働保険

社内ルールと管理

福利厚生と人事考課

多様な雇用方法

退職金にかかる所得税と住民税

退職金にかかる所得税

退職金にかかる所得税は、以下の計算式をもとに求めます（以下の内容は「退職所得の受給に関する申告書」を提出の場合）。退職金の全額にかかるのではなく、まず、課税退職所得金額を求めます。

課税退職所得金額＝（退職金－退職所得控除）× 1/2 …計算式❶

退職所得控除

勤続年数	退職所得控除
20年以下	40万円×勤続年数　※80万円に満たない場合は80万円
20年超	800万円＋70万円×（勤続年数－20年）

計算式①で求めた課税退職所得金額に、所定の税率をかけ、さらに控除額を差し引いて所得税額（最終的な税額）を計算します（計算式❷）。

所得税額＝課税退職所得金額×税率－控除額 …計算式❷
※所得税額には復興特別所得税が加算されます。

税率と控除額

課税退職所得金額	税率	控除額
195万円以下	5%	－
195万円超330万円以下	10%	9万7500円
330万円超695万円以下	20%	42万7500円
695万円超900万円以下	23%	63万6000円
900万円超1800万円以下	33%	153万6000円
1800万円超4000万円以下	40%	279万6000円
4000万円超	45%	479万6000円

たとえば、課税退職所得金額が300万円であれば税率10％、500万円なら20％となります。なお、退職所得控除があるため、退職金80万円までは所得税はかかりません。

退職金にかかる住民税

退職金にかかる住民税には、市町村民税が6％、道府県民税が4％で、合計10％かかります。そのため、住民税は計算式❶で求めた課税退職所得金額に10％をかけて求めます（計算式❸）。

住民税＝課税退職所得金額×10％ …計算式❸

就業規則の基本
就業規則の作成手順を理解する

ココがポイント
- 社員10人以上の会社は労働基準監督署に必ず提出する
- 従業員からの意見を聴取し、周知を徹底する

● 就業規則の届出

就業規則とは、賃金や労働時間、休憩、休日などの労働条件や、職場のルールなどを定めて文書化したものです。社員が10人以上の会社は、労働基準法の定めによって、作成した就業規則を労働基準監督署に届け出ることが義務づけられています。

届出の際には、就業規則と一緒に「意見書」を提出します。この意見書とは、就業規則の内容に対して、社員の過半数が加入する労働組合の意見を書面にしたものです。会社に労働組合がない場合は、社員の過半数を代表する者（従業員代表）の意見を書面にします。意見書の作成方法は、従業員代表に就業規則の内容を説明し、それに対する意見を書いてもらいます。

なお、就業規則を変更する場合には、就業規則変更届と意見書の提出が必要です。

● 就業規則の運用のポイント

仮に意見書に反対意見が書かれていても、就業規則は有効に成立します。ただし、従業員代表の意見を聴取しなかった場合は、労働基準法違反として罰金の対象になります。つまり、就業規則を作成したり変更したりする際は、従業員代表の意見を聞くことが必須であると理解しましょう。

また、就業規則は労働基準監督署に提出すればよいというものではありません。就業規則は会社の基本的なルールであり、従業員への周知を徹底することが求められます。そのためにも、社内や各作業場の見えやすい場所に常時備えつけたり、書面で従業員に交付したりするなどの方法も検討してみましょう。

Keyword 労働基準法　1947年に制定された労働条件に関する最低条件を定めた法律。「第一章総則」から「第十三章罰則」までと「附則」から成る。日本国憲法第27条第

就業規則のポイント

就業規則を作成して、従業員に周知するときの主なポイントは以下の通りです。

▶就業規則の届出と周知 ‥‥‥‥‥‥‥‥‥‥‥‥‥‥‥‥

社員が10人以上である、10人以上になった

⬇

就業規則を作成

⬇

労働組合や従業員代表による意見書を添付し、
就業規則を労働基準監督署に提出

⬇

従業員へ就業規則の周知を行う

⬇

就業規則の効力が発生

社員が10人以上の会社は、就業規則を労働基準監督署に届け出ることが義務づけられています。

▶就業規則の例 ‥‥‥‥‥‥‥‥‥‥‥‥‥‥‥‥‥‥‥‥‥

第1章	総則	第7章	定年、退職および解雇
第2章	採用、異動等	第8章	退職金
第3章	服務規律	第9章	安全衛生および災害補償
第4章	労働時間、休憩および休日	第10章	職業訓練
第5章	休暇等	第11章	表彰および制裁
第6章	賃金		

Advice 👆 　「社員10人」の考え方

● 提出義務がともなう「10人」の数え方

社員数が10人以上になると、就業規則の作成と労働基準監督署への届出が義務づけられますが、パートタイマーやアルバイトも1人として計算します。社会保険や雇用保険への加入・未加入は関係ありません。ただし、派遣元の社員として扱われる派遣社員は含みません。また、10人は事業所単位の基準です。たとえば、本社が3人、A支店が5人、B支店が4人といった場合、全体では12人ですが、10人以上とはカウントしません。

● 10人未満の場合

社員が10人未満の場合は、就業規則の作成義務も労働基準監督署への提出義務もありません。ただし、就業規則を作成し、社員が就業規則を見たいと思ったときに、いつでも見ることができる状態にしておけば、10人以上の会社の就業規則と同じように、就業規則としての効力が発生します。就業規則を作成すれば、労働条件や服務規律が明確になります。また、会社は就業規則にもとづいた対応が可能になり、たとえば、懲戒処分等が可能になります。

→2項「賃金、就業時間、休息その他の勤労条件に関する基準は、法律でこれを定める」にもとづく。

就業規則の記載事項
必ず記載する事項と相対的な事項がある

ココが ポイント
- 就業規則の記載事項は労働基準法で定められている
- 絶対的必要記載事項と相対的必要記載事項を理解する

●法律で定められた就業規則の記載事項

就業規則に記載する事項は、労働基準法で定められていますが、その扱いは2つに分かれます。1つは、必ず掲載しなければならない事項で、「絶対的必要記載事項」といいます。もう1つは、定めがなければ記載する義務はありませんが、定めをする場合には記載が必要な事項で、「相対的必要記載事項」といいます。相対的必要記載事項は、記載することで就業規則としての定めが効力をもつようになります。

そのほかにも、「任意的記載事項」として社内ルールなどを就業規則に記載することができます。

●絶対的必要記載事項と相対的必要記載事項

絶対的必要記載事項と相対的必要記載事項に記載するのは以下の内容です。

絶対的必要記載事項	労働時間関係	始業および終業時刻、休憩時間、休日、休暇、交替勤務の場合の就業時転換に関する事項
	賃金関係	賃金の決定、計算および支払いの方法、賃金の締切りおよび支払い時期、昇給に関する事項
	退職関連	退職に関する事項(解雇の事由を含む)

相対的必要記載事項	退職金に関する事項(適用される従業員、退職金の決定、計算および支払い方法、支払い時期)、臨時の賃金(賞与)、最低賃金額に関する事項、食費、作業用品などの負担に関する事項、安全衛生に関する事項、職業訓練に関する事項、災害補償や業務外の傷病扶助に関する事項、表彰や制裁に関する事項、休職や福利厚生など社員のすべてに適用される事項

Keyword 退職手当(退職金) 相対的必要記載事項であるということは、退職金の支払いは法的義務ではないということを意味している。ただし、退職金制度の導入をいっ→

会社と社員のルール

　以下のピラミッドで表した内容は、どのルールが優先されるかを示しています。「労働協約」は会社と労働組合が合意した内容を文書化して、会社と労働組合の双方が押印して取り交わすものです。労働組合法にもとづくものであり、就業規則に優先する効力を持ちます。

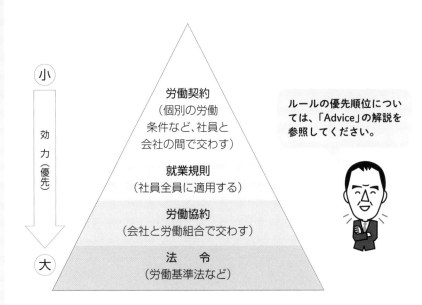

小

効力（優先）

大

労働契約
（個別の労働
条件など、社員と
会社の間で交わす）

就業規則
（社員全員に適用する）

労働協約
（会社と労働組合で交わす）

法　令
（労働基準法など）

ルールの優先順位については、「Advice」の解説を参照してください。

Advice　ルールの優先順位

　労働条件など職場のルールについては就業規則のほか、労働契約で取り決めを交わしたりしますが、その効力については優先順位があります。まず、効力の根幹となるのは労働基準法などの法令です。また、社員全員に適用される就業規則より、会社と労働組合との間で決めた約束事（労働協約）が優先されます。したがって、労働基準法や最低賃金法といった法令および労働協約に違反する就業規則を作成することはできません。違反部分は無効になり、場合によっては、労働基準監督署長からの変更命令を受けることになります。

　また、労働条件が就業規則で定める基準に達しない労働契約は、その部分については無効になり、無効になる部分は就業規則で定める基準が適用されます。

→ たん決定した場合は、相対的必要記載事項として就業規則への記載義務と、実際の支払い義務が発生する。

135

賃金支払いの基本ルール
就業規則や給与規定で定める

●「就業規則」や「給与規定」で賃金を定める

　会社の業務で最も重要なものの一つが、給与（賃金、給料、報酬などともいいます）の支払いです。したがって、就業規則で「給与の支払い」などの項目を設ける必要があります。また、就業規則では大まかな記述にして、細かい事柄については「給与規定」や「賃金規定」で定めたりする場合があります。

　会社によっては、パートタイマーや嘱託社員、その他の臨時社員の給与規定について、正社員と別規定とするケースも多いようです。なお、労働基準法では、「賃金支払い5原則」を掲げて、賃金の基本原則を示しています。ただし、金額については、最低賃金法の最低賃金を下回らなければ、会社が自由に設定することができます。

● 多岐にわたる支払い方法や賃金の内訳

　給与の支払い方法については、「日給制」「月給制」「年俸制」「歩合制」などいくつかの種類があります。また、給与の形態についても、年齢や勤続年数を基本的な基準にする「年功賃金型」や、職務遂行能力を基準にした「職能給」、会社への貢献度合いによる「業績給」、担当している職務の難易度・責任度を基準とする「職務給」、従事する仕事を基準とする「職種給」など様々なものがあります。

　なお、給与の内訳は、大きくは「基本給」と「手当」からなります。ただし、給与のベースとなる基本給については、たとえば、基本給を低く抑えて売上高や契約高に応じた比例給部分を高くしたり、逆に基本給を手厚くしたりするといったように、会社の姿勢が色濃く反映されていることがあるため、自社の給与体系についてきちんと理解しておきましょう。

🔑Keyword｜賃金支払い5原則　労働基準法第24条「賃金の支払い」では、使用者は、賃金を「①通貨で、②直接、③全額を、④毎月1回以上、⑤一定期日に」労働者に支払うとしている。

賃金の基本的な考え方とルール

賃金（給与）に関する事項は労働トラブルになるケースも多いため、基本的な考え方やルールを明確に決めておく必要があります。

▶**最低賃金の対象となる賃金** ･･･

最低賃金の対象となるのは「基本給」と「諸手当」です。ただし、手当のうち「精皆勤手当」「通勤手当」「家族手当」は除きます。

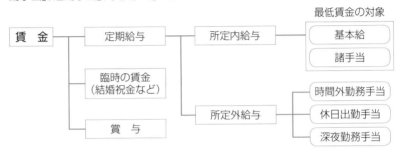

▶**賃金から天引きできるもの** ･･･････････････････････････････････････

賃金から天引きできるものは、「法令の定めによるもの」と「労使協定によるもの」に分けられます。

法令の定めによるもの	所得税、住民税、健康保険料、厚生年金保険料、雇用保険料
労使協定によるもの	労働組合費、社宅・寮の使用料、給食費、旅行積立金

▶**「労働者名簿」と「賃金台帳」** ･･･････････････････････････････････

法令で「労働者名簿」と「賃金台帳」の作成と、3年間の保存が義務づけられています。

労働者名簿の記載事項	①氏名　②生年月日　③履歴　④性別　⑤住所　⑥従事する業務の種類　⑦雇入れの年月日　⑧退職年月日およびその事由（解雇の場合はその理由）　⑨死亡の年月日および原因
賃金台帳の記載事項	①賃金計算の基礎となる事項　②賃金の額　③氏名　④性別　⑤賃金計算期間　⑥労働日数　⑦労働時間数　⑧時間外労働　⑨休日労働および深夜労働の労働時間数　⑩基本給、手当その他の賃金ごとにその金額　⑪労使協定により賃金の一部を控除した場合はその金額

労働時間・休憩時間・休日
労働時間は原則1日8時間、週40時間

> **ココが ポイント**
> - 法定労働時間は1日に8時間、1週間に40時間
> - 休憩時間は労働時間によって45分〜1時間

●法定労働時間に従うのが原則

　労働時間の考え方は、労働基準法で定めている労働時間の限度である「法定労働時間」、法定労働時間の範囲内で会社が就業規則などで定める労働時間である「所定労働時間」、実際に労働した時間である「実労働時間」などに分けられます。会社は原則として、「休憩時間を除いて1日に8時間、1週間に40時間を超えて労働させてはならない」という法定労働時間に従います。

　なお、従業員が10人未満の「商業」や「接客娯楽業」など一部の事業については、1日8時間、1週間に44時間が限度時間となっています。

●休憩時間と休日の原則

　労働時間が6時間を超える場合は45分以上、8時間を超える場合には1時間以上の休憩時間を、労働時間の途中に確保することが求められます。休憩時間は「正午〜午後1時」などと、職場ごとに一斉にとることが原則ですが、労使協定を締結すれば一斉付与は適用外となり、休憩時間をバラバラにとることも可能です。

　なお、業種によっては、労使協定の有無にかかわらず、休憩時間はバラバラでもかまいません（右ページの「一斉付与の適用除外」を参照）。なお、この休憩時間は、上司などの監督下に置かれていない時間を指し、労働時間には含まれません。

　また、休日を少なくとも毎週1日、あるいは4週間を通して4日以上与えることが基本です。この休日とは、原則として暦日、午前0時から午後12時までをいいます。ただし、「夜勤」「早番」「遅番」といったシフト編成による交替制勤務の場合は、例外的に継続24時間をもって休日と認められることがあります。

Keyword ┃ **所定労働時間**　法定労働時間に対して、会社の就業規則などで定めた労働時間を所定労働時間という。当然、法定労働時間を超えて定めることはできない。

「労働時間・休憩・休日」の原則と例外

労働時間や休憩、休日にはそれぞれの原則があります。ただし、それぞれに例外があるため、原則とセットで理解しておく必要があります。

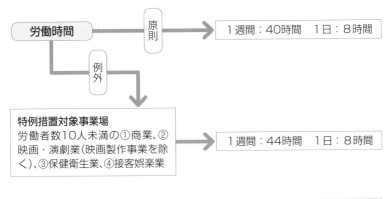

労働時間 ──原則→ 1週間：40時間　1日：8時間

──例外→

特例措置対象事業場
労働者数10人未満の①商業、②映画・演劇業（映画製作事業を除く）、③保健衛生業、④接客娯楽業 → 1週間：44時間　1日：8時間

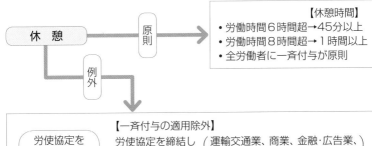

休憩 ──原則→
【休憩時間】
• 労働時間6時間超→45分以上
• 労働時間8時間超→1時間以上
• 全労働者に一斉付与が原則

──例外→

労使協定を締結する

【一斉付与の適用除外】
労使協定を締結しなくても右記の特定業種は適用除外（運輸交通業、商業、金融・広告業、映画・演劇業、通信業、保健衛生業、接客娯楽業、官公署）

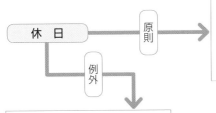

休日 ──原則→
• 毎週少なくとも1日の休日か、4週間を通じて4日以上
• 休日は原則として暦日、つまり午前0時から午後12時までの24時間をいう

──例外→

番方編成（交代勤務の各シフト）による交替制の場合、例外的に継続24時間をもって休日と認められることがある

時間外労働や休日労働
限度は月45時間、年360時間

ココが ポイント ● 三六協定は労働組合や労働者の過半数の代表者と書面で締結し、労働基準監督署に事前に届け出る

● 時間外労働や休日労働が必要な場合

労働基準法が定める法定労働時間に従うことが原則ですが、業務内容や職種、また繁忙期などの状況によっては、時間外労働や休日労働が必要になる場合もあります。ただし、時間外労働や休日労働は本来臨時的なものとして、必要最小限にとどめられるべきとされています。また、法定労働時間や法定休日を超えて従業員を働かせた場合には割増賃金が必要です（144・146ページ参照）。

● 三六協定は届出によって有効化

会社は従業員の時間外労働や休日労働に備えるため、従業員の代表と協定（三六協定）を結び、労働基準監督署に届け出る必要があります。

その手順は次の通りです。

① 労働時間の延長の限度等について、労働組合または社員の過半数を代表する者に申し出る。

② 書面で三六協定（労働基準法36条）を結ぶ。

【協定項目】

- 時間外または休日の労働が必要な具体的事由
- 業務の範囲　・従業員の人数　・１日、１カ月、１年についての延長時間
- 休日労働を行う日とその始業　・終業時刻　・有効期間（原則１年間）

③ 会社管轄の労働基準監督署に事前に届け出る。

なお、社員数が10人未満の事業所には就業規則の作成・届出の義務は発生しませんが（132ページ）、三六協定の場合は、従業員数の多少にかかわらず締結および届出（「時間外労働・休日労働に関する協定届」）が必要です。

Keyword 労働基準法第36条　時間外または休日に労働させる場合には、労働者の過半数で組織する労働組合があるときはその労働組合、そのような労働組合がないときは→

時間外労働の限度基準

　時間外労働（残業の限度基準）は行政指導によるものでしたが、労働基準法の一部改正により、法律で残業時間の上限が定められました。改正労働基準法の施行後は、新たな三六協定を締結する必要が出てきます。

時間外労働の限度基準

期　　間	一般労働者の場合	3カ月超〜1年単位の変形労働時間制の対象者
1週間	15時間	14時間
2週間	27時間	25時間
4週間	43時間	40時間
1カ月	45時間	42時間
2カ月	81時間	75時間
3カ月	120時間	110時間
1年	360時間	320時間

　現在は、時間外労働の上限などに違反した場合、懲役または罰金が科せられる可能性があります。

⬇

　上記が基本ですが、実際には残業時間の上限に強制力はありませんでした。

⬇

労働基準法の一部改正

- 原則1カ月45時間、1年間360時間　　・最大で年間720時間以内
- 最大で単月100時間未満（時間外労働と休日労働の合計）
- 2〜6カ月平均80時間以内（時間外労働と休日労働の合計）
- 月45時間を超えることができるのは年6カ月まで
- 違反企業には罰則あり

（2019年4月から施行。中小企業は2020年4月から適用）

Advice 家族の介護などを行う労働者の場合

　小学校就学前の子を養育する労働者や、要介護状態にある対象家族の介護を行う労働者から申出を受けた場合は、原則として1カ月24時間、1年150時間を超えて労働時間を延長できないことになっています。

→ 労働者の過半数を代表する者と書面による労使協定を締結し、事前に所轄の労働基準監督署長に届け出なければならない。2021年4月1日以降、三六協定届などが新しくなっている。

変形労働時間制
柔軟な労働時間制度で業務内容に対応する

ココがポイント
- 法定時間を変形したものが変形労働時間制
- 特定の日に「8時間超」、特定の週に「40時間超」が可能

●繁閑による労働時間の調整が可能な「変形労働時間制」

　労働基準法の法定労働時間は「1日8時間、1週間40時間」と定められていますが、「1日の労働時間を短くして、週6日勤務にする」「休憩時間をとらずに1日の労働時間を6時間以内にする」「休日は土日以外にする」などとすることが可能です。また、時期によって仕事の繁閑が大きい場合、労働時間を調整できる制度として、「変形労働時間制」があります。変形労働時間制は、一定期間を単位にして、次のように定められています。

1週間単位　30人未満の小売業・旅館・料理・飲食店の場合、特定の日の労働時間を10時間まで延長できる。就業規則への記載と労使協定の届出が必要。

1カ月単位　1カ月以内の労働時間の平均が週40時間の範囲内であれば、特定の日に8時間、特定の週に40時間を超えてもかまわない。就業規則か労使協定で定める。

1年単位　1カ月超1年以内の労働時間の平均が週40時間の範囲内なら、特定の日に8時間、特定の週に40時間を超えてもかまわない。就業規則への記載と労使協定の届出が必要。

●フレックスタイム制

　「フレックスタイム制」は、研究開発職や専門職など独立性の高い職種を中心に、3カ月（最長）の総労働時間を定め、その範囲内で社員が始業・終業時刻を決めるというものです。清算期間（労働者が労働日の労働時間を自由に決定できる期間）が1カ月を超える場合は、労働基準監督署長への届出が必要です。

豆知識 三六協定と変形労働時間制　変形労働時間制の基本的な考え方は、平均週40時間という「法定労働時間」を変形させるもの。したがって、法定労働時間を超えない変形であれば、割増 →

PART 2
労務・人事の仕事

基本

採用

社会・労働保険

社内ルールと管理

福利厚生と人事考課

多様な雇用方法

みなし労働時間制

「みなし労働時間制」は以下の3つに大きく分けられます。いずれも労使協定が必要です。ただし、「事業場外みなし労働時間制」の場合、法定労働時間以下なら届出は不要ですが、「専門業務型裁量労働時間制」「企画業務型裁量労働時間制」の場合は法定労働時間以下でも届出が必要になります。

事業場外みなし労働時間制	外回りの営業などのように、実際の労働時間ではなく、あらかじめ一定時間を働いたものとみなす制度。
専門業務型裁量労働時間制	研究職などのように業務を従業員にゆだねていて、労働時間の算定が難しい場合、あらかじめ定めた時間を働いたものとみなす制度。
企画業務型裁量労働時間制	企画や立案、調査などの職種について、職務遂行の方法等を従業員の裁量にゆだね、あらかじめ定めた時間を働いたものとみなす制度。労働基準法の改正によって、対象業務に「課題解決型提案営業」と「裁量的にPDCAを回す業務」が追加されている。

高度プロフェッショナル制度の導入

一定の年収がある一部専門職を労働時間の規制対象から外し、働いた時間ではなく、成果で労働の価値を評価し、賃金を支払う仕組みです。高度プロフェッショナル制度は、略して「高プロ」ともいいます。

法的効果	・労働時間管理の対象から除外 ⇒時間外・休日労働協定の締結や時間外・休日・深夜の割増賃金の支払い義務等の規定適用除外（残業代ゼロなど）
対象業務	・高度の専門的知識等を必要とする商務（具体的には省令で規定） ⇒「金融商品の開発業務」「金融商品のディーリング業務」「アナリスト業務」「コンサルタント業務」「研究開発業務」など
対象労働者	・書面等による合意に基づき職務の範囲が明確に定められている労働者 ・年収がおおよそ1075万円を超える（具体的には省令で規定）労働者
健康管理時間に基づく健康確保措置等	・年間104日以上、かつ、4週4日以上の休日確保の義務づけ（終業時刻から始業時刻までの間に一定時間以上を確保する措置や、在社時間等の上限設定など措置を講じるケースもある）

（2019年4月1日から適用）

→賃金はつかない。それに対して三六協定は「法定労働時間外」における労働を可能にするためのもので、割増賃金の対象になる。

時間外労働時間の延長
特別条項付き三六協定を結ぶ

ココがポイント
- 例外的に年間720時間の残業が可能
- 2020年4月からは中小企業にも罰則適用

●特別条項付き三六協定

　労働基準法では、労働時間は原則として、1日8時間・1週40時間以内としています。これを「法定労働時間」といいます。この法定時間を超えて時間外労働をしてもらうためには、従業員側と「三六協定」を結び、所轄の労働基準監督署へ書類を提出することが必要です。

　残業の上限（「限度時間」）は、基本的には月45時間・年360時間です。ただし、「特別条項付き三六協定」を結ぶことで、例外的に残業の限度時間を伸ばすことができます。

●「臨時的な特別の事情」を具体的に定める

　「特別条項付き三六協定」は、時間外労働の限度基準をさらに超えて労働時間を延長するというものです。

　もちろん、時間外労働については限度が定められています。「年間720時間」「月100時間未満」「2～6カ月平均80時間以内」とする必要があります。月45時間を超えることができるのは、年間6カ月までです。

　この特別条項付き三六協定は、あくまで例外的な取り扱いであり、臨時的な特別の事情について、できる限り具体的に定めなければなりません。脳・心臓疾患の発症や過労死などを招かないように、従業員に対する安全配慮義務もともないます。

　最大のポイントは、時間外労働の上限規制の適用が猶予されていた中小企業についても、2020年4月以降は適用され、罰則をともなうようになったことです。2024年4月からは、上限規制の適用が猶予されていた「建設業」「運送業」「医業に従事する医師」についても、一部特例つきで適用されることになりました。

Keyword　割増賃金率　「割増賃金率2割5分を上回るよう努める」については、中小企業にも猶予規定はない。60時間を超えた時間外労働の割増率5割以上については、中小企→

「三六協定」届出のポイント

労働基準法の改正で、これまで告示にとどまっていた時間外労働の上限が、罰則付きで法律に規定されました。上限規制の施行は大企業が2019年4月、中小企業が2020年4月1日からとなりました。したがって、中小企業も2020年4月以後は、新様式で三六協定を提出することになっています。新しく提出する三六協定の書類については、東京労働局などのホームページからダウンロードすることが可能です。

「労働保険番号」や「法人番号」の記入を求められるほか、特別条項付きの三六協定は、2枚の記載が必要。三六協定の届出は電子申請でも可能です。

▶届出を作成する際の注意点 ••••••••••••••••••••••••••••••••••••

- 「時間外労働を行う業務の種類」「1日、1カ月、1年当たりの時間外労働の上限」を詳細に記載する
- 「受注の集中」「製品不具合の対応」を具体的に記載する➡「業務の都合上必要な場合」「業務上やむを得ない場合」などの理由は認められない
- 「限度時間を超えた労働に係る割増賃金率」➡「法定割増賃金率を超えるよう努めてください」とされている

「1カ月について100時間未満でなければならず、かつ2カ月から6カ月までを平均して80時間を経過しないこと」というチェックボックス（□）へのチェックがないと、有効な届出とはならないとされています。

▶中小企業の範囲 ••

「資本金の額または出資の総額」と「常時使用する従業員の数」のいずれかが以下の基準を満たしていれば、中小企業に該当すると判断されます。事業場単位ではなく、企業単位で判断されます。

業種	資本金の額または出資の総額		常時使用する労働者数
小売業	5,000万円以下		50人以下
サービス業	5,000万円以下		100人以下
卸売業	1億円以下	または	100人以下
その他（製造業、建設業、運輸業、その他）	3億円以下		300人以下

→業は適用を猶予されていたが、2023年4月からは適用されている。

休日・振替休日・代休
割増賃金が発生するケースを理解する

ココがポイント
● 休日には「法定休日」と「法定外休日」がある
● 「振替休日」と「代休」の違いを理解する

●法定休日の出勤には割増賃金の支払い義務が発生

　休日は少なくとも毎週１日、あるいは４週間を通して４日以上というのが労働基準法における休日の基本です。この労働基準法で定められている休日が「法定休日」、労働基準法の定めを上回る部分の休日が「法定外休日」です。最近では週休２日制が定着していますが、労働基準法では、週休２日のうちの１日が「法定休日」、もう１日が「法定外休日」ということになります。ただし、休日については、曜日の制約はありません。したがって、土日が会社の休日である場合、「土曜日を法定休日、日曜日を法定外休日」としても、その逆の「土曜日を法定外休日、日曜日を法定休日」としてもかまいません。

　労務や人事などの業務においては、この法定休日と法定外休日の違いが重要となります。仮に法定休日に出勤し、休日労働になった場合は、割増賃金の支払いが必要になります。一方、法定外休日における出勤は、原則、割増賃金の支払いは発生しませんが、法定外休日の出勤で週の労働時間が40時間を超えた場合は、超えた時間に対して割増賃金の支払いが必要になります。

●「振替休日」の場合は割増賃金が不要

　会社によっては、休日出勤をした代わりに別の日を休みにするケースもあります。一般に「振替休日」や「代休」と呼びますが、その違いについても理解が必要です。まず、振替休日とは、休日出勤にあたって、あらかじめ別の日を休日に指定するものです。一方、代休とは、休日出勤を受けて、その日以後に代わりの休日を与えるというものです。つまり、休日出勤の事前に別の休日を指定するか否かという点が大きな違いだといえます。

　ただし、振替休日の場合は割増賃金が基本的に発生せず、代休の場合は休日労働や時間外労働に割増賃金が必要である点を押さえておきましょう。

豆知識 振替休日の賃金　振替休日が同一週の場合、休日出勤日に通常の賃金を支払えばよく、振替休日とした日の賃金を支払う必要はない。ただし、振替休日が週をまたがった場合、週の法定労 →

振替休日と代休の違い

振替休日と代休は、どちらも休日出勤の代わりに取得する休日であるため、その違いを正しく理解していないと混同してしまいがちです。特に賃金については、割増賃金の発生の有無が重要なポイントであるため、きちんと理解するようにしましょう。

▶振替休日

- 休日の振替（所定休日の移動）
- 就業規則等に休日の振替を行うことがある旨を規定し、その場合の手続きを規定する
- あらかじめ（遅くとも前日までに）どの休日をどの労働日に振り替えるのか、使用者が指定し本人に通知する

［賃　金］
休日出勤日：通常の賃金を支払う
振 替 休 日：賃金の支払いは不要
（振替休日が同一週の場合、休日出勤日に通常の賃金を支払えばよく、振替休日とした日の賃金を支払う必要はない）

▶代　休

- 休日出勤の代償として休日を付与
- 休日の移動（振替休日）には該当しない
- 休日労働に対する割増賃金が発生

［賃　金］
代　休：代休を割増賃金の支払いに代えて付与することはできない
（下図の日給1万円の従業員が代休を取得した例を参照）

日曜日	月曜日	火曜日	水曜日	木曜日	金曜日	土曜日
休日	出勤日	出勤日	休日	出勤日	出勤日	出勤日

休日出勤
賃金：割増（35%）
1万3500円

代休
不就労
賃金：（1万円は）なし

休日出勤日の賃金は35%増の1万3500円。代休日は不就労ということで賃金1万円の発生はありません。つまり、実質的には日給1万円に、3500円の割増賃金が発生します。

→ 働時間を超えた時間については、時間外労働にかかる割増賃金が必要となる。

法定休暇と法定外休暇
年次有給休暇の付与日数を押さえる

ココが ポイント

● 年次有給休暇以外は基本的に無給でもかまわない
● 年次有給休暇は2年で時効によって消滅する

● 休暇は無給が基本

　休日が法定休日と法定外休日に分かれているように、休暇にも「法定休暇」と「法定外休暇」があります。まず、法定休暇とは、労働基準法で定められている「年次有給休暇」を指します。一方、法定外休暇とは、「慶弔休暇」「結婚休暇」「リフレッシュ休暇」「永年勤続休暇」「夏季休暇」「年末年始休暇」などを指します。そもそも、休暇とは「労働義務がある日について、その労働義務を免除する」というものです。したがって、基本的に賃金の支払いがあるのは、休暇に「有給」とついている年次有給休暇だけです。ただし、福利厚生の充実という観点から、一部の休暇を有給にしている企業も存在します。

● 年次有給休暇のポイント

　入社から6カ月間継続勤務し、全労働日の8割以上出勤した社員には、最低10日の年次有給休暇を与えなければなりません。また、10日以上の年次有給休暇が付与されているすべての労働者に対し、年5日、時季を指定して有給休暇を与える必要があります。この年次有給休暇は、勤続年数が伸びるにしたがって、付与日数も増えていきます。なお、年次有給休暇の賃金については、就業規則等の規定にもとづき、平均賃金（162ページ）または通常の賃金を支払うことになります。

　また、年次有給休暇の取得時季については、従業員の選択が優先されますが、取得希望者が業務繁忙期に集中し、会社の正常な運営の妨げになるような場合には、会社にその取得時季を変更する権利（時季変更権）が認められています。

　ただし、年次有給休暇を取得した社員に対して、皆勤手当や賞与の算定で欠勤扱いにしたり、賃金の減額など不利益な取り扱いをしたりすることは禁止されています。

  豆知識 年次有給休暇の「継続勤務」の要件　継続勤務は在籍期間を意味しており、休職期間や病欠期間なども通算される。定年退職後に嘱託社員等として再雇用する場合も、継続勤務としての→

年次有給休暇の付与日数

年次有給休暇の付与日数は、以下の表の通りです。
基本的に正社員は上の表が適用されます。一方、労働
時間や労働日数が短いパートやアルバイトの場合は、
下の表が適用されます。

有給休暇申請書

【週5日以上、週30時間以上勤務】

継続勤続 年数	6カ月	1年 6カ月	2年 6カ月	3年 6カ月	4年 6カ月	5年 6カ月	6年 6カ月以上
付与日数	10日	11日	12日	14日	16日	18日	20日

【週4日以上、週30時間未満勤務】

週の労 働日数	1年間の 労働日数		継続勤続年数						
			6カ月	1年 6カ月	2年 6カ月	3年 6カ月	4年 6カ月	5年 6カ月	6年 6カ月以上
4日	169〜 216日	付 与 日 数	7日	8日	9日	10日	12日	13日	15日
3日	121〜 168日		5日	6日	6日	8日	9日	10日	11日
2日	73〜 120日		3日	4日	4日	5日	6日	6日	7日
1日	48〜 72日		1日	2日	2日	2日	3日	3日	3日

年次有給休暇を得るための請求権は、2年間で時効によって消滅します。つまり、当年度に未消化で、翌年度に繰り越した有給休暇は、翌年度の末に消滅するということです。
労働基準法の一部改正により2019年4月以降、10日以上の年次有給休暇付与者に対し、毎年5日、時季を指定して有給休暇を付与しなければならなくなりました。付与しない企業については罰則の対象になります。

Advice 👆 時間単位の年次有給休暇

年次有給休暇では時間単位の取得も可能です。これは、子どもが通う学校行事への参加や、官公庁への届出などを想定しています。年次有給休暇は1日単位での取得が基本ですが、1年で5日分まで、時間単位で取得することも可能となっています。

→ 取り扱いである。

育児休業と介護休業
従業員の働きやすい環境を整備する

ココがポイント
- 育児休業や介護休業で働きやすい環境をつくる
- 育児や介護のための休業中の給付制度を理解する

●育児休業とは

「育児休業」や「介護休業」の目的の一つは、育児や介護にともなう離職を減らすことです。育児休業や介護休業に関しては「育児・介護休業法」に定められています（2022年4月からは、改正「育児・介護休業法」が段階的に施行）。

育児休業とは、子どもを養育する労働者が取得できる休業のことをいいます。1歳未満の子（預け先が決まらないといった場合には1歳6カ月未満の子、場合によっては2歳未満の子）を養育する社員の場合は育児休業を取得できます。2022年4月からは育児休業を取得しやすい雇用環境の整備が新たに義務化され、育児休業に関する「研修」や「相談窓口の設置」などの対応が必要になりました。労働者に対して育児休業制度を周知し、意向を確認することも義務になりました。

2022年10月からは子ども1人につき、分割して2回の取得が可能になります。男性社員の育児休業の取得を促進するため、子の出生後、8週間以内に4週間まで取得できる「産後パパ育休」制度も始まりました。

●介護休業とは

介護休業とは、労働者が要介護状態の対象家族を介護するための休業のことをいいます。介護休業は、対象家族1人につき、要介護状態に至るごとに通算して93日まで（3回までの分割が可能）取得できます。

労務や人事の担当者は、育児や介護の給付制度などの理解を深め、従業員の働きやすい環境をつくるように心がけましょう（右ページのAdviceも参照）。

Keyword | 要介護状態 「育児・介護休業法」においては、負傷、疾病、身体または精神上の障害により、2週間以上の期間にわたり常時介護を必要とする状態をいう。要介→

育児休業給付や介護休業給付

育児休業や介護休業は、年次有給休暇などと異なり、多くの場合は無給です。ただし、ハローワークで手続きをすることで、雇用保険から「育児休業給付金」や「介護休業給付金」が支給されます。社員の負担軽減のためにも会社経由で申請すべきでしょう。電子申請による支給申請も可能です。育児休業にかぎっては、その期間中の健康保険料および厚生年金保険料は、年金事務所や健康保険組合に届出を提出することで、社員負担分・会社負担分とも免除されます。

▶ 育児休業給付について

育児休業給付の給付額

> 休業開始時賃金日額×67％×育児休業日数

条件に合致すれば給付金が支給されます。育児休業の開始から180日間は休業開始前の賃金の67％、181日以降は50％相当額を給付。出産では、健康保険から「出産育児一時金」といった名目で、原則、子1人につき42万円を給付。

手続き

提 出 先：事業所の所在地を管轄するハローワークに提出
提出書類：育児休業給付金支給申請書、賃金台帳や出勤簿など（添付書類）、育児休業給付受給資格確認票・（初回）育児休業給付金支給申請書

▶ 介護休業給付について

介護休業給付の給付額

> 休業開始時賃金日額×67％×介護休業日数

家族の介護のために仕事を休業した場合、給料の67％が保証されます。最長93日を限度に給付金が支給されます。

手続き

提 出 先：事業所の所在地を管轄するハローワークに提出
提出書類：介護休業給付金支給申請書、出勤簿・タイムカード・賃金台帳等（添付書類）、住民票記載事項証明書等（添付書類）

 Advice 育児休業と介護休業への対応

会社は法律の規定を確認し、ルールを定めておくことが不可欠です。特に「妊娠・出産・育児休業・介護休業等を理由に、解雇その他不利益な取り扱いをしてはならない」「上司・同僚が職場において、妊娠・出産・育児休業・介護休業等を理由とする就業環境を害する行為をすることがないよう防止措置を講じなければならない」という、「不利益取扱いの禁止」と「防止措置義務」への理解と徹底は欠かせません。

→護認定を受けていなくても介護休業の対象となり得る。

残業の割増賃金
深夜労働・休日出勤の割増賃金を支払う

**ココが
ポイント**
- 残業には通常の賃金に割増しした賃金を支払う
- 残業には25%、休日出勤には35%増の割増賃金を支払う

● 残業や深夜労働、休日出勤は割増賃金が必要

　「1日8時間・週40時間以内」という法定労働時間を超えた労働を「時間外労働」といいます。時間外労働とは、いわゆる「残業」のことを指しますが、原則として就業規則に残業させることがある旨を記載したうえで、会社側と社員側で定めた取り決めを記載した協定書（三六協定）を労働基準監督署に届け出ます。そうすることで、従業員に残業をさせることが可能になります。ただし、残業はもとより、休日労働や深夜労働（午後10時〜午前5時）の場合、通常の賃金に〝プラスα〟した割増賃金を支払う必要があります。

● 賃金の割増率は労働基準法で定められている

　残業や休日出勤、深夜労働における賃金の割増率は、労働基準法で定められています。通常の賃金への割増率は、残業の場合は25%以上、休日出勤は35%以上です。残業や休日出勤に深夜労働が加わった場合は、さらに25%上乗せになります。つまり、通常の残業に深夜残業が加われば、その時間については、「残業25%＋深夜労働25%」ということで、50%以上の割増賃金になります。休日出勤に深夜残業が加われば、「35%＋25%」で60%以上の割増賃金になります。

　また、残業時間が月60時間を超えた場合は、その超えた時間について50%以上の割増賃金になります。適用を猶予されていた中小企業についても2023年4月以降、適用されます。割増賃金を計算するベースとなる1時間あたりの通常賃金は、時給制であれば時給額を使用します。月給制の場合は、家族手当や通勤手当、住宅手当、賞与などを除いた月決め賃金を、月の所定労働時間で割った金額になります。なお、年少者（満18歳未満の者）の時間外労働、休日労働、深夜労働は原則として禁止されています。

　豆知識　中小企業　資本金3億円以下（小売業・サービス業は5000万円以下、卸売業は1億円以下）、または常時使用する労働者数が300人以下（小売業は50人以下、サービス業・卸売業は100 →

割増賃金の計算方法

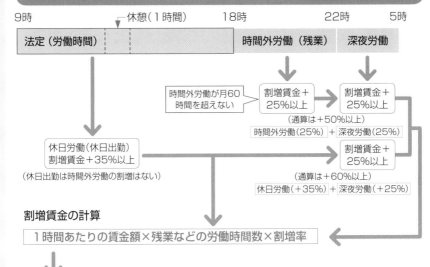

割増賃金の計算

1時間あたりの賃金額×残業などの労働時間数×割増率

1. 月給制の場合

月決め賃金（＋諸手当）支給額
年間平均の1カ月所定労働時間

月によって定められた賃金については、その金額を月の所定労働時間数（月によって異なる場合は1年間における1カ月平均）で割算した金額

2. 日給制の場合

日決め賃金（＋諸手当）支給額
1週間平均の1日所定労働時間

日によって定められた賃金について、その金額を1日の所定労働時間数で割算した金額

3. 出来高払制の場合

当該期間中の出来高給の総額
当該期間中の総労働時間数

出来高払制その他の請負制によって定められた賃金については、賃金計算期間における当該賃金の総額を、その賃金算定期間における総労働時間数で割算した金額（諸手当から除外できるものは、家族手当、通勤手当、別居手当、子女教育手当、住宅手当、結婚手当、賞与など）

人以下）の事業主をいう。

労働時間や出退勤の管理
従業員の労働時間を適正に管理する

ココが ポイント
- 労働時間の管理は給与計算や人事考課に欠かせない
- タイムカードなど労働時間の記録は保存する

●労働時間の管理は給与計算などに不可欠

　国は労働時間の適正な把握のため、使用者が講ずべき措置に関する基準（労働時間適正把握基準）を定めています。この基準は、割増賃金の未払い問題といった「サービス残業」などの問題解消に主眼を置いたものですが、会社側にとっても、社員の労働時間の管理や出退勤の管理は、正確な給与計算や人事考課に欠かせないものです。残業を管理・制限しないばかりに、長時間残業にともなう割増賃金が多額に発生したり、長時間労働で社員が健康を害するといった事態を招いたりすれば、会社側にとっても大きな損失となります。

●労働時間の適正な把握方法

　国は働いた実態に合った賃金が支払われなかったり、恒常的に長時間労働に陥ったりしないように、基準を定めて具体的措置を提示していますが、会社側にとっても参考になる点が多くあります。主なものは次の通りです。

①労働日ごとに始業・終業時刻を確認・記録する。

②始業・終業時刻の確認と記録は、原則として客観的な方法による。

③労働時間に関する記録を保存しておく。

④労務管理の責任者は労働時間管理に関する職務を行う（労務管理を行う部署の責任者は、労働時間管理の適正化に関する事項を管理し、労働時間管理上の問題点の把握とその解消を図る）。

⑤労働時間等設定改善委員会などを活用する（自己申告制による労働時間管理が行われている場合や、複数の労働時間制が採用され、それぞれ把握方法が定められている場合には、労使協議組織を活用し、労働時間の現状を把握して問題点の解決策を検討する）。

Keyword ┃ 労働時間適正把握基準　管理監督者（監督もしくは管理の地位にある者）は、労働基準法の労働時間、休憩、休日の規定の適用を受けないため、労働時間適正把→

労働時間の把握方法

始業・終業時刻の確認と記録は、原則として客観的な方法によって行います。

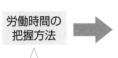
労働時間の
把握方法

できるだけ
客観的な方法で

① 使用者自ら現認することにより確認し、記録する

② タイムカードやICカードなどの客観的な記録を基礎として確認し、記録する

③ 自己申告制の場合は、申告された時間が実際の労働時間と合致しているかについて、随時調査する

労働時間の管理

労働時間に関する記録は、書類や賃金台帳(137ページ)で保存しておきます。

労働時間

労働時間の記録に関する書類

• タイムカードの記録
• 残業命令書
• 残業報告書
• 労働者自ら記録した報告書　など

賃金台帳

記録しておくこと
• 賃金額 • 労働日数
• 労働時間数 • 時間外労働時間数
• 休日労働時間数 • 深夜労働時間数

最後の記録がされた日から
3年間保存

割増賃金の支払い

Advice 出勤時間の線引き

　漫画『釣りバカ日誌』で主人公（ゼネコンの平社員）は、出勤後すぐに仕事に取りかからず、トイレに直行するという毎日でした。これは極端な例ですが、タイムカードを押した時点で出勤とするのか、デスクで仕事に取りかかれる状態になったときを出勤とするのかといったように、タイムカードの取り扱いについては、きちんと決めておくのがいいでしょう。

→握基準についても適用されない。みなし労働時間制が適用される者も同じである。

福利厚生と各種手当
福利厚生は「法定」と「法定外」がある

ココが ポイント
- 「子ども・子育て拠出金」は法定福利厚生に該当
- 費用対効果を考慮して法定外福利厚生を運用する

●福利厚生の目的

　会社は従業員の働きやすい職場の実現や人材の定着などを目的に、福利厚生制度を用意するのが一般的です。この福利厚生は、法律で義務づけられている「法定福利厚生」と、会社が独自に用意している「法定外福利厚生」に分かれます。

●法定福利厚生とは

　法定福利厚生とは、公的保険である健康（介護）保険や厚生年金保険、労働保険（労災保険・雇用保険）の保険料負担です。また、「子ども・子育て拠出金」も法定福利厚生に該当します。

　この子ども・子育て拠出金は、以前は「児童手当拠出金」という名称でしたが、厚生年金保険に加入している従業員全員分の厚生年金保険料とともに毎月負担（拠出）するというものです。健康保険などの保険料は従業員と会社の折半で負担しますが、子ども・子育て拠出金は全額会社が負担します。

●法定外福利厚生とは

　一方、法定外福利厚生とは、人間ドックや昼食代の補助、体育祭や観劇といった娯楽・文化の提供などを指します。また、住宅手当や家族手当、慶弔見舞金なども、広義では法定外福利厚生といえます。

　ただし、多くの企業は限られた予算の範囲内で、法定外福利厚生を実施しているのが実情です。したがって、担当者は費用対効果についても念頭に置くようにしましょう。従業員にメリットがある効果的な制度にするためにも、必要に応じて適宜見直しを行いましょう。

Keyword 　子ども・子育て拠出金　「社会全体で、子育て支援にかかる費用を負担する」という観点から、会社が拠出金を負担することになっている。「標準報酬月額・標準賞 →

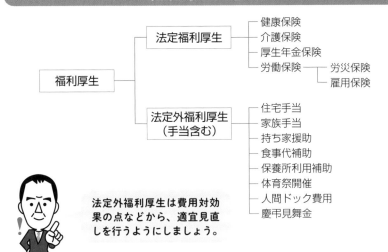

PART **2**
労務・人事の仕事

基本

採用

社会・労働保険

社内ルールと管理

福利厚生と人事考課

多様な雇用方法

福利厚生の種類

福利厚生
- 法定福利厚生
  - 健康保険
  - 介護保険
  - 厚生年金保険
  - 労働保険
    - 労災保険
    - 雇用保険
- 法定外福利厚生（手当含む）
  - 住宅手当
  - 家族手当
  - 持ち家援助
  - 食事代補助
  - 保養所利用補助
  - 体育祭開催
  - 人間ドック費用
  - 慶弔見舞金

法定外福利厚生は費用対効果の点などから、適宜見直しを行うようにしましょう。

慶弔見舞金の例

名　称	支給事由	金　額
結婚祝金	従業員が結婚した場合	・5万円（一律）
出産祝金	従業員に子どもが生まれた場合	・2万円（一律）
弔慰金	従業員が死亡した場合	・業務上：10万円 ・業務外：5万円
香典	従業員の家族や親族が死亡した場合	・配偶者：5万円 ・実父母：5万円（同居） ・実子・養子：5万円（同居） ・実父母：3万円（別居） ・実子・養子：3万円（別居） ・血縁のある兄弟姉妹：1万円
災害見舞金	社員の住宅が災害にあった場合	・全壊・全燃・流失：10万円 （世帯主の場合。世帯主でない場合は5万円） ・半壊・半燃・浸水：5万円 （世帯主の場合。世帯主でない場合は2万5000円）
病気見舞金	社員が病気で入院した場合	・業務上：3万円 ・業務外：1万円

→「与額」に拠出金率をかけて算出するが、段階的に引き上げられることを想定し、拠出金の率を「1000分の2.5以内」を上限に引き上げられるよう法改正が行われた。

メンタルヘルスケアや健康診断
従業員の心と身体の健康を促進する

ココがポイント
- 健康診断などで従業員の健康をケアする
- メンタルヘルスケアは企業のリスク管理の点からも重要

● メンタルヘルスケアの必要性

　労務や人事関連業務の担当者は、従業員の「心と身体の健康を促進する」ことも大切な業務の一つです。厚生労働省では、2006年に「労働者の心の健康の保持増進のための指針」を定め、メンタルヘルスケアの進め方や留意点などを示しています。以後、各会社では、従業員に対するメンタルヘルスケアへの取り組みが求められるようになりました。

　メンタルヘルスケアに関する法律は、「労働基準法」「労働安全衛生法」「労働契約法」「過労死等防止対策推進法」などがあります。特に労働基準法では、使用者が守るべき最低限の労働条件の基準を示しており、労使間で取り決めた労働協約や労働契約等を遵守し、誠実に履行するよう義務づけています。職場のいじめや嫌がらせである「パワーハラスメント（パワハラ）」の予防を含め、リスク管理という観点からも、従業員の心と身体の健康管理に取り組むことはとても重要になっています。

● 健康診断

　会社は、常時使用する従業員を雇用している場合は、1年に1回、医師による健康診断を実施することが求められ、この際の実施費用は事業主の負担になります。また、深夜業等の特定の有害業務などに従事している従業員については6カ月に1回の実施が求められます。

　会社は従業員に対して健康診断を実施させる必要がある一方、従業員にとっても、健康診断を受けることは義務になっています。仮に受診を拒否した従業員が、結果的に健康を害してしまった場合、安全配慮義務違反として会社から損害賠償請求をされる恐れがあります。就業規則で「健康診断の受診は義務である」といった明示をするのも一つの方法といえます。

Keyword | ストレスチェック制度　従業員の心理的な負担の程度を把握するための検査。ストレスに関する質問票に従業員が記入し、それを集計・分析することでストレス→

健康診断

▶健康診断の実施
（定期健康診断の検査項目）
- 既往歴（きおうれき）と業務歴の調査
- 自覚・他覚症状の有無の検査
- 身長・体重・胸囲・視力・聴力
- 胸部Ｘ線・喀痰（かくたん）検査
- 血圧測定
- 尿検査
- 貧血検査
- 肝機能検査
- 血中脂質検査
- 血糖値検査
- 心電図検査

▶健診結果の通知
- 健康診断個人票を作成して5年間保存。
- 常時50人以上の事業場は「結果報告書」を所轄の労働基準監督署に提出。

▶医師等の指導
- 必要に応じて、医師・保健師等による保健指導を受けさせる。
- 衛生委員会等を設置していれば、医師等の意見を報告する。

▶二次健康診断等の給付
- 定期健康診断の結果、脳・心臓疾患に関連する健診項目（血圧・血中脂質・血糖・胸囲または肥満度）のすべてに所見が認められた場合等に、二次健康診断および特定保健指導を労災保険給付の現物支給として無料で受けられる。

▶就業上必要な措置の実施
- 就業場所の変更
- 作業の転換
- 労働時間の短縮
- 深夜労働の回数の減少　など

Advice　ストレスチェックの実施

　職場における労働者の安全と健康の確保などを目的にしたものが労働安全衛生法で、2015年の改正では「ストレスチェック」の実施が規定されました。安全配慮義務や健康配慮義務を怠ったとして、使用者側に数千万円規模の損害賠償を命じる判例が出ているケースもあります。

→ 具合を把握する。労働安全衛生法の改正で制度が創設された。ただし、常時使用する従業員が50人未満の事業所は、当面の努力義務にとどまる。

懲罰制度
減給や降格、解雇などを規定する

ココがポイント
- 就業規則に懲戒処分の種類や内容を定めておく
- 服務規律違反には処分を段階的に重くする

●規律保持に必要な懲罰制度

社内における規律と秩序を保持するためには、就業規則に懲戒処分の種類や内容を定めておく必要があります。たとえば欠勤や遅刻・早退については、就業規則もしくは賃金規定の定めにしたがって、給与をカットしたり、賃金を差し引いたりするのが一般的です。

●懲罰の種類

懲罰の種類には「訓戒」「減給」「出勤停止」「降格」「免職（解雇）」などがあります。服務規律違反などの場合、1回目は口頭注意などで済ますケースが一般的ですが、繰り返すようであれば「訓戒から減給」「出勤停止から降格」「降格から解雇」と、処分を段階的に重くしていくことになります。

主な懲罰の処分は以下の通りです。

- 訓戒…諭して戒めること。組織における処罰としては最も軽い。対象の従業員には始末書等の提出を求めるケースが多い。
- 減給…一定期間、給料を減らすこと。始末書を提出させるとともに、賃金カット（賃金控除）処分にする。
- 出勤停止…一定の日数について出勤を停止する処分。出勤停止期間中は、一般的には賃金を支給しない。なお、退職金の確定に不可欠な勤務年数に含めないのが一般的。
- 降格…職位や職能資格を下げること。
- 諭旨解雇…退職を勧告して退職させること。なお、相手が応じない場合は、懲戒解雇処分にするケースが多い。
- 懲戒解雇…労働者の職場秩序違反等に対する制裁として行われる解雇。

Keyword ｜ 二重処罰の禁止　同じ事由で二重に処分することはできない。たとえば従業員の服務規律違反に対して、減給と出勤停止などの懲戒処分を二重に科すことはできない。

欠勤・遅刻・早退による給与カット

　欠勤や遅刻・早退にともなう賃金カット（賃金控除）の基本的な考え方は、労働力の提供を受けない分については賃金の支払い義務はないという「ノーワーク・ノーペイの原則」にもとづいています。

　賃金カットの一般的な計算式は以下の通りです。

【欠勤の場合】

$$欠勤控除額＝\frac{月の給与額}{年平均の月所定労働日数}×欠勤日数$$

【遅刻・早退の場合】

$$遅刻・早退控除額＝\frac{月の給与額}{年平均の月所定労働日数}×遅刻・早退の時間$$

　労働契約法では、労働契約が「労働者による労務の提供と、使用者による賃金の支払いとの双務契約である」ため、労働者の責任によって労務の提供が履行されない場合は、原則として対応する賃金の支払い義務が生じないとされています。ただし、控除対象が基本給のみか、手当を含むかといったことは、就業規則で事前に定めておくべきでしょう。

Advice　制裁的給与カットの上限金額

　制裁的給与カットの場合は、労働基準法によって以下のように減給の上限金額が定められています。

- 減給の１回の額が平均賃金の１日分の半額を超えることはできない
- 減給の総額が、一賃金支払期における賃金の10分の１を超えることはできない

　ただし、出勤停止による給料不支給には該当しません。また、欠勤控除、遅刻・早退控除も同様です（これらは「ノーワーク・ノーペイ」の原則により賃金計算が行われるためです）。

解雇のルール
解雇予告の必要なケースを押さえる

ココが ポイント
- 30日以前に予告か、30日分以上の平均給与を支払う
- 労働基準監督署長の認定を受ければ解雇予告は不要

●解雇ができるケースとできないケース

　会社都合で労働契約を一方的に解除する「解雇」は、容易にはできないとされています。実際に、「正当な理由がない」「手続きに過失がある」といった解雇は無効とされます。また、自主的に退職を促す退職勧奨にしても、社会的に不相当なやり方で行った場合は、違法性が問われます。

　ただし、「労務の提供ができない」「適格性が著しく欠如している」「身体や精神の障害で業務に耐えられないと医師が判断した」「経営上のやむを得ない事由がある」などの場合は、解雇することが可能です。

　解雇の種類は、主に次の4つに分けられます。

- 普通解雇…能力や適格性が著しく低いと判断される場合の解雇。
- 整理解雇…リストラなど業績不振による解雇。
- 諭旨(ゆし)解雇…会社側の配慮などで懲戒解雇にしない解雇。
- 懲戒解雇…重大な服務規則違反など制裁的意味合いの解雇。

●解雇する場合の対応

　従業員を解雇する場合には、少なくとも30日以前に予告するか、30日分以上の平均賃金(解雇予告手当)を支払わなければなりません。これは、解雇予告の日数は、解雇予告手当を支払った日数分だけ短縮されるということです。たとえば、20日前の解雇予告ならば手当は10日分、解雇予告が即日なら手当は30日分ということになります。ただし、横領や傷害、2週間以上の無断欠勤など、社員の責めに帰すべき事由によって解雇する場合には、事前に所轄の労働基準監督署長の認定を受ければ、解雇予告は不要です。懲戒解雇が即時解雇となるケースが多いのはそのためです。

Keyword | 平均賃金　平均賃金は原則、「直前3カ月間に支払った賃金総額÷3カ月の総日数」で計算する。日給・時間給・出来高払制の場合の計算式は「直前3カ月間に支払っ

解雇予告が不要なケース

　解雇予告が不要で、かつ解雇予告手当の支払いもなしで解雇することができるケースがあります。解雇予告が不要のケースは以下の通りです。

①日々雇用する者（引き続き１カ月を超えて雇用した者を除く）
②２カ月以内の期間を定めて使用する者（契約期間を超えて雇用した者を除く）
③季節的業務に４カ月以内の期間を定めて使用する者（契約期間を超えて雇用した者を除く）
④試用期間中の者（14日を超えた者を除く）

解雇の制限と禁止

▶解雇の制限

　解雇してはならない「解雇制限期間」があります。この期間中は、たとえ社員の責めに帰すべき事由がある場合でも、原則、解雇することができません。
　また、解雇制限期間後に解雇する場合には、解雇予告が必要です。

・業務上のケガや病気療養で休業する期間およびその後30日間

休業期間	30日間

・産前産後休業期間およびその後30日間

産前休業期間	産後休業期間	30日間

▶解雇の禁止

　以下の理由によって従業員を解雇することは禁止されています。

・女性であることを理由とする解雇
・婚姻、妊娠、出産、産前産後休業の取得などを理由とする解雇
・国籍、信条、社会的身分を理由とする解雇
・行政官庁または労働基準監督官に申告をしたことを理由とする解雇
・年次有給休暇を取得したことを理由とする解雇

Advice　解雇予告手当と社会保険料

　解雇予告手当は退職手当と同じ扱いです。したがって、社会保険料の徴収も源泉徴収も不要です。

→た賃金総額÷その期間中に働いた日数× 60％」。残業時の割増賃金の計算ベースとなる１時間あたりの賃金とは計算方法が異なる。

派遣社員
労働者派遣と業務請負の違いを理解する

ココがポイント
- 派遣労働者を指揮命令して働かせることが可能
- 派遣社員の受け入れは原則、最長で3年

●派遣社員を活用するメリットとデメリット

　雇用形態の多様化にともなって、企業は「労働者派遣」を活用するケースも一般的になっています。ただし、派遣社員の受け入れ先企業は、派遣元企業との契約を結ぶのであって、派遣社員と直接契約するわけではありません。派遣元企業は経営を維持するため、派遣を依頼してきた企業から受け取る総額の2～3割を手元に残すのが一般的です。そのため、派遣元企業に支払う時間給相当額は、直接雇用のパートタイマーやアルバイトの従業員と比べて割高になりますが、募集などの時間や手間を考えれば、メリットもあるといえます。パートタイマーの場合は募集・採用を自社で行い、給料の支払い以外に健康保険や厚生年金保険などを会社が負担するケースもあります。

　一方、労働者派遣と似たような業務形態に「業務請負」があります。業務請負は、アウトソーシング（外部委託）の一種で、民法上の請負契約にもとづき、製造や営業など業務を一括して請け負う形態をいいます。業務請負の場合は、受け入れ先企業に指揮命令の権利がない点が労働者派遣との大きな違いです（受け入れ先企業は請負業者が雇った労働者に直接指揮命令ができない）。

●派遣企業の三六協定内なら残業や休日出勤も可能

　派遣社員を受け入れる会社は、派遣労働者と雇用関係は結びませんが、指揮命令をして仕事に従事させることができます。

　また、会社側は労働者派遣契約にもとづく就業条件の確保、労働時間・休憩・休日などの管理などの責任を負います。派遣社員の残業や休日出勤は、あくまで派遣元企業で締結されている三六協定の範囲内でさせることが可能です。

　給食施設や休憩室などの利用機会を提供するといった配慮的義務も負います。「労働契約申込みみなし制度（みなし制度）」への対応にも注意が必要です。

  労働契約申込みみなし制度（みなし制度）　派遣受け入れ企業が、港湾運送業務・建設業務・警備業務など労働者派遣の禁止業務に従事させた場合、派遣元企業と

派遣社員やパートタイマーの活用の注意点

　派遣社員やパートタイマーは、期限を設定した契約であるため、「有期労働契約者」と呼ばれます。したがって、派遣社員やパートタイマーを活用する際は、有期労働契約のルールを確認することが必要です。特に仕事への従事が1年継続なのか、3年継続なのか、5年継続なのかについては留意しておく必要があります。

　派遣社員については、人事課なら人事課、経理課なら経理課など、同一の課での派遣労働者の受け入れ期間は、原則として3年が限度です。3年を超えると派遣労働者の「直接雇用」の推進という観点から、派遣元企業はもとより派遣受け入れ企業にも、「努力義務」や「義務」が生じます。また、パートタイマーを含む有期契約者は、原則5年の継続で無期労働契約への転換申込権（無期転換申込権）が発生します。ただし、無契約期間（クーリング期間）があれば、それ以前の期間については通算しないというルールもあります。

▶無期転換の申込みができるケース ･････････････････････････

無期転換の例（1年契約を更新して5年超となるケース）

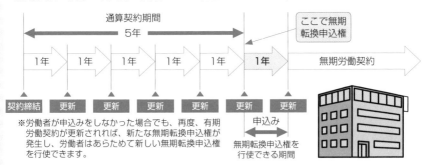

※労働者が申込みをしなかった場合でも、再度、有期労働契約が更新されれば、新たな無期転換申込権が発生し、労働者はあらためて新しい無期転換申込権を行使できます。

契約期間がリセットされるのに必要な無契約期間（クーリング期間）

原則カウントの対象となる有期労働契約の契約期間が1年以上の場合⇒6カ月以上

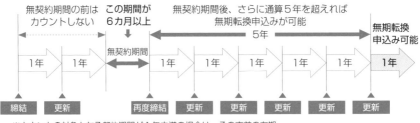

※カウントの対象となる契約期間が1年未満の場合は、その直前の有期労働契約の2分の1以上（1カ月未満の端数は1カ月の切り上げ）の無契約期間があれば、それ以前の有期労働契約は通算されません。

出典：『労働関係法のポイント（平成29年度版）』公益社団法人全国労働基準関係団体連合会

→ 派遣社員が契約している雇用条件と同一条件で、派遣社員を雇用しなければならないという制度。

外国人労働者や年少者の雇用
法律を遵守して不法労働をさせない

ココが ポイント	●外国人材受け入れのための在留資格創設
	●年少者は時間外・休日労働などは原則禁止

●外国人雇用の拡大

　外国人労働者の受け入れ拡大を目的に、出入国管理法が改正されました。主なポイントは「特定技能1号」「特定技能2号」という在留資格の創設です。受け入れ業種は14業種です。

　特定技能1号の在留期限は5年で、家族の帯同は認められません。日常会話程度の水準を求める日本語試験などで技能を確認します。受け入れ対象国はベトナム、フィリピン、カンボジア、中国などで、「介護」「宿泊」「外食」で先行し、以後、業種が拡大されていく予定です。

　特定技能2号は、「建設業」「造船・舶用工業」が対象で、熟練した技能を要する業務に従事する外国人向けの在留資格です。在留期間は更新が可能で、家族の帯同も認められます。特定技能外国人の報酬額が日本人と同等以上など、特定技能外国人との雇用契約は所要の基準に適合することが求められることになります。原則として直接雇用。農業と漁業は派遣も認められます。

●外国人労働者の雇用・離職はハローワークに報告

　外国人労働者の雇用または離職に際して、事業者は氏名や在留資格、在留期間、国籍等をハローワークに提出しなければなりません。これは「外国人雇用状況の届出」といい、すべての事業主に義務づけられています。仮に届出を怠った場合、30万円以下の罰金が科されます。なお、外国人を雇用した場合は「労働基準法」「最低賃金法」「労働安全衛生法」などの労働関係法令が適用されます。

　また、外国人の雇用と同様に、年少者（18歳未満の者）や児童（15歳に達した日以降の最初の3月31日までの者）の雇用に関しても制限がありますので注意が必要です（右ページ参照）。

Keyword｜在留カード　企業等への勤務や日本人との婚姻などで、入管法上の在留資格をもって適法に我が国に中長期滞在する外国人が所持するカード。ただし、観光など→

年少者の雇用

　年少者（18歳未満の者）や児童（満15歳に達した日以降の最初の3月31日までの者）に関しては、使用や労働時間、休日、深夜労働などで制限があります。

▶児童の雇用 •••

原　則
労働者として使用することは禁止

例　外
所轄の労働基準監督署長の許可で可能 （要件） • 満13歳以上 • 非工業的事業 • 健康や福祉に有害でない軽易な作業

▶年少者の労働時間や休日 ••••••••••••••••••••••••••

　年少者については、変形労働時間制、労使協定による時間外・休日労働、労働時間・休憩の特例は、原則適用されません。許可を受けて使用する児童の法定労働時間は、修学時間を通算して週40時間、1日7時間です。

▶年少者の深夜労働 ••••••••••••••••••••••••••••••••••

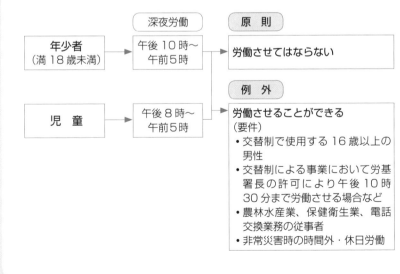

年少者 （満18歳未満）	→	深夜労働 午後10時～ 午前5時	→	原　則 労働させてはならない
児　童	→	午後8時～ 午前5時	→	例　外 労働させることができる （要件） • 交替制で使用する16歳以上の男性 • 交替制による事業において労基署長の許可により午後10時30分まで労働させる場合など • 農林水産業、保健衛生業、電話交換業務の従事者 • 非常災害時の時間外・休日労働

基　本

採　用

社会・労働保険

社内ルールと管理

福利厚生と人事考課

多様な雇用方法

高年齢者の活用と人材化
国が進める「65歳定年」へ対応する

**ココが
ポイント**
- ● 高年齢者の給与の減額を補てんする制度を活用する
- ● 国は高年齢雇用継続基本給付を制度で設けている

● 高年齢者の活用・人材化も検討

　我が国では少子化に歯止めがかからないことから、若年労働者の不足が必至の状況です。実際に、業種や業界によっては、採用難からくる人手不足が経営問題となっているケースが見られます。そのため、そうした企業の一部では、対策として高年齢者の活用・人材化が行われています。定年退職者のなかには、長年培ってきたスキルを生かしたいと、働く意欲をもっている人が少なくないため、高年齢者の積極的な活用も検討してみましょう。

● 65歳定年が時代の流れ

　国も働く意欲のある高年齢者を活用して労働力を確保しようと、65歳までの雇用確保措置の実施を義務づけています。具体的には、「65歳まで定年を引き上げる」「定年の定めを廃止する」「希望者全員を継続雇用する」などのいずれかの措置を講じるよう求められます。2021年4月からは、70歳までの就業確保の努力業務が設けられています。

● 国の給付制度を利用する

　65歳定年の定着に向けて、国は雇用保険の加入者を対象に「高年齢雇用継続給付」を制度として設けています。高年齢雇用継続給付とは、「高年齢雇用継続基本給付金」と「高年齢再就職給付金」からなります。高年齢雇用継続基本給付金は雇用保険の基本手当を受けないで継続雇用される場合に、高年齢再就職給付金は基本手当を受けたのち再就職する場合に支払われます（支給残日数が必要）。いずれも、60歳到達時の賃金から大幅に減額になった場合に、それを給付金によって補てんしようというものです。受給手続きは事業主が所轄のハローワークで申請することが必要です。

🔑 **Keyword**　高年齢者雇用安定法　65歳までの雇用確保（義務）に加え、70歳までの就業確保措置を講じることが、「努力義務」とされる改正高年齢者雇用安定法が2021年 →

「高年齢雇用継続給付」の概要

高年齢雇用継続給付

- 60歳到達時等の時点に比べて賃金が75%未満に低下した状態で働き続ける60歳以上65歳未満の人で、雇用保険の加入者に支給される給付

高年齢雇用継続基本給付金

- 雇用保険の加入者で、5年以上基本手当の支給などを受けていない
- 60歳到達後も継続して雇用されている
- 60歳以後の各月に支払われる賃金が原則として60歳到達時点の賃金月額の75%未満である

高年齢再就職給付金

- 60歳以上65歳未満で再就職
- 雇用保険に5年以上加入している
- 基本手当の支給残日数が100日以上ある
- 再就職手当を受給していない

受給期間

- 60歳到達月から65歳到達月まで

受給期間

- 基本給付支給残日数により1年～2年

受給額

- 支払われた賃金額が60歳時点の賃金額の61%以下の場合

  ➡ | 支給額＝支給対象月の賃金額×15% | …①

- 支払われた賃金額が60歳時点の賃金額の61%を超え75%未満の場合

  ➡ | 支給率は①の15%から一定の割合で逓減される |

受給手続き

事業主が所轄のハローワークで申請する

【提出書類・添付書類】

- 「高年齢雇用継続給付受給資格確認票・（初回）高年齢雇用継続給付申請書」
- 「雇用保険被保険者六十歳到達時賃金月額証明書」
- 賃金台帳
- 出勤簿　など

→ 4月から施行されている。

コラム パートタイマーの待遇

●契約期間や契約更新の有無を明示

　パートタイマーも労働基準法やパートタイム労働法が適用されます。したがって、パートタイマーを採用するときは、労働契約の期間や契約更新の場合の基準、賃金の決定・計算・支払いの方法などを書面で明示しなければなりません。その際、注意したいのは、最長３年と定められている労働契約期間について、後々のトラブルを防止するためにも、期間終了後の契約更新の有無を含めてはっきりさせておくことです。なお、無期労働契約の正社員に対して、パートタイマーは有期労働契約者とされますが、裁判では、仮に３年を超えた雇用の場合、実質的には無期限の雇用と同等とみなすという判例も出ています。

　また、昇給・退職手当・賞与の有無、相談窓口についても、文書の交付などによって明示が義務づけられています。詳しくは、以下のポイントに注意しましょう。

賃　金

　パートタイマーの待遇については、「職務の内容（仕事の内容や責任）」と「人材活用の仕組み（人事異動の有無や範囲）」の２つの点で、社員と同等か否かを考慮し、同じ働き方をしているパートに対しては、基本給や賞与などで差別的取り扱いをしてはいけないことになっています。

厚生年金保険への加入

　パートタイマーであっても、勤務時間、勤務日数が正社員の４分の３以上の場合には加入が必要です。
※従業員が101人以上であれば「１週間の所定労働時間が20時間以上」「月額賃金が８万8000円以上」「継続して２カ月以上雇用されることが見込まれる」といった要件を満たす場合は、加入・適用になっています。24年10月からは51人以上の企業も適用になる予定です。

雇用保険や労災保険への加入

　雇用保険は、１週間の所定労働時間が20時間以上で、31日以上雇用が見込まれる場合に加入が必要です。一方、労災保険はパートやアルバイトといった雇用形態にかかわらず適用されます。ただし、１週間の所定労働時間について、20時間以上から10時間以上に改められる予定です。

3

経理の仕事

経理部門は会社のお金に関するエキスパート!

日々の入出金の管理から毎月の給与の支払い、年に一度の決算作業まで、会社のお金にかかわる様々な業務を担当します。専門性を高めてお金のエキスパートを目指しましょう。

経理の基本
会社のお金を管理し、記録に残す

ココが ポイント
- 経営判断に欠かせないデータ・情報を作成する
- 入出金など金銭管理は1円単位でチェックする

● 金銭管理やそのデータ作成を通して経営にかかわる

　経理の仕事は、「日々の仕事」「月次の仕事」「年次の仕事」の3種類に分けることができます。入金・出金の管理や簿記にもとづく帳簿の記帳などは「日々の仕事」、給与支払いは「月次の仕事」、決算書の作成や納税などは「年次の仕事」です。各業務はさらに、「金銭の管理」と「金銭管理の記録整理」に大きく分けることが可能です。金銭の管理では、日々の現金の入出金はもとより、給与計算など1円のミスも許されません。

　日々の取引の記録から決算書の作成まで、金銭管理の記録整理のための作業は多岐にわたります。これら会計データは、最終的には納税につながるわけですが、それ以前に会社の重要な指標、経営管理に活用されます。企業にとって最も大切なのは資金繰りであり、資金ショートは絶対に避けなければなりません。そうした経営状況の把握には、経理部門からのデータが欠かせません。本当の経営状態を把握してこそ、経営者は最適な意思決定をすることができるのです。

● 経理部門は会計や資金繰り、経営管理も担う

　経理の仕事は単調な仕事の積み重ねともいえます。しかし、経営の根幹にかかわるデータを作成する部門であり、決しておろそかにしてよいものではありません。突き詰めれば、金銭管理やそのデータ作成を通して経営にかかわる業務です。会社によっては、会計以外の資金繰りや経営管理を経営陣が担うことはありますが、会計や資金繰り、経営管理などは、多くの場合、経理部門の役割だといえます。

　なお、経理部門は、現金や預金を取り扱うことから、不正や事故が発生しやすい環境にあるため、内部管理体制の構築も大切です。

豆知識　現金　簿記では紙幣や硬貨に加え、取引先などから受け取った小切手、郵便為替証書も現金に含まれる。

経理部門の主な業務

　経理の仕事は、「会社のお金」にかかわる業務全般で、それらは「日々の仕事」「月次の仕事」「年次の仕事」に分かれます。経理部門には、それぞれの業務の締切りを意識しながら、金銭の管理を正確に行っていくことが求められます。

▶**日々の仕事**
- 売上による入金や経費支払いなど入出金管理 → 簿記を使用する
- 日々の入出金の資料作成（会計ソフトを活用）

▶**月次の仕事**
- 給与計算
- 請求業務
- 支払業務

→ 各種帳簿を締め切り、当月の合計や残高を計算、確認 →
- 月次財産や利益の確認
- 資金繰り表の作成

▶**年次の仕事**

決算書の作成 →
- 法人税の申告・納税
- 配当金の支払い
- 金融機関などへの報告
- 次年度予算編成
- 次年度資金計画

Advice　税制の変化に注意する

　大きな税制改革がなくても、税務当局の通達などによって税制は毎年変わっていきます。特例で有利になる点もあるため、顧問の税理士事務所などから積極的に情報を収集するようにしましょう。

会社が納める税金
税の種類と申告の方法を把握する

ココがポイント　●申告して納める税金、国・自治体が金額を指定する税金がある

●年間の納税スケジュールを確認

　納税に関する業務は、経理の重要な仕事の一つです。会社が利益を出せば法人税がかかり、社有車や土地などを取得すれば自動車税や固定資産税を納付する必要があります。つまり、会社が活動し続けるかぎり、税金は必ずついて回ります。また、納付には決められた期限があるので、納税の年間スケジュールを確認する必要があります。納税は期限の厳守が鉄則です。

●申告納税方式の税

　申告して納付する税金（申告納税方式）の種類は以下の通りです。

- 法人税…会社の利益に対して課される国税（248ページ）。
- 法人住民税…法人税をベースに課せられる地方税。都道府県民税と市町村民税からなる（249ページ）。
- 法人事業税…会社の利益に対して課せられる地方税（249ページ）。
- 地方法人税…国税として課税され、国から各自治体に分配される。
- 消費税…前々事業年度の課税売上高が1000万円を超えると課税事業者となる。なお、消費税は国税と地方税からなる（250ページ）。

●賦課課税方式の税

　国や自治体が税額を決める税金（賦課課税方式）の種類は以下の通りです。

- 固定資産税…土地や家屋などを所有している場合に課せられる地方税。
- 自動車税…車両等を所有している場合に課せられる地方税。
- 不動産取得税…土地や家屋などの不動産を取得した場合に課せられる地方税。
- 登録免許税…不動産や会社の登記にかかる国税。
- 印紙税…契約書や領収書などにかかる国税（264ページ）。

🔑 **Keyword**　賦課課税方式　法人税など会社が税額を決めて申告・納税するのを申告納税方式というのに対し、固定資産税や自動車税など国や地方自治体が税額を決めるのを→

納税スケジュール

経理部門の担当者は納税に関する1年間のスケジュールを把握しておく必要があります。

以下は、決算期が3月で、所得税や住民税を天引きにしている場合の主な納税スケジュールです。なお、住民税については、下記の「Advice」の特例の適用を受けているケースです。

4月	5月	6月
• 固定資産税・都市計画税第1期分納付 • 軽自動車税納付	• 法人税・消費税・地方法人税・法人住民税・法人事業税の申告・納税 • 自動車税納付	• 従業員住民税納付（年2回）

7月	10月	11月
• 固定資産税・都市計画税第2期分納付 • 労働保険料第1期分納付	• 労働保険料第2期分納付	• 法人税、消費税の中間申告・納税

12月	1月	2月
• 固定資産税・都市計画税第3期分納付 • 従業員住民税納付（年2回）	• 労働保険料第3期分納付	• 固定資産税・都市計画税第4期分納付

▶その他、税金に関連する業務 ･･････････････････････････

12月：年末調整事務（202・204ページ）

1月：「給与支払報告書」を給与支給者の1月1日現在住所地の市区町村に提出（200・204ページ）

「給与所得の源泉徴収票」を事務所所在地の税務署に提出（196・204ページ）

Advice👆 住民税の納期の特例

従業員（納税義務者）の住民税については、基本的に従業員の給与から天引きして、翌10日までに従業員が居住する市区町村に納付します。これを特別徴収といいます（200ページ）。ただし、従業員が常時10人未満の事業主（給与支払者）にかぎり、市区町村の承認を受けた場合は、特別徴収額を年2回（6月と12月）にまとめて納付することができます。

→賦課課税方式という。

金融機関の選択
金融機関の種類と違いを押さえる

ココが
ポイント
- 信用金庫、信用組合は地域密着の中小企業向け金融機関
- 新規開業や最初の融資は日本政策金融公庫に相談する

● 金融機関の種類

　得意先からの入金や、仕入先などへの送金、公共料金の引き落としなど、金融機関と取引がない企業は存在しません。また、新規に事業をスタートする場合はもとより、経営を続けていく間も、ある程度まとまった資金が必要になるため、金融機関から融資を受けるのが一般的です。金融機関の選択でポイントとなるのは、利便性や融資の受けやすさです。そのためにも、金融機関の種類や特徴を把握しておきましょう。

　金融機関は、以下の民間金融機関と、右ページの政府系金融機関に大別されます。

民間金融機関

都市銀行	三菱ＵＦＪ銀行やみずほ銀行、三井住友銀行、りそな銀行など、全国に支店網を持つ銀行。郵便局の民営化によって誕生したゆうちょ銀行も都市銀行の分類に含まれる。
地方銀行	営業基盤や店舗網など、基本的にはそれぞれの都道府県を単位とする銀行。以前からの地方銀行を第一地銀と呼び、相互銀行からの転換組は第二地銀などと呼ばれる。一般的には、第一地銀のほうが規模的に優位に立っている。いずれも地元密着型で、中堅企業などとの取引が多い。
信用金庫	一定地域内の会員で組織される非営利金融機関。預金、融資、為替といった基本業務に加え、証券業務や保険業務などを取り扱う店舗も多い。融資は原則として会員が対象だが、制限つきで会員以外への貸出も可能。中小企業向け金融機関。
信用組合	より規模が小さい中小企業向けの非営利金融機関。融資対象は会員（組合員）に限定される。

Keyword ┃ ゆうちょ銀行　国内で活動している銀行で構成される全国銀行協会（全銀協）に加入したのは2011年だが、全銀協の重要事項の決定にかかわることはできない→

金融機関と預金の種類

▶政府系の金融機関

政府系の金融機関として、日本政策金融公庫や商工組合中央金庫があります。主な特徴は以下の通りです。

日本政策金融公庫	国民金融公庫や中小企業金融公庫などが統合して誕生した政府系の金融機関。教育ローンや東日本大震災復興特別貸付など公共性の高い政策金融を担う。小規模企業などにとっては、最初に融資の相談をする金融機関ともいえる。「新たに事業を始める」「事業開始後おおむね7年以内」といった企業を対象とした「新規開業資金」は融資を受けやすいとされる。
商工組合中央金庫	主に中小規模の事業者を構成員とする団体およびその構成員向けの組織金融機関。商工中金と略されることが多い。融資対象は、商工中金の株主である中小企業団体とその構成員。

▶預金の種類

企業活動と関係の深い銀行預金は、以下の6つです。それぞれの特徴を知ることで、短〜長期的な資金の流れに沿った使い分けが可能になります。

普通預金	当座預金	通知預金
企業にとっても入出金が自由で使い勝手がよい。払戻しは、基本的には預金額の範囲内である。	手形や小切手の決済を目的にした口座で無利息。当座貸越契約があれば、残高不足でも限度額の範囲内で決済が可能。	通常より利息が高いため、まとまった資金を短期間預ける場合は有利。預入後7日間は引き出せない。引き出す場合は2日前に銀行に通知。
定期預金	積立定期預金	納税準備預金
満期までの一定期間預けておくことで、普通預金を上回る利息がつく。	期間を定めて積み立てていく預金。毎月定額で積み立てる場合と、余裕時に追加できるものがある。賞与支払いに合わせて満期積立をするのもよい。	納税資金用の預金口座で、利息に税金がかからない。ただし、納税以外の用途で引き出す場合は税金がかかる。

Advice👆 融資と担保

銀行が企業などに貸付を行う際、その一部を定期預金にすることを「両建て定期預金」といいます。しかし、融資を受けている間はその預金を引き出すことができないなど、問題点も指摘されています。銀行は自主規制していることをアピールしていますが、実際には融資と同時にその一部を定期預金に入金させて、担保にとるケースがあります。

→ 特例会員である。180兆円前後の預金量に対し、貸出金は4兆円弱で、その大部分は定期などを担保にした証書貸付である。

小切手の基本
将来的に紙の小切手は廃止の流れ

**ココが
ポイント**
- 現金払いによる事務負担や危険性を軽減できる
- 振出日の翌日から10日以内に銀行に持ち込む

●小切手使用のメリットは？

　企業が取引決済で用いることの多かった小切手は、紙の利用を廃止し、電子化に移行する流れです。そのため流通量は少なくなっていますが、基本的知識を身につけておいて損はありません。

　小切手を発行（振出）するには、取引銀行に当座預金を開設し、専用の小切手帳（25枚などの綴りになっている）を発行してもらう必要があります。その銀行の当座預金にお金を預けておいて、支払先に支払金額を書いた小切手を渡すと、小切手と引き換えに銀行が現金を支払ってくれます。売上代金を小切手で受け取った場合、相手先が小切手に記載した支払地（指定銀行）に出向かなくても、自社の取引銀行に小切手を持ち込み、取立依頼をすることで現金化が可能になります。

　このように小切手には様々なメリットがあります。小切手は銀行が入出金の事務代行をしてくれると考えればよいでしょう。

●小切手の現金化には数日かかる

　小切手は、物理的には一片の紙切れにすぎません。しかし、記載された金額を支払うことを約束した正式な「証書」であり「証券」です。小切手には「上記の金額をこの小切手と引き換えに持参人にお支払いください」との記載があるように、現金と同等の価値を有します。

　小切手は、振出日の翌日から現金化の手続きをすることができます。期日は特に定められてはいませんが、原則として、振出日の翌日から10日以内に銀行に持ち込むことになっています。ただし、自社の取引銀行に取立依頼をする場合は、現金が入金されるまでは、最低でも営業日ベースで3日間はかかることを留意しておきましょう。

Keyword　証券　財産法上の権利や義務を記載した証書を「証券」といい、小切手や手形、株券などがこれに該当する。

小切手の仕組み

　小切手が現金化されるまでの大まかな流れは、以下のようになります。取引銀行との関係などを整理して理解しましょう。

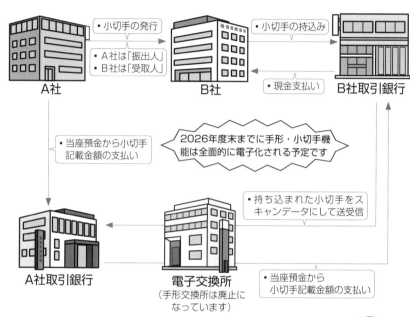

- 小切手の発行
- A社は「振出人」
- B社は「受取人」

- 小切手の持込み

A社　　　　　　　　　　B社　　　　　　　B社取引銀行

- 現金支払い

- 当座預金から小切手記載金額の支払い

2026年度末までに手形・小切手機能は全面的に電子化される予定です

- 持ち込まれた小切手をスキャンデータにして送受信

A社取引銀行　　　電子交換所
（手形交換所は廃止になっています）

- 当座預金から小切手記載金額の支払い

小切手を受け取った場合は、金額は正しいか、記載事項に不備がないか、すぐに確認しましょう。

Advice　小切手の取り扱いには細心の注意が必要

　小切手を紛失したり盗難にあったりした場合には、ただちに振出人が当座預金を開設している取引銀行に「事故届」を提出します。同時に警察にも「遺失届」または「盗難届」を出します。こうしておけば、取引銀行は支払いをすることはありません。ただし、紛失・盗難の小切手の額面金額と同額を取引銀行に預託することになります。預託しないと、振出人が取引停止処分を受けることがあります。預託金は、手形交換所が定める一定の手続きにより、後日返還されます。手続きをする手間や時間はかかりますが、小切手自体を無効とするために裁判所で「除権決定」を受けることもできます。なお、手形の遺失・盗難の場合も小切手と同様の手続きを取ります。

振出日　小切手を支払相手に手渡す（交付する）ことを振出といい、基本的には交付日が振出日となる。

小切手の扱い方
小切手の種類とその選び方を把握する

**ココが
ポイント**

- 線引小切手には「一般」と「特定」がある
- 安全性や資金繰りの都合によって小切手を使い分ける

●線引小切手とは？

　小切手にも種類があります。一般的なのは「線引小切手」ですが、これはさらに「一般線引小切手」と「特定線引小切手」に分類されます。一般線引小切手は、右ページの図（切り取り線の右上）にあるように2本線を引き、その間に「銀行」「Bank」「銀行渡り」などと記入するかゴム印を押します。

- **一般線引小切手**…支払銀行は、ほかの銀行か、または支払銀行の取引先に対してのみ支払いをすることができる。
- **特定線引小切手**…支払銀行は、記載された銀行に対してのみ支払うことができる。それが支払銀行自身の場合は、自分の取引先に対してのみ支払うことが可能になる。

　線引小切手は持参した人の銀行口座に入金されます。つまり、現金によって線引小切手の支払いを受けることができません。これは盗難による現金化を予防するなど小切手の安全性を担保するためです。支払いを受けることができる対象がより狭い**特定線引小切手**のほうが、**安全性が高い**といえます。

●先日付小切手とは？

　先日付小切手は、資金繰りの都合などによって振出日を先の日付にする小切手です。「現在は小切手金額を用意できないが、記載した日付までには資金の手当てが見込まれる」といった場合に利用されます。ただし、先日付小切手を受け取った側が、記載した日付以前に銀行に「支払いのための呈示」をすることは可能です。そのときに支払側に支払資金がないと「資金不足」という不渡り扱いになります。小切手は振出日から10日が支払呈示期間であるため、小切手は振出日が10日以内のものを受け取ったほうが無難です。

Keyword｜支払いのための呈示　現金化するために支払銀行（取引銀行など）に小切手を見せること。小切手所持人が支払い場所（支払銀行店舗）に出向き小切手を見せて支払いを→

小切手の要件

小切手を受け取った場合には、記載内容（小切手の要件）を確認しましょう。以下の見本として掲げた小切手は、「振出人が指定の銀行に、この小切手を持参した人へ、それと引き換えに30万円を支払うよう依頼する」ことを意味します。

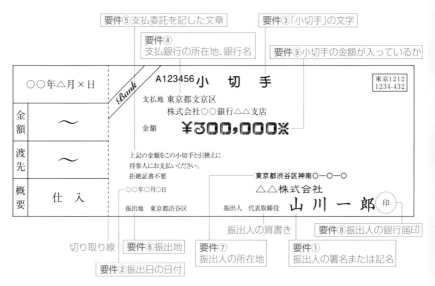

要件⑤支払委託を記した文章
要件③「小切手」の文字
要件④支払銀行の所在地、銀行名
要件⑨小切手の金額が入っているか

○○年△月×日

A123456 小 切 手

東京1212
1234-432

支払地 東京都文京区
株式会社○○銀行△△支店

金額	～
渡先	～
概要	仕 入

金額 ¥300,000※

上記の金額をこの小切手と引換えに
持参人にお支払いください。
拒絶証書不要

○○年○月○日

振出地 東京都渋谷区

東京都渋谷区神南○－○－○
△△株式会社
振出人 代表取締役 山川一郎 印

振出人の肩書き
要件⑧振出人の銀行届印
要件①振出人の署名または記名
要件⑦振出人の所在地
要件⑥振出地
要件②振出日の日付
切り取り線

ただし通常は、小切手の持参人が不正な所持人である可能性を考慮し、持参した人に直接支払うことはしません。そこで所持人は、自分の取引銀行に小切手の取立てを依頼します。

Advice 👆 小切手の発行・受取の注意点

小切手を発行するにしても受け取るにしても、金額をはじめ記載事項に不備がないか、入念なチェックが不可欠です。最も避けたいのは取引銀行の当座預金の残高不足で、小切手の決済ができなければ不渡りを出すことになります。6カ月間に2度不渡りを出すと、手形交換所（銀行）から取引停止処分を受けるなど、事実上、倒産に追い込まれることになります。手形の場合も同様です。

→請求できるが、取引銀行に呈示して取立てを依頼するのが一般的。支払呈示期間は振出日から10日間。支払呈示期間を過ぎても、振出人が支払委託を取り消さないかぎり、支払いを受けられる。

電子手形の基本
紙の手形に代わる決済の仕組みを学ぶ

ココが ポイント
- 紙の手形と異なり印紙税を必要としない
- 使い方によって多くのメリットがある

●電子手形とは？

　取引金額が大きくなると支払いに手形を使うことが多くなりますが、現在では手形の電子版ともいうべき「電子手形」の利用が広がっています。電子手形は「電子記録債権法」にもとづくもので、企業間の売掛金（184・188ページ）などを電子的に記録して管理する決済サービスです。取引自体はパソコンやFAXを使って行うことができます。

　もちろん、電子手形といっても、利用するためには金融機関に当座預金を持つ必要があります。また、決済時に口座の資金が不足していると不渡りになるといった基本的なルールについては、廃止になる予定の紙の手形と同様です。

●電子手形のメリット

　国内のほぼすべての金融機関が参加している制度であり、支払企業・受取企業とも、従来からの取引金融機関の口座を利用できます。電子手形を利用する主なメリットは次の通りです。

① 会社のパソコンやFAXでの操作が可能で金融機関に出向く必要がないなど、手形発行に関する事務手続きとコストの削減が可能。

② 現物の手形を発行・保管する必要がなく管理負担を軽減できる。紛失・盗難のリスクがない。

③ 金融機関への取立依頼が不要で、期日になれば自動的に入金される。

④ 紙の手形と異なり印紙税（264ページ）の負担がない。

⑤ 電子手形を受け取った側は、「電子手形割引」「電子手形譲渡」「電子手形分割割引・譲渡」など、売掛金（売掛債権）を早期に資金化することが容易になり、資金繰りの改善が期待される。

🔑 **Keyword**　**電子債権記録機関**　電子記録債権法にもとづく指定を受けて業務を行う機関。全国銀行協会が設立した「全銀電子債権ネットワーク（通称「でんさいネット」）が、一

電子手形の流れ

電子手形の利用にあたっては、インターネットバンキングや電子債権決済サービスなどの利用申込書を金融機関に提出し、利用契約を締結します。

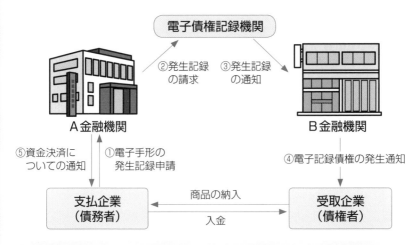

ポイント

電子手形の受取企業が支払期日まで保有していた場合は、手続き不要で所定の手数料が差し引かれた金額が自動で振り込まれる。振り込まれた資金は、当日から使用可能。支払企業には、金融機関から資金決済についての通知があり、決済に必要な資金を支払期日までに指定口座に入金しておかなければならない。

▶期日前に資金化（割引）する場合 ･････････････････････････････

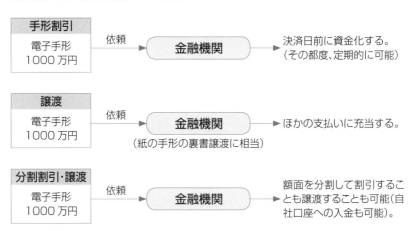

→2013年2月からサービスの提供を開始している。

売上代金の回収
回収を確実にするための予防策と事後処理

ココが ポイント
- ●請求書の発行漏れや保管ミスを防ぐ
- ●「内容証明書」「少額訴訟制度」の方法を理解する

●代金の確実な回収、予定通りの入金が経理部門の業務

　会社を安定的に継続させるには確実な代金の回収が不可欠です。商取引では、商品の引渡し時に代金を支払う「現金取引」だけではなく、「掛取引(かけとりひき)」による売り買いが一般的です。掛取引とは決められた期日までに支払いを行うことで、「信用取引」ともいいます。しかし、売掛金(うりかけきん)(商品販売時の掛取引)が予定通りに回収できないとなると、資金繰りに大きな影響が及ぶ場合があります。経理部門は「確実な回収」「予定通りの入金」に取り組む必要があります。

●初回取引時は現金取引も検討する

　売上金の回収は、請求書の発行と管理が前提であることはいうまでもありません。経理部門にとって、請求書の送付漏れは絶対に避けるべき事態です。そのため、取引先別の締日はしっかり把握しておく必要があります。

　売上金の回収をより確実に行うには「信用管理」も不可欠です。たとえば新たな取引先であれば、財務状況を事前に調べる「信用調査」を実施したり、初回の取引では現金取引を求めたりすることも検討すべきです。なお、既存の取引先の場合も、状況によっては売掛金の上限を設定するなどの「与信管理」が必要です。

●「入金の遅れ」はすぐに報告

　入金の遅れが発生した場合、会社にすぐに報告しましょう。報告後は会社の指示に従いながら取引先に入金が遅れている理由をたずね、入金予定日を確認するのが基本的な流れです。その後も入金が確認できない場合は、「督促(とくそく)状」や「内容証明書」を送付して入金を促したり、少額訴訟へと進んだりするケースもありますが、売掛金には時効がある点にも注意が必要です。

豆知識　売掛金の時効　以前は建築工事など請負代金は3年、製造業・卸業・小売業の売掛金は2年、運送料・宿泊代・飲食代は1年など、売掛金の回収時効は職種で異なっていた。これが、2017 →

予定通りに入金がない場合の対処法

督促状送付

　督促状は、いわば「2度目、3度目の請求書」のようなものと考えましょう。

　「○年△日×日付にてご請求申し上げました○○万円（○×業務の代行費用）につきまして、本日に至ってもご送金いただいておりません。つきましては、×年△月○日までにお支払いをお願いいたしたいと存じます。なお、本状と行き違いにご送金いただいておりました折には、悪しからずご容赦お願いいたします。」などと丁寧な文面で督促します。しかし、それでも支払いがない場合は厳しい文面で支払いを促します。

内容証明郵便

　普通郵便ではなく、内容証明郵便で送付する催告書です。

　「○年△月×日までに返済がない場合には、法的手段等による解決を図ります」といった厳しい文面にするのが基本です。郵便局が証明してくれるもので、法的手段に訴える前の段階では、これが最終勧告となります。

法的手段や少額訴訟

　簡易裁判所へ調停手続きを申し立てるか、調停が成立しない場合は訴訟になります。その際は、売掛金の消滅時効（5年）に注意が必要です。なお、未回収金額が60万円以下であれば、裁判所で1日で結審する少額訴訟制度も検討しましょう。

Advice　ファクタリング会社

　掛による売上代金を買い取って、その回収を実行する企業を「ファクタリング会社」といいます。ただし、債権を買い取るファクタリング会社自身が貸倒れリスクを負うことになるため、譲渡するための手数料（割引料に相当する金利相当分）は電子手形の場合よりも高くなるのが一般的です。電子手形の譲渡の場合は、支払義務者（保証人）はあくまで譲渡する企業であり、その点が異なります。いずれにしても、相手先の倒産で売掛金の回収が困難な場合は、顧問弁護士に商品の引き上げなどの対応を依頼することになります。

→ 年の法律改正で「権利を行使できると知ったときから5年」に統一された（2020年4月1日施行）。

請求書や領収書の発行と保存
電子データでの保存に切り替える

ココが ポイント
- 請求書や領収書は最低でも7年間保存する
- 「未処理」と「処理済み」に分ける

●請求書や領収書は帳簿類とともに保存

212ページで示すように、今後は請求書や領収書を電子データとして保存することになります。ただし、「商品や製品の売買」「サービスの提供・利用」など、会社対会社の商的なやり取りは、「見積り→注文→納品→検収→請求書の発行→代金支払い（掛売りも含む）→領収書の発行」の流れで進むことに変わりはありません。経理部門には、これらに関する書類が関係部門から集まってきます。また、会社によっては、経理部門が直接、見積書の作成から請求書や領収書の発行まで手がける場合もあります。

これら見積書、注文書、納品書、請求書、領収書などを「証憑」といい、帳簿類と同じように保存が義務づけられています。保存期間は税法では原則7年ですが、会社法では10年と定められているものもあります。電子データ保存についても同様です。

●取引先別、日付別など分類を工夫

請求書や領収書などのデータは、保存に先がけて「未処理」と「処理済み」に区別することが必要です。

たとえば、請求書は自社で発行する場合もあれば、相手先企業から送られてくるものもあります。まずはそれらを適切に分類するようにしましょう。相手からの入金が済むまでは「未入金」、支払いが終わるまでは「未払金」として、それぞれのファイルにまとめるなどして、後日、入金や支払いが終了したら、処理済み書類に分類するのも一つの方法です。

最適な分類方法は、会社や業種などによって異なります。「取引先別」「日付別」「月別」など、自社に最適な方法を見つけ出すことも、業務の円滑化につながります。

Keyword ｜ 会社法　会社の設立、組織、運営などを定めた法律。基本的にはすべての会社がこの会社法にしたがって決算書を作成している。そのほか、会社を規制する法律→

「商品・製品の売買」「サービスの提供・利用」のやり取り

「商品や製品の売買」「サービスの提供・利用」など、一般的な会社対会社の商的なやり取りは、以下のような流れになります。このような納品から代金受領までに時間がおかれる取引を掛取引といいます（買掛金と売掛金については、188ページ下部の「Keyword」も参照）。

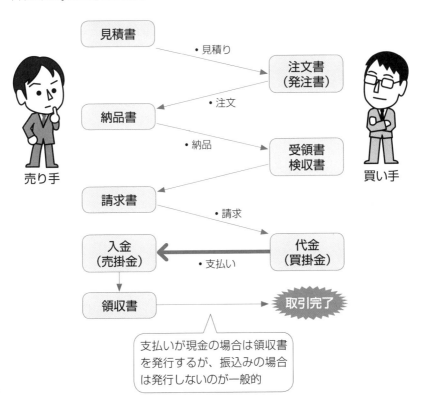

売り手 ← → 買い手

見積書 ・見積り 注文書（発注書）

納品書 ・注文

・納品 受領書 検収書

請求書 ・請求

入金（売掛金） ・支払い 代金（買掛金）

領収書 → 取引完了

支払いが現金の場合は領収書を発行するが、振込みの場合は発行しないのが一般的

Advice 　領収書がない場合の対応

　会社として、取引先の祝いごとや不幸などの際に祝金や香典を包んでも、領収書を受け取れないといったケースがあります。そのような場合は、招待状や会葬御礼などに金額を手書きで書いて保存しておきましょう。

　また、営業担当者などの交通費は、交通乗車カードを利用すれば明細が記録されますが、そうでない場合は、交通機関、経路、金額を記録した「交通精算書」を迅速に提出してもらうのが鉄則です。なお、出張費なども同様です。

→ として、法人税法や金融商品取引法（旧証券取引法）などがある。

支払いの実行
請求書の約束ごとを正確に覚える

**ココが
ポイント**
- 買掛金の管理は経理の重要業務
- 会社の信用構築も経理部門の役割と心得る

●経理部門は会社の信用を高める役割も担う

　会社の対外的な信用は、約束通りの支払いを積み重ねることで高まってくるものです。経理部門は、そうした「信用の構築にかかわる業務を担当している」という自覚を持って業務を行うことが必要です。

●請求書を受け取ったら内容と金額を確認

　販売用商品の仕入や原材料の購入などをする相手先の企業からは、見積書や納品書などの書類を受け取ります。そのなかでも、請求書の取り扱いには特に細心の注意が必要です。

　請求書を受け取った場合は、すぐに内容や金額を確認して、支払いの算段をつけておくことが必要です。初回の取引などをのぞけば、現金ではなく掛取引が一般的です。掛による購入金額を「買掛金」といいます。買掛金とはまだ支払っていないが支払義務があるお金のことをいいます。掛取引で支払い期日を忘れたり、支払い漏れがあったり、支払先を間違ったりするのは、取引先からの信用を失うことになるため、絶対に避けなければなりません。

●締日や支払日などを取り決める

　仕入先や販売先といった関係性などにかかわらず、取引先企業とは請求の「締日」や「支払日」、現金払いなのか、銀行振込なのか、小切手や手形の発行なのかといった「支払手段」を事前に取り決めて、取引を行うことが基本です。ただし、当初の取り決めが途中で変更になる場合もあります。経理部門は締日や支払日、支払い手段をしっかり把握しておきます。そして、実際に請求書を受け取ったり、支払いを完了したりするたびに、伝票や帳簿へ適切に記入（入力）するようにしましょう。

Keyword｜買掛金と売掛金　掛取引による商品やサービスを購入した場合に代金を支払う債務のことを買掛金という。一方、掛取引によって販売した場合に代金を受領する→

支払先リストと支払日

支払い期日を忘れたり、支払い漏れがあったり、支払先を間違ったりするのは、取引先からの信用を失うことになります。そのような事態に陥らないように、支払先と支払金額、支払日はリスト化し、支払いを行った後は必ずチェックをするようにしましょう。

支払先リストと支払日の例

支払日	支払先	支払金額	支払い方法	備考	チェック
2024.5.25	ABC商事（株）	475,200	でんさい		
2024.5.25	DEF工業（株）	162,000	でんさい	3月分	
2024.5.31	GHI運輸（株）	108,000	振込		
2024.5.31	（株）JKL貨物	216,000	振込	手数料弊社負担	
2024.5.31	MNO商会（株）	86,400	振込		
2024.5.31	PQR建設（株）	540,000	振込		
2024.6.23	DEF工業（株）	129,600	でんさい	4月分	
2024.6.30	GHI運輸（株）	97,200	振込		
2024.6.30	（株）JKL貨物	183,600	振込	手数料弊社負担	
2024.6.30	MNO商会（株）	54,000	振込		
2024.6.30	PQR建設（株）	324,000	振込		

支払手段を事前に取り決めておく

どちらが手数料を負担するのかも事前に確認しておく

Advice　締日と支払日のパターン

締日と支払日の設定は、原則として会社の自由です。ただし、取引先との契約で締日や支払日を決めたら、それを守らなければなりません。また、締日や支払日は現金残高に影響するため、いつのタイミングで締めて支払えば会社にとって都合がよいかをよく考えて設定する必要があります。

→権利（債権）を売掛金という。それぞれ買掛金元帳や売掛金元帳に整理していく。

税務署への届出①
税制面で有利な青色申告を選択する

ココが ポイント
- 「法人設立届出書」を会社設立後、2カ月以内に提出
- 会社に特典がある青色申告の手続きは忘れずに行う

●会社設立後に必要な税務署での手続き

　株式会社などの法人を設立する場合には、法務局で会社の設立登記を行います（これを「商業登記」という）。ほかにも、税務署や労働基準監督署、ハローワーク、年金事務所、都道府県税事務所、市区町村といった関係機関で各種手続きを進めることが必要ですが、許認可が必要な事業の場合にはさらに監督官公庁への許可申請をすることになります。また、会社をスタートさせるには、資金の調達も欠かせません。そのためには、銀行などの金融機関で法人としての口座を開設することも必要です。

　そうした様々な手続きを進めながら、所轄の税務署には、設立の日以後2カ月以内に「法人設立届出書」を提出します。法人設立届出書には、「定款などの写し」「設立の登記事項証明書」「株主等の名簿の写し」「設立趣意書」「設立時の貸借対照表」の添付が必要です。

●青色申告関係の手続きも済ませる

　税務署には「青色申告の承認申請書」を提出し、承認を受けることになります。会社にかかる法人税・所得税の申告は、「白色申告」か「青色申告」かの二者択一ですが、通常は青色申告を選択します。青色申告とは、所定の帳簿や書類を作成し備えている納税者に対して、税制上の様々な特典を与える制度です。青色申告の承認を受けるには「複式簿記」の採用など一定水準の記帳と、原則7年間の帳簿および書類の保存などが求められますが、白色申告よりも税制面で有利な取り扱いが受けられます。

　青色申告の適用を受けるためには、会社設立後3カ月以内もしくは最初の事業年度末のどちらか早いほうの前日までに、税務署へ「青色申告の承認申請書」を提出します。承認されれば事業初年度から青色申告が可能になります。

Keyword ┃ **白色申告**　法人税・所得税の申告で青色申告以外の方法。青色申告のように特典はないが、複雑な帳簿作業は省略できるメリットがある。

青色申告の承認申請書のサンプル

以下は、青色申告の承認申請書のサンプルです。青色申告には「欠損金（税務上の赤字）を10年間繰り越せる」「欠損金が出た事業年度の前事業年度に納付した法人税の還付請求が可能」「中小企業の場合、取得価額が30万円未満の資産を費用とすることが可能」などのメリットがあります。

税務署受付印

| | 1 | 0 | 9 | 0 |

所得税の青色申告承認申請書

_____ 税務署長

____年____月____日提出

納　税　地	○住所地・○居所地・○事業所等（該当するものを選択してください。） （〒　　－　　　） （TEL　　－　　－　　　）
上記以外の 住　所　地・ 事　業　所　等	納税地以外に住所地・事業所等がある場合は記載します。 （〒　　－　　　） （TEL　　－　　－　　　）
フリガナ 氏　名		生年月日	○大正 ○昭和 ○平成 ○令和　　年　月　日生
職　業		フリガナ 屋　号	

令和____年分以後の所得税の申告は、青色申告書によりたいので申請します。

1　事業所又は所得の基因となる資産の名称及びその所在地（事業所又は資産の異なるごとに記載します。）

名称_____　　所在地_____

名称_____　　所在地_____

2　所得の種類（該当する事項を選択してください。）

○事業所得　　・○不動産所得　　・○山林所得

3　いままでに青色申告承認の取消しを受けたこと又は取りやめをしたことの有無

(1)　○有（○取消し・○取りやめ）　　____年____月____日　　　(2)　○無

4　本年1月16日以後新たに業務を開始した場合、その開始した年月日　　　____年____月____日

5　相続による事業承継の有無

(1)　○有　相続開始年月日　　____年____月____日　　被相続人の氏名_____　　　(2)　○無

6　その他参考事項

(1)　簿記方式（青色申告のための簿記の方法のうち、該当するものを選択してください。）

　　　○複式簿記・○簡易簿記・○その他（　　　　　　　　　　　）

(2)　備付帳簿名（青色申告のため備付ける帳簿名を選択してください。）

　　　○現金出納帳・○売掛帳・○買掛帳・○経費帳・○固定資産台帳・○預金出納帳・○手形記入帳
　　　○債権債務記入帳・○総勘定元帳・○仕訳帳・○入金伝票・○出金伝票・○振替伝票・○現金式簡易帳簿・○その他

(3)　その他

関与税理士 （TEL　　－　　－　　　）	税務署整理欄	整理番号		関係部門連絡	A	B	C
		0					
		通信日付印の年月日	確認				
		年　　月　　日					

締切 （法定調書）支払年の翌年1月31日

税務署への届出②
税務署に提出する資料を適切に処理する

> **ココが ポイント**
> ● 源泉徴収税の納付が年2回で済む特例申請がある
> ● 法定調書は支払年の翌年1月末までに提出する

●源泉所得税の納期特例とは？

　会社の設立の際に所轄の税務署に提出する書類は、190ページで解説した「法人設立届出書」や「青色申告の承認申請書」だけではありません。

　「法人設立届出書」は法人設立後2カ月以内に提出ですが、給与を支払う事務所開設後1カ月以内に提出しなければならないのが「給与支払事務所等の開設・移転・廃止届出書」です。届出書は、所定の用紙に開設日や給与支払事務所の名称や所在地、責任者の氏名などを記載して提出します（「開設・移転・廃止届出書」となっているように、移転や廃止の際も書類を提出します）。

　従業員の給与から天引きする源泉所得税は、原則として徴収した日の翌月10日が納付期限となっています。ただし、給与の支払人員が常時10人未満の場合は、年2回にまとめて納付することができる特例があります（1月〜6月の源泉所得税は7月10日までに、7月〜12月の源泉所得税は翌年1月20日までに納付）。

　この特例を受けるために提出するのが「源泉所得税の納期の特例の承認に関する申請書」です。提出期限はありませんが、基本的に提出した日の翌月に支払う給与等から適用されます。

●法定調書とは？

　「所得税法」などにもとづき、税務署への提出が義務づけられている資料を「法定調書」といいます。主な法定調書としては、「給与所得の源泉徴収票」「報酬、料金、契約金及び賞金の支払調書」「退職所得の源泉徴収票」「不動産の使用料等の支払調書」などですが、これらは税務署が申告を確認して適正な課税をすることを目的にした書類であるといえます。法定調書は、原則として支払年の翌年1月31日までに税務署に提出します。

Keyword 退職所得の源泉徴収票　死亡につき退職金を支給した場合は、相続税法の規定による「退職手当金等受給者別支払調書」を提出することになるため、退職所得の →

税務署への提出書類

税務署への主な提出書類は以下の通りです。提出期限が書類によって異なる点に注意が必要です。

届出書・申請書	内容	提出期限
給与支払事務所等の開設届出書	給与を支払う事務所を開設した場合	開設から1カ月以内
異動届出書	社名変更や移転、代表者の変更時など	速やかに
源泉所得税の納期の特例の承認に関する申請書	従業員が10人以内の場合、源泉所得税の納付を年2回にする特例	適宜
棚卸資産の評価方法の届出書	在庫の評価方法を「最終仕入原価法」以外にする場合	設立第1期（設立後、最初の）の確定申告時
減価償却資産の償却方法の届出書	会社設立時に「定率法」以外の償却方法を選択する場合	設立第1期（設立後、最初の）の確定申告時
	選定している減価償却の方法を変更	新たな償却方法を採用する事業年度開始日の前日
消費税課税事業者選択届出書	消費税の課税事業者になる	課税事業者の適用を受けようとする課税期間の初日の前日
消費税簡易課税制度選択届出書	簡易課税制度を選択する場合	適用を受けようとする課税期間の初日の前日
法人設立届出書	法人を設立した場合	会社設立の日から2カ月以内
青色申告の承認申請書	青色申告を選択する場合	会社設立後3カ月以内か最初の事業年度末のどちらか早いほうの前日まで

Advice 給与支払報告書の提出

　法定調書の提出義務者は、「給与支払報告書」や退職金支給にともなう「特別徴収票」をそれぞれ所定の市区町村に提出しなければなりません。「給与支払報告書」を市区町村へ提出する場合には、「給与支払報告書（総括表）」を添えて提出します。

→源泉徴収票の提出は不要である。

給与計算
給与手取額の算定手順を確認する

ココがポイント
- 基本給に残業代などをプラスして総支給額を確定する
- 総支給額から控除額を計算し手取額を確定する

●締日と支払日を意識する

　毎月の給与の計算と支給は、会社で決めた締日（しめび）と支給日に合わせて間違いのないように行います。そのため、経理部門の担当者は、締日と支払日をセットで考えて業務を調整しましょう。給与の支払いが遅延しないよう、締日から支給日までの間に、確実にその月の給与計算を終わらせ、振込みの場合には、銀行への振込手続きなども完了させなければなりません。

　給与はほとんどの場合、金融機関への振込みになります。従業員には、賃金の「振込口座届出書」の提出を求め、管理するのがよいでしょう。

　給与計算の一般的な手順は以下の通りです。

総支給額の計算	固定的な支給額（基本給や交通費）と変動的な支給額（残業代など）を合計して、総支給額を計算する。
法定控除金額の計算	所得税や住民税、健康保険料、介護保険料、厚生年金保険料、雇用保険料を合計して、法定控除金額を計算する。
その他の控除金額の計算	レジャー費用や組合費、財形貯蓄、食費負担分など労使協定控除項目について計算する。
差引支給額の計算	総支給額から控除額を差し引き、手取額を計算する。
給与の支払い	給与明細を作成（メールで通知する会社も増えている）し、振込みで支給の場合には、銀行への振込手続きを行う。
記入業務	「源泉徴収簿」「給与台帳」に記入する。

Keyword　労使協定控除項目　税金や公的保険料などの法定控除項目を除いて、給料から差し引くこと（天引き）ができないが、労使協定を結べば、労使協定控除項目として可能になる。

給与振込口座届出書のサンプル

口座振込同意書

年　　月　　日

株式会社
総務部長　　　　　　　殿

_____　印

　　　年　　月分（　　月　　日支給）以降の賃金の支払について、会社が口座振込を
行うことに同意し、口座振込みの取扱いは以下のとおりとするよう申し出ます。

１．口座払いを希望する賃金の範囲及びその金額

定期賃金	全額　／　　　　　　　　円を除く金額
賞与	全額　／　　　　　　　　円を除く金額
退職金	

> 従業員に記入してもらう際は、銀行名や口座番号などに間違いがないよう、注意を促しましょう。

２．指定金融機関店舗名並びに預金の種類及び口座番号

銀行名 （銀行番号）	（　　　　　）	銀行	支店名 （支店番号）	（　　　　　）	支店
預金種類	普通預金　・　当座預金				
口座番号					
口座名義 （カタカナ）					

《注1》郵便局への振込は不可
《注2》口座は従業員本人のものに限る
《注3》内容に変更があるときは速やかに届け出ること

> 「給与の口座振込に関する協定書」を結び、従業員の同意を得る必要があります。

以上

Advice　各種手当の縮小も課題に

　基本給は賞与や退職金算定のベースになります。ただし、近年では一律に「基本給×〇カ月分」といった支給ではなく、従業員各人の成果を賞与に反映させる企業も増えています。実際、賞与の支給などは、会社の利益に応じて、各自の成果ごとに配分する「利益・成果配分型」に移行している企業も多いようです。

頻度 月に1回　締切 翌月10日

所得税の納付
給与・賞与から天引きして支払う

ココがポイント

- 原則は「翌月10日まで」に税務署に納付する
- 従業員10人未満は、特例で「年2回」の納付

●所得税の源泉徴収の手順

　所得税の納付は、所得を得た人が所得金額を申告して納付（申告納税）を行います。ただし、会社に勤める人の場合には、会社が給与を支払うときに所得税をあらかじめ給与から天引きして徴収し、従業員に代わって税務署に納付します（この所得税を「源泉所得税」という。また、2013年より、東日本大震災からの復興に必要な財源を確保する目的で創設された「復興特別所得税」も合わせて徴収する）。この制度を「源泉徴収」といい、会社は「源泉徴収義務者」とされます。

●扶養親族の数で徴収額が変わる

　源泉徴収額は、給与が同じ金額でも、扶養親族の人数によって税額が変わります。そのため、扶養親族がいる従業員には、「給与所得者の扶養控除等（異動）申告書」を提出してもらいます。源泉徴収した所得税は、徴収した翌月10日までに、銀行などで納付書を添えて納付します。

　源泉徴収する所得税は以下の手順で求めます。なお、保険料の計算の基礎となる「標準報酬月額」の場合とは異なり、総支給額に通勤費は含めません。

① 総支給額から通勤費（最高月額10万円）を差し引く。
② 課税対象金額（社会保険料と雇用保険料を①から差し引く）を求める。
③ 課税対象額を「給与所得の源泉徴収税額表」に当てはめ、税額を求める（261ページ）。

　給与の支払いを受ける従業員が10人未満の場合は、事前に税務署に届け出れば、1～6月分を7月10日、7～12月分を翌年1月20日まで納付すればよいという「納期の特例」が受けられます（192ページ参照）。

Keyword | 源泉徴収義務者　会社は従業員の毎月の給与から所得税と復興特別所得税を差し引き、原則として、支払った月の翌月の10日までに国に納付しなければならない。

扶養控除と配偶者控除

▶ **扶養控除** ‥‥‥‥‥‥‥‥‥‥‥‥‥‥‥‥‥‥‥‥‥‥‥‥‥‥‥‥‥‥‥

　子どもや父母などの扶養家族であっても、年齢や同居・別居などによって控除額は異なります。従業員の年収や配偶者の年収にもよりますが、従業員が結婚した場合、所得税の計算で、配偶者控除として最大で所得から38万円差し引くことになります。大学生の子ども（19歳以上23歳未満）がいる場合は、控除額は63万円になります。

　実際には従業員の年収（給与額面）から給与所得控除を差し引いて給与所得を求め、さらに扶養控除額の合計を差し引き、そこから税額を算出します。

● 扶養控除額

扶養親族の要件	所得税の控除額	住民税の控除額
16 歳未満	対象外	対象外
19 歳以上～ 23 歳未満	63 万円	45 万円
老人扶養（70 歳以上）	48 万円	38 万円
老人扶養で同居	58 万円	45 万円
その他	38 万円	33 万円

▶ **配偶者控除** ‥‥‥‥‥‥‥‥‥‥‥‥‥‥‥‥‥‥‥‥‥‥‥‥‥‥‥‥‥‥

　2017年の税制改正によって、2018年からの配偶者控除及び配偶者特別控除について、大幅な改正がありました。それは、本人の給与の金額と配偶者の給与の金額の状況により、その控除額が変動するというものです。

　本人の給与収入が年額1095万円（合計所得900万円）以下で、配偶者の給与が150万円以下の方の控除額は、いままで通り38万円（老人控除対象配偶者48万円）となります。本人の給与収入が1195万円超の場合は、配偶者控除は受けられません。

● 年収130万円の壁

　上記のように、本人の給与が1095万円以下で配偶者の給与が150万円以下であれば、所得税においては38万円控除ができます。ただし、配偶者の給与が130万円以上になると健康保険の被扶養者に該当せず、社会保険料の負担が発生します。つまり、130万以上150万円未満の給与で配偶者特別控除38万円の適用ができたとしても、社会保険に加入しなければならず、給与が増えた分がそのまま世帯収入の増加になるわけではありません。

　ただし、2023年10月から、政府の「年収の壁」対策によって、130万円以上でも社会保険上の扶養者のままでいられるケースもあります。

→ この義務を負う者を、源泉徴収義務者という。

賞与の支給
賞与から税金と社会保険料を徴収する

ココがポイント
- 賞与からも所得税や社会保険料を徴収する
- 賞与からの住民税の天引きはない

●賞与の支給にともなう保険料や税金

　会社が従業員に支払う賞与は、給与と同様、「給与所得」にあたります。そのため、会社は賞与からも所得税相当額を源泉徴収で天引きし、従業員に代わって税務署に納付することになります。

　また、賞与も給与と同じように、健康保険や介護保険、厚生年金保険の保険料を徴収します。徴収した保険料は、会社負担分と合わせて税務署に納付します。なお、賞与そのものから住民税相当額の天引きはしません。ただし、翌年度の毎月の給与から、賞与を含む所得に見合う住民税が徴収されます。

●手順にそって納付する

　税や社会保険料の納付手順は以下の通りです。右ページの所得税や社会保険料の計算と合わせて覚えるようにしましょう。

①健康・介護保険料、厚生年金保険料を計算し納付

　賞与支給日より5日以内に「健康保険・厚生年金保険被保険者賞与支払届」を年金事務所に提出すると、賞与にかかる保険料の通知（「納入告知額通知書」）が賞与支払月の翌月に届くので、月末までに納付する。

②労働保険の計算

　従業員も負担する雇用保険料を徴収する。

③所得税の計算

　賞与支給額から①と②を差し引き、その金額に税率をかけて所得税を計算する。

④納付

　源泉徴収した所得税は納付書（所得税徴収高計算書）を添えて、支払月の翌月10日までに納付する（従業員が10人未満の場合の特例は200ページを参照）。

Keyword　賞与　年3回以下の支給のものをいい、年4回以上支給される賞与は給与とみなされ、保険料算定では、標準報酬月額の対象となる。

賞与にかかる所得税と保険料の計算式

▶所得税

「所得税の源泉徴収額＝賞与から社会保険料等を差し引いた金額×税率」

　前月の給与から社会保険料等を差し引いた金額と扶養親族等の数を「賞与に対する源泉徴収税額の算出の表」に当てはめて税率（賞与の金額に乗ずべき率）を求めます。

例

賞与額50万円（30歳、前月の給与30万円、扶養家族・介護保険なし）の場合の所得税

> 会社と従業員で折半

健康保険料	50万円×9.98%×1/2	24,950円
厚生年金保険料	50万円×18.300%×1/2	45,750円
雇用保険料	50万円×6/1000	3,000円
	社会保険料の合計	73,700円 …①

（前月の給与）30万円－（社会保険料）44,220円※＝255,780円　…②
※（健康保険料）14,970円＋（厚生年金保険料）27,450円＋（雇用保険料）1,800円
＝（社会保険料の合計）44,220円

②の255,780円から、賞与の源泉徴収額の算出率を求めると6.126%　…③
※賞与の源泉徴収額は、国税庁のウェブサイトより「2024年分　源泉徴収税額表」で確認してください。

所得税の源泉徴収額を求める式に当てはめると、
（賞与）500,000円－（社会保険料）73,700円＝（賞与の課税対象額）426,300円　…④
④③の税率を乗じて計算すると、426,300円×6.126%＝（所得税）26,115円となる（小数点以下切り捨て）。
（雇用保険料は2023年4月以降適用）

▶社会保険料

　社会保険料の求め方は以下の通りです。

- 健康保険料＝標準賞与額×11.58%（40〜64歳。40歳未満は9.98%）※
  ※東京都の協会けんぽの例（2024年度）。標準賞与額の上限は573万円（年間累計）
- 厚生年金保険料＝標準賞与額×18.300%
- 雇用保険料（一般の事業）＝賞与金額×6/1000
- 雇用保険料（農林水産、建設の事業など）＝賞与金額×7/1000

住民税の納付
従業員の給与から天引きして支払う

ココが ポイント
- 原則的に6月から翌年5月までを分割して納付
- 「給与支払報告書」を従業員の住所地の市区町村に提出

●給与から天引きして住民税を納付

　個人に課せられる住民税を納める方法は2通りあります。一つは納税者が直接、市区町村へ税金を納める方法です。これを「普通徴収」と呼びます。もう一つは、会社が従業員の給与から天引きして、従業員に代わって納税する方法です。これを「特別徴収」といい、会社は原則として特別徴収を選択することになっています。

　なお、個人の住民税は市町村民税と都道府県民税からなっていますが、納付先は従業員の1月1日現在の住所地市区町村です。

●天引きした住民税を翌月10日までに納付

　新たな税額の住民税は、6月から翌年の5月までの12カ月分を分割し、毎月の給与から天引きして翌月10日までに納付します。給与を支給する人が常時10人未満の場合、「市・県民税特別徴収税額の納期の特例に関する申請書」を提出し、承認を受けた場合には、特別徴収税額のうち、6月分から11月分までを12月10日まで、12月分から翌年5月分までを翌年6月10日までの年2回に分けて納付することができます。

●「給与支払報告書」を提出して納税額を決定

　会社は従業員の前年の所得を記載した「給与支払報告書」を作成し、従業員の1月1日現在の住所地市区町村宛てで、1月31日までに提出します。そうすると市区町村から会社へ、毎年5月31日までに「特別徴収税額通知書」などが送付されてきます。年税額と月割額が記載されているので、6月の給料から特別徴収（給与天引き）を開始します。

Keyword │ 特別徴収　地方税法では、「所得税の源泉徴収義務者は特別徴収義務者として、従業員について、個人住民税を特別徴収する必要がある」と定めている（地方税法第321条の4）。

住民税の特別徴収の流れ

住民税の特別徴収の流れは以下の通りです。

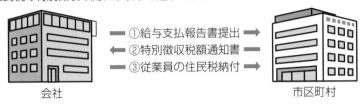

①給与支払報告書提出 ➡
⬅ ②特別徴収税額通知書
③従業員の住民税納付 ➡

会社　　　　　　　　　　　市区町村

①給与支払報告書提出

　従業員の前年所得を「給与支払報告書」として1月31日までに提出。提出先は従業員の1月1日現在の住所地市区町村になる。

⬇

②特別徴収税額通知書

　「給与支払報告書」を提出した市区町村から、5月31日までに「特別徴収税額通知書」などが届く。

⬇

③従業員の住民税納付

　「特別徴収税額通知書」に従い、新たな税額を6月の給与から天引きし7月10日までに納付。以後、基本的に毎月納付する。

従業員が退職した場合の手続き

　従業員が退職した場合は、当該市区町村に「給与支払報告・特別徴収に係る給与所得者異動届出書」を提出します。ただし、住民税の処理は、退職した時期によって異なります。1～4月、5月、6～12月の区分に従い、それぞれ以下の手順を参考にしてください。

- 1月1日～4月30日に退職
　特別徴収は、1年分の住民税を6月から翌年の5月までの期間で徴収するため、給与や退職金から、退職日から5月までの住民税を天引きして会社が納付する。
- 5月1日～5月31日に退職
　特別徴収で納付する。
- 6月1日～12月31日に退職
　特別徴収ができなくなった残りの税額は、退職従業員が個人で直接、納付する。ただし、退職者の了承を得て、給与や退職金から一括徴収することもできる。

※2024年度分の個人住民税負担については、納税者と控除対象配偶者・扶養親族につきそれぞれ1万円の定額減税が実施されます。

年末調整①
給与から源泉徴収した所得税を精算する

ココが ポイント
- ●年間の所得税を確定し、月々の合計天引き額と精算する
- ●本来は個人が行うべき確定申告を会社が代行する

●「所得税」と「住民税」の違い

　従業員の毎月の給与から天引きしている所得税は、仮の金額にもとづくものです。源泉徴収額税額表の月額表に当てはめて、月々の給与から所得税を天引きしますが、1月1日から12月31日までの1年間にすると、所得税額に誤差が出てくるものです。誤差の要因として、扶養家族の増減や給与・賞与のアップダウン、保険料の変動などが挙げられますが、たとえるなら、「とりあえず、月々の給与から所得税を納付してもらって、年末に帳尻を合わせましょう」といった考え方をするのが所得税の源泉徴収です。

　一方、住民税の場合は、仮の金額にもとづくものではありません。これは、所得税がその年の収入にかかるのに対し、住民税は前年の確定した所得から税額を算出するためです。住民税の算定方法は、「月々の天引き額×12カ月」となります。

●年末調整は天引きの精算業務

　仮の金額にもとづいて算出している所得税は、1年の締めくくりに、正確な金額にしなければなりません。それが「年末調整」です。文字通り、年末の12月に行います。12月になれば、従業員への給与等支払額が確定するため、それをもとに会社が従業員の給与や賞与から源泉徴収した所得税と、本来納付すべき所得税を精算します。

　源泉徴収額が本来の所得税より多い場合は、差額を従業員に返還（還付）します。逆に、源泉徴収額が本来の所得税より少ない場合は、従業員から差額を徴収することになります。年末調整は所得税として天引きした金額の精算業務であり、「本来は個人が行うべき確定申告を、会社が代行する」と考えましょう。

Keyword 確定申告　1月1日から12月31日までの1年間の所得などについて、自ら税務署に申告納税すること。基本的に毎年2月16日から3月15日が申告期間。

年末調整作業の基本

「給与所得控除の引き下げ」や「基礎控除の引き上げ」などの税制改正にともない、2020年からは**年収850万円を超えると**「**所得税の増税**」になりました。一方で、介護や子育て世代の負担を軽減するために、新しく「**所得金額調整控除**」という控除が創設されました。こうした税制改正があると、年末調整業務の負担は増します。

• 変更点に注意が必要

年末調整業務の変更点は、「**基礎控除申告書**」「**配偶者控除等申告書**」「**所得金額調整控除申告書**」が1枚の書類にまとまったことです。年末調整業務を担当する部署は、今後も変更点の確認を進めるなど対策を求められます。

ただし、年末調整も電子化されています。これまでは従業員が手書きで作成したものを会社の担当者がチェックして作成していました。現在では国税庁の「年調ソフト」を使用することで、担当者の負担は軽減されるようになりました。

▶年末調整を受けても確定申告が必要な人（すべき人）
- 家族分を含めた年間の医療費が10万円、もしくは合計所得金額の5％を超えた人は、確定申告をすることで所得税の還付を受けられる。
- 所得税や、場合によっては住民税から一定額を10年間控除できる「住宅ローン控除」の利用者は、適用初年度にかぎって、年末調整とは別に確定申告が必要。

▶年末調整を受けられない人
- 給与の年間収入金額が2000万円を超える人。
- 「給与所得者の扶養控除等（異動）申告書」を提出していない人。
- 年度途中で退職した人。

※2024年の所得税については、納税者と控除対象配偶者・扶養親族につきそれぞれ3万円の定額減税が実施されます。6月の源泉徴収分から順次控除し、年末調整で精算します。

頻度　年に1回　　締切　1月31日

年末調整②
源泉徴収票と給与支払報告書を作成する

**ココが
ポイント**

● 「源泉徴収票」は本人に、必要があれば税務署に提出する
● 「給与支払報告書」は市区町村に提出する

● 「源泉徴収票」と「給与支払報告書」の提出先

　年末調整では、源泉徴収票と給与支払報告書を作成します。源泉徴収票は本人に渡すほか、以下に該当する人については税務署にも提出する必要があります。税務署への提出期限は1月31日です。一方、給与支払報告書は、従業員の1月1日現在の市区町村に2枚ずつ、1月31日までに提出します。

税務署に源泉徴収票の提出が必要な人

- 年末調整をした人で給与等が500万円を超えた人（役員は150万円）
- 退職者で、給与等が250万円を超えた人
- 給与等が2000万円超のため、確定申告をする人

● 源泉徴収票のサンプル

支払金額から給与所得控除額を控除した金額（給与所得の金額）が記載される

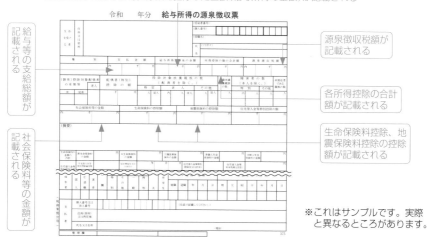

※これはサンプルです。実際と異なるところがあります。

豆知識　給与等2000万円超　その年の給与などの年間収入金額が2000万円を超える場合には、年末調整はせず、本人が確定申告をする。

給与支払報告書のサンプル

令和××年度(令和△△年分)給与支払報告書(総括表) 1月31日までに提出してください。

追加 訂正	令和5年　月　日提出 (宛先)　　　　　長 殿	指定番号	

給与の 支払期間	年　月分から　　月分まで		
給与支払者の個人 番号又は法人番号		事業種目	
フリガナ			
給与支払者の 氏名又は名 称		受給者総人員	人
所得税の源泉徴収 をしている事務所又 は事業の名称		特別徴収対象者	人
フリガナ		普通徴収対象者 (退職者)	人
同上の所在地	〒	普通徴収対象者 (退職者を除く)	人
		報告人員の合計	人
給与支払者が法人 である場合の 代表者の氏名			
連絡者の氏名、 所属課、係名 及び電話番号	課　　　　　係 氏　名 （電話　　　　　　）	所　轄 税務署名	税務署
		給与の支 払い方法 及びその 期日	
関与税理士等 の氏名及び 電話番号	氏　名 （電話　　　　　）	納入書の 送　付	必要・不要

年末調整の計算手順

年末調整の計算の手順は以下の通りです。

① 1月1日～12月31日の給与と賞与などの合計額を集計する。

② 合計額から給与所得金額を求める。

③ 給与所得金額から社会保険料の合計額(1月1日～12月31日)と扶養控除額を差し引き、課税される所得金額を求める。

④ 課税される所得金額に税率をかけて所得税を算出する。

⑤ 住宅ローン減税などがあれば、算出した所得税から減額(控除)する。計算して求めた所得税額と毎月天引きした源泉徴収額との差額を計算。差額があれば、還付や徴収をする。

Advice 　社外の個人への報酬等の支払い

社外の個人に対して講演料やデザイン料などの報酬を支払う場合、支給総額から所得税相当額を源泉徴収し、控除した金額を支払うのが原則です。控除額は100万円までなら支給総額の10.21%、100万円を超える部分は20.42%です。

報酬等を支払った社外の個人に対しては、支払年の翌年1月に法定調書を作成・送付します。

会計ソフトの活用①
経理の仕事の効率化を図る

ココが　ポイント

● 入力ミスのないようチェック体制を整える
● 日々の負担を軽減し、スキルアップに努める

● 3つのミスに気をつける

　経理に求められる最も重要な仕事の一つは、会社におけるすべての取引、お金の流れを帳簿に漏れなくまとめることです。そして、それをもとに最終的には決算書を作成します。

　以前は各種伝票を起こしたり、帳簿（ちょうぼ）に記録したりするのは手書きでしたが、現在では会計ソフトを使用するのが主流です。その際のポイントは「仕訳を間違えない」「金額の入力ミスをしない」「入力する箇所（勘定科目）をミスしない」の3つです。

　これら3つのミスを防ぐことができれば、「総勘定元帳（そうかんじょうもとちょう）」や「月次試算表」への集計が正確に、かつ自動的になされます。それらデータを活用すれば、決算時における「試算表（228ページ）」「貸借対照表（たいしゃくたいしょうひょう）（242ページ）」「損益計算書（そんえきけいさんしょ）（244ページ）」が容易に作成できます。また、会計ソフトを使用することで、試算表をベースにする「精算表」における作業を省略することも可能です。

● 会計ソフトで負担を軽減し、スキルアップに努める

　会計ソフトを使えば、仕訳などの経理業務に必須の深い知識がなくても、ある程度の業務をこなせるようになります。ただし、会計ソフトはあくまでもツールです。現金はもちろん、売掛金や買掛金などの管理も含め、経理部門が会社のお金の流れをしっかり把握する役目を担っていることに変わりはありません。

　会計ソフトを使うことで、帳簿作成の負担は大きく軽減することが可能ですが、軽減した分の労力や時間を有効に利用して、スキルアップに努めることも重要です。会社の数字に強くなり、経営に欠かせない指標を読みこなせる人材を目指しましょう。

豆知識　**会社の数字**　経理部門担当者は、経営成績や資産状況など業務で知り得た会社の数字について、正式な要請以外に公言するのは厳禁。たとえば酒席で話題にしたり、インターネット上 →

会計ソフトの活用

▶会計ソフトで自動化 ・・

取引発生
- 売上や仕入、旅費や車両購入費などの支払い。

↓

請求書や領収書、伝票の作成
- 請求書、領収書、見積書、注文書、納品書の作成。
- 入金伝票、出金伝票、振替伝票を起こす。

↓

帳簿の記入
（主要簿）
- 総勘定元帳
- 仕訳帳

（補助簿）
- 現金出納帳、預金出納帳
- 売掛金元帳、買掛金元帳
- 手形記入帳、商品有高帳

↓

決算準備、決算書の作成
- 試算表、精算表
- 貸借対照表、損益計算書

会計ソフトで自動化

▶会計ソフトを使用しない場合 ・・

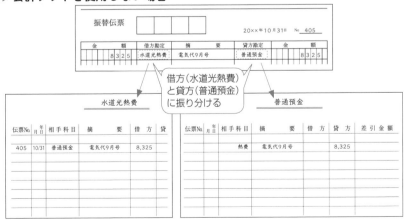

振替伝票					20××年10月31日　No. 405		

金	額	借方勘定	摘　要	貸方勘定	金	額
	8325	水道光熱費	電気代9月号	普通預金		8325

借方（水道光熱費）
と貸方（普通預金）
に振り分ける

水道光熱費

伝票No.	年月日	相手科目	摘　要	借方	貸
405	10/31	普通預金	電気代9月号	8,325	

普通預金

伝票No.	年月日	相手科目	摘　要	借方	貸方	差引金額
			熱費	電気代9月号		8,325	

取引を借方と貸方に分け、勘定科目と金額を記録する

→に書き込んだりすることは許されない。

会計ソフトの活用②
自社に最適のソフトを選択する

  ● 会計ソフトの導入で経理業務効率化を推進
● インストール型かクラウド型に分かれる

● 自社のニーズに合った会計ソフトを選ぶ

　会計ソフトは時代とともに進化しています。近年では、初心者向けのソフトから上級者向けのソフトまで多くの会計ソフトがあります。

　通帳や領収書・請求書などの、自動読み取り機能がついているソフトも増えています。写真やPDFをアップロードするだけで自動的に仕訳が起票されるので、日々の経理業務がラクになります。インターネットバンキングとの連携機能があり、銀行取引が適時に会計ソフトに反映されるものもあります。

　自社のそれぞれのニーズに合った会計ソフトを選ぶことで、日々の経理業務を効率的に行うことができます。

● 会計ソフトは2つに大別される

　会計ソフトは大きく2つのグループに大別されます。

　ひとつはインストール型の会計ソフトです。インストール型は、会計ソフトをインストールすることで使用できるようになります。主に会計事務所や上級者向けにつくられているため、消費税の複雑な処理や専門的な処理についても対応できる点が特長です。ただし、各自のパソコンにインストールするため、テレワークには不向きといえるでしょう。

　もうひとつは、クラウド型の会計ソフトです。インターネット環境があれば、いつでもどこでも作業が可能なためテレワーク等に適しています。主に初心者から中級者をイメージしてつくられています。代表的なソフトは弥生会計・freee・マネーフォワードなどです。

　今後はクラウド型のソフトが主流になることでしょう。自社に合う会計ソフトを導入することが、経理業務効率化のカギです。会計事務所に相談するのもひとつの方法です。

豆知識 会計ソフト導入では、電子帳簿保存法（212ページ）やインボイス制度（252ページ）などを踏まえるのも重要なポイント。

会計ソフトの選び方

　自動読み取り機能がついている会計ソフトでは、写真やPDFのデータをアップロードするだけで、自動的に仕訳が起票されます。このような機能を活かせば、日々の経理業務が大幅に軽減されます。

法人向けソフト	個人事業主向け （青色申告） ソフト
クラウド型会計ソフト （月々費用発生）	パソコンインストール型 会計ソフト （買取型）

資産・予算管理など業務システムへの拡張性やネットワーク対応なども、導入の検討項目になりますが、仕訳から決算書の作成までの基本的な機能について、各社の会計ソフトに大きな違いはないといっていいでしょう。

月別の現預金の増減がわかり、金融機関などへの融資申請に使える「資金繰り表」は不可欠です。

どのソフトにするか迷う場合には、実際にソフトを使って作業するスタッフの意見を聞くのもいいでしょう。顧問税理士事務所と同じ会計システムを導入するのも一案です。

記帳業務の目的
記帳業務の意味を理解する

**ココが
ポイント**
- 記帳業務の最終形は決算書
- 3つの決算書はお互いに連動している

●貸借対照表・損益計算書

　会計システムに入力することが一般的になった記帳業務は、それが何を意味し、最終的に何が目的なのかを理解することが大切です。

　日々の記帳業務の最終形は、「貸借対照表」「損益計算書」という決算書です。貸借対照表とは、決算日における会社の財政状態を示すものです。左側の「資産」と右側の「負債＋純資産」の数字が必ずつりあっていることからバランスシート(Balance sheet)とも呼ばれ、「B/S」と略される場合もあります。

　一方、損益計算書は、会社の利益の状況を示します。これが1年間の利益を示す場合であれば、「年次決算書」と呼ばれます。英語でProfit and Loss Statementと呼ばれることから、「P/L」という略称が用いられることもあります。

　貸借対照表と損益計算書は、「複式簿記(218ページ)」と呼ばれる手法によって同時に作成されます。

●キャッシュフロー計算書

　損益計算書とは別の観点から資金状況を開示し、企業の利益の質を評価するのに役立つ情報を提供するために作成するのが「キャッシュフロー計算書」です。英語ではCash Flow Statementと呼ばれることから、「C/F」という略称が用いられることもあります。

　キャッシュフロー計算書は、お金の流れだけを示すものです。会社の活動を「営業」「投資」「財務」に分け、それぞれの入金と出金を計算。入金が多ければ「入金超」、出金が多ければ「出金超(赤字)」です。たとえば、銀行への返済にともなう出金額が、新しい借入による入金を上回れば、財務活動は赤字として数字の前に「△」をつけます(246ページ)。

豆知識　債務超過　負債が多くなったりして貸借対照表が「資産＝負債＋純資産」とならない状態を指す。2017年3月期の東芝が代表例。経営破綻の危険信号でもある。

会社の経営状態を表す3つの決算書

　3つの決算書は、一つの決算書の数値がよくなれば、ほかの決算書の数値もよくなるといった具合に、それぞれ異なる役割を担いながら、お互いに連動しています。

①貸借対照表

　一定時点における企業の財政状態を明らかにするために作成される計算書。すべての資産・負債・資本の有高が記載されている。

	負　債
資　　産	純 資 産

②損益計算書

　一会計期間におけるすべての収益と、これに対応するすべての費用を記載し、それらの差額として当期純損益を表示する。右側の「収益」から左側の「費用」を差し引くことで利益が求められる。厳密には異なるが、収益は収入、費用は経費とほぼ同義と考えればよい。

費　　用	収　　益
利　　益	

③キャッシュフロー計算書

　企業の一定期間の現金収支を記した計算書。営業活動・投資活動・財務活動という3つによる現金収支として表示される。

営業活動によるキャッシュフロー	入　金
	出　金
投資活動によるキャッシュフロー	入　金
	出　金
財務活動によるキャッシュフロー	入　金
	出　金

Advice　健全な企業のキャッシュフロー計算書

　キャッシュフロー計算書は、「営業」「投資」「財務」とも、基本的に入金と出金を計算しますが、健全な企業の場合、「営業」は「入金超」、「投資」と「財務」は「出金超（赤字）」状態になることが多いものです。これは、本業で稼いでそのお金を投資し、なお余るお金は金融機関への借金返済や、将来への投資に積極的につぎ込んでいる状態といえます。

帳簿などの電子保存①
24年以降は電子取引データの電子化が不可欠に!

**ココが
ポイント**
- 2024年1月、電子取引のデータ保存が義務化
- 領収書の保存はスマホも活用できる

● 電子帳簿保存法の改正

2022年1月1日より、国税関係帳簿書類の保存に関する法律「改正電子帳簿保存法」が施行されました。この改正により、いわゆる「電子取引」に関するデータ保存が義務化されました。「電子取引」とは、取引情報（注文書、契約書、送り状、領収書など）の授受を電磁的方式により行う取引をいいます。

例外的に、税務署長が認める「相当の理由」（人手不足、資金不足など）がある場合は、検索機能がなくても電子取引データの保存が認められます。中小零細企業を対象とした「猶予措置」です。ただし、税務調査に備えて、書面で渡せる状態にしておくことが不可欠です。

● 帳簿書類の電子保存とは

電子保存は、PDFなどで受領した電子データそのものを保存する方法と、紙の書類を会計ソフトに入力したり、スキャナーなどで読み取ったりし、電子データ化して保存する方法があります。なお、国税関係帳簿書類を電子保存する場合には、これまでは事前に税務署長の承認を必要としましたが、事前承認は不要となりました。

よくある例として挙げられるのが、日々の細かな経費に関して発行される紙の領収書の管理です。これまで紙の領収書は、台紙などに貼り付け、経理担当部門が領収書の金額を会計ソフトに打ち込み、入力内容を照合・確認し、貼り付けた台紙ごと、領収書の原本を保管していました。これが、改正により、紙の領収書をスマートフォンなどで読み取り、ネット上のサーバーなどでデータとして保存すれば、原本を保管せずに破棄することが可能になりました。

この、電子データには、不正を防ぐために「タイムスタンプ」が必要とされていましたが、その要件も緩和されました。

Keyword タイムスタンプ　その時刻に電子データが存在していたことを証明するもの。電子データの信頼性を担保し、改ざん防止に資するものとされる。

対象となる基本の帳簿など

帳簿類
仕訳帳
総勘定元帳
売上帳
仕入帳
現金出納帳
売掛金元帳
など

書類
注文書
契約書
請求書
領収書
貸借対照表
損益計算書
など

保存方法の区分

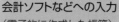

紙で受領した書類等

会計ソフトなどへの入力
（電子的に作成した帳簿）

電子帳簿等保存
（電子的に作成したものをそのまま保存）

スキャン・読み取り
（スマートフォンアプリなど）

スキャナ保存
（紙で受領・作成した書類をスキャンして保存）

取引先がそもそも電子データで作成し、電子メールやネットからのダウンロードにより受領

電子取引
（電子的に授受したものを電子データで保存）

電子取引については、2023年の間は猶予期間のため、紙で保存することが可能でしたが、2024年1月からは、原則義務化されています。

帳簿などの電子保存②
経理業務ではここが変わる

ココが
ポイント
- 会社で事務処理規程を定めて運用する
- 税務調査にも対応できるようにする

●「事務処理規程」を定めることもある

電子データ化された領収書などについては、その信頼性を確保するためタイムスタンプが付与されている必要があります。しかし、タイムスタンプのシステム導入が困難な場合や、タイムスタンプが付与されていない書類が出てくる場合も考えられます。

そのような場合のため、「事務処理規程」を会社で定めて、運用することで、タイムスタンプなどを省略してもよいとされています。

なお、事務処理規程では、電子データの「管理責任者」や「処理責任者」を定めて、改ざんを防止するようにします。また、電子データの「保存方法」なども明記します。

●「検索性の確保」への対応

電子データでの保存義務においては、検索機能を確保していることが条件として挙げられています。つまり、請求書などが「取引年月日」「取引金額」「取引先」から検索でき、内容を確認できる状態にしておくということです。

この条件を満たすためには、専用のシステムを導入することが考えられますが、これにも導入コストがかかってしまいます。

そのため、国税庁は、専用システムを導入せずに、決められた保存方法で検索機能を確保できていればよいとしています。その方法として国税庁から示されているのが、規則的なファイル名を設定する方法や、「索引簿」を作成する方法です（右ページ）。

ただし、212ページにも記載の通り、検索機能を不要とする「猶予措置」も認められています。

豆知識　システム導入費用　タイムスタンプなどのシステム導入費用は、初期登録費用に加え月額料金を数千円〜数万円設定しているケースがある。

改ざん防止のための措置

| タイムスタンプ付与 | 履歴が残るシステムでの授受・保存 |

改ざん防止のための「事務処理規程」を定めて処理する

改ざん防止のための「事務処理規程」については、国税庁ホームページにサンプルがあるので、そちらを利用してもよいでしょう。

検索機能の確保

専用システムが導入できない場合には以下の方法での保存も認められています。

▶**表計算ソフトを使用して「索引簿」を作成する**

連番	日付	金額	取引先	備考
1	20240110	110000	○○(株)	請求書
2	20240114	120000	(株)△△	領収書
3	20240115	150000	×××	請求書
⋮				
49	20241220	100000	○○(株)	請求書
50	20241228	140000	×××	注文書

表計算ソフトで、日付・金額・取引先などを入力し一覧表を作成します。これにより、検索機能を使用して検索できます。

▶**規則的なファイル名をつけて保存する**

20240110_110000_○○(株)_請求書.pdf
20240114_120000_(株)△△_領収書.pdf
20240115_150000_×××_請求書.pdf
20241220_100000_○○(株)_請求書.pdf
20241228_140000_×××_注文書.pdf

2024年1月10日に○○(株)より受領した110,000円分の請求書の場合は「20240110_110000_○○(株)_請求書」などと規則性をもって保存します。このとき「日付・金額・取引先」は必ず入れるようにしましょう。

仕訳の基本
形式に則って取引を記録する

**ココが
ポイント**
- 仕訳とは簿記の最初の入力作業のことをいう
- 取引は資産・負債・収益・費用・純資産にまとめる

●取引の増減を5つの要素に分ける

　会社で取引が発生したら、まずはそれを、「資産」「負債」「収益」「費用」「純資産」という5つの要素のどれに該当するか把握する必要があります。

- 資産…会社が所有する金銭・土地・建物等の総称。
- 負債…返済や支払いの義務があるお金。
- 収益…事業などによって得た利益。
- 費用…収益をあげるために使ったお金。
- 純資産…資産総額から負債総額を差し引いた残額。

　これらの項目同士の関係性を複式簿記化（218ページ）すると、右ページの図1のようになります。資産と費用は決算書で借方（左側）に計上され、負債、収益、純資産は貸方（右側）に計上されます。簿記を借方と貸方に分けて記入するのは、あらゆる取引に原因と結果という二面性があるためです。仕訳の作業は、こうした取引を構成する要素のうち、どの要素が増減しているかを把握することから始めます。たとえば会社が、営業車に5000円分のガソリンを給油（購入）したとします。その場合は5000円だけ資産を減少させ（原因）、代わりに消耗品費という名目の費用を増加させたこと（結果）になります。

●取引を勘定科目に分類・整理

　勘定科目とは、簿記で計算の便宜のために分類した名目のことです。一般的な扱いは違っても、簿記で同じ役割を持っているものは同じ勘定科目とします。たとえば、現金・備品・建物・貸付金をすべて「資産」という一つの勘定科目とみなすのも、そうした考え方によります。つまり仕訳の目的は、取引を借方と貸方に分け、勘定科目と金額を用いて記録することにあります。

Keyword｜勘定科目　複式簿記の仕訳や財務諸表などに用いる表示金額の名目を表す科目のこと。単に「科目」や「勘定」などと呼ばれることもある。

５つの要素と「借方・貸方」の関係

「資産」「負債」「収益」「費用」「純資産」という５つの
要素と、借方・貸方の関係について、図１と図２を参考に理
解しましょう。

(図１)資産・負債・収益・費用・純資産の関係性

借　方	貸　方
資　産	負　債
	純 資 産
費　用	収　益
利　益	

（それぞれについて）
- 増加は借方へ
- 減少は貸方へ

（それぞれについて）
- 増加は貸方へ
- 減少は借方へ

資産と負債の差額を意味する純資産は「自己
資本」と呼ばれることもあります。これに対
して負債は「他人資本」ともいいます。

(図２)仕訳の具体例

社員に50万円の給与を払った場合の例で考えてみましょ
う。この場合、「給料＝費用」が発生して、「現金＝資産」が減少
したと考えるため、取引を仕訳すると以下のようになります。

借方（費用の増加）	貸方（資産の減少）
給料（50万円）	現金（50万円）

※１　左右の数字は必ず一致します（取引の二面性にもとづく）。
※２　上記の計算書では、「給料」と「現金」が勘定科目となります。

複式簿記の基本
借方・貸方の仕訳をする

ココが ポイント
- 会社の帳簿は複式簿記を使うのが必須
- 複式簿記は、一つの取引を二面的に把握して記録する

●複式簿記で会社の経営状態を把握

　会社のお金の動きを経理担当者が記録する際に用いるのが「帳簿」です。帳簿への記録は「簿記」という一定の規則に従います。

　また、簿記には「単式簿記」と「複式簿記」の2種類があることを覚えておきましょう。会社の帳簿として使うのは、すべて複式簿記です。「仕訳の基本(216ページ)」で、取引には「原因と結果」の二面性があると説明しましたが、複式簿記は、そうした性質を踏まえて記録するのに適しているというのが、会社の帳簿として採用する理由です。したがって、経理の仕事をするうえで複式簿記の書き方は基本的な知識となります。

　では、複式簿記の特徴を理解するため、単式簿記と比較して考えてみましょう。単式簿記は、取引を一つの科目だけで記載する方法です。たとえば、4月30日に商品100万円を売り上げ、その代価を現金で受け取ったとします。単式簿記の場合、帳簿の収入欄に「商品売上　1,000,000円　4月30日」と記入すれば済みますが、財産の状態がどうなっているかがわかりません。一方、複式簿記の場合は、取引を複数の科目で記載します。「現金1,000,000円　売上1,000,000円　4月30日」というように、複数の科目で記帳されるため、借金での入金なのか、売上による入金なのかがわかります。

●複式簿記で取引を借方と貸方に仕訳ける

　取引を原因と結果に分けたら、それらを借方と貸方に仕訳します。複式簿記を使った仕訳のルールは右ページの8つです。前述の例でいえば、貸方が現金で、借方が商品と考えられます。「右手(貸方)で投げ、左手(借方)で捕る」というように、キャッチボールの要領で覚えるとよいでしょう。

豆知識　勘定科目の特定　仕訳の際に迷うのは、どの取引にどの勘定科目をつけるかだが、主なパターンはある程度決まっているので、慣れればそれほど難しくない。

取引の二面性と取引要素

　簿記上のすべての取引には、原因と結果の二面性があります。複式簿記ではこの二面性を把握して計算・記帳を行います。

▶複式簿記を使った仕訳のルール（取引の8つの要素）・・・・・・・・・・・・・・・

> ・資産が増えたときは借方に記入
> ・資産が減ったときは貸方に記入
> ・負債が増えたときは貸方に記入
> ・負債が減ったときは借方に記入
> ・純資産が増えたときは貸方に記入
> ・純資産が減ったときは借方に記入
> ・費用が生じたときは借方に記入
> ・収益が生じたときは貸方に記入

取引は8つの要素にもとづき、すべてがこれら左右の組み合わせで把握できます。

借方（左側）		貸方（右側）
資産の増加		資産の減少
負債の減少	✕	負債の増加
純資産の減少		純資産の増加
費用の発生		収益の発生

複式簿記を使った仕訳の基本構造

100万円の商品を購入した場合の例で考えてみましょう。

①取引を原因と結果に分類する ・・・・・・・・・・・・・・・・・・・・・・・・・・・・・・・・

商品を購入した（原因）→ 100万円を支払った（結果）

②借方と貸方に仕訳をする ・・・・・・・・・・・・・・・・・・・・・・・・・・・・・・・・・・・・

借方（左側）	貸方（右側）
商品を購入した	100万円を支払った

③各取引を勘定科目に置き換える ・・・・・・・・・・・・・・・・・・・・・・・・・・・・・・

（借方）商品を購入した　　➡　仕入、消耗品費など
（貸方）100万円を支払った　➡　現金

預金の管理
口座ごとに預金出納帳で管理する

ココが ポイント
- 預金出納帳から預金通帳での管理に移行も可能
- インターネットバンキングをうまく活用する

●定期的に記帳し、余白にメモ書き

　預金の管理は、口座ごとに作成する「預金出納帳（すいとうちょう）」で行うのが基本です。入金や出金があるたびに、会計ソフトで記録するか、伝票を使用します。

　Ａ銀行口座は東京都の取引先、Ｂ銀行口座は神奈川県の取引先、Ｃ銀行口座は埼玉県の取引先といったように地域別に分ける方法もあります。また、資金繰りや消費税の納税へ備えるため、Ｄ銀行口座は引落とし専用、Ｅ銀行口座は消費税関連などとするやり方もあります。ただし、預金通帳と印鑑の管理は適切に行い、不正が起きないように注意しましょう。

　なお、預金出納帳は通常、会計ソフトのひとつの機能として、データが自動的に作成されます。ソフトによっては、預金口座をひもづけることも可能です。

　決算時には金融機関から「残高証明」を入手し、預金出納帳の残高と一致していることを確認するのが一般的ですが、会社の規模によっては、残高証明が必要でない場合もあります（残高証明の発行は有料）。

●預金出納帳のサンプル

ＡＢＣ銀行　東京支店　普通預金　口座番号：7654321

月日	摘　要	入　金	出　金	残　高
	繰越			983,534
10月 1日	○×商事買掛金支払		300,000	683,534
10月 5日	△×株式会社買掛金支払		186,582	496,952
10月15日	家賃支払		410,400	86,552
10月20日	○×口座から入金	500,000		586,552
10月30日	有限会社××買掛金支払		270,000	316,552
残高				316,552

Keyword｜インターネットバンキング　オンラインバンキングともいう。インターネットを介した銀行の取引サービスのことで、インターネット閲覧端末（ウェブブラウザ）で利用する。

インターネットバンキングの利用

インターネットバンキングを利用すれば、わざわざ金融機関へ出向かなくても、残高確認や入出金明細の閲覧、振込、振替などができます。特に、振込手数料は、銀行窓口での手続きより割安に設定されているのが一般的です。

▶インターネットバンキングの初期設定

① パソコンなどで取引先銀行のウェブサイトにアクセスする。

② 初期設定画面を開き、ログインパスワード、電子メール、電話番号、振込限度額などを登録する。

③ ウェブサイトにアクセスしてログインする。

※初期設定の手順や申込方法は銀行によって異なります。

▶インターネットバンキングを利用する際の注意点

• 振込みは基本的に24時間可能。ただし、他行への振込みについては「当日の処理は15時まで」といった条件がつくのが一般的であるため、給与や賞与の振込み、他社への送金などについては取扱時間を考慮する。

• 通帳とは異なり、入出金明細の閲覧可能期限を区切っていることが多い。そのため、こまめに入出金明細をデータで保管することが必要。

• 身分証明や暗証番号ともいうべき、ユーザIDとパスワードなどが一致すれば、誰もがインターネットバンキングを利用可能。

▶安全に活用するためのポイント

• ユーザIDやパスワードなどの管理に十分に注意する。

• インターネットを通して不正に侵入してくるハッキングやネット利用の詐欺に注意する。

• 金融機関がワンタイムパスワード（1回限りのパスワード）を用意している場合も多い。それらを利用して、毎回パスワードを変える。

• ソフトウェアのアップデートをする。

「売掛金」と「買掛金」の管理
「総勘定元帳」を活用する

ココが ポイント
- 帳簿から未入金や支払い漏れを確認できる
- 売上を計上するタイミングは業種で異なる

●「売掛金」と「買掛金」の仕訳

　掛(かけ)で売上や仕入の取引を行った場合の仕訳は以下のように行います。こちらでは、当座預金への入金と出金としていますが、現金で行った場合は、当座預金の部分が現金に代わります。

【売上】	掛売上…（借）売掛金	××	（貸）売上	××
	入金時…（借）当座預金	××	（貸）売掛金	××

【仕入】	掛仕入…（借）仕入	××	（貸）買掛金	××
	支払時…（借）買掛金	××	（貸）当座預金	××

　仕訳は仕訳帳に取引日順に記録されていきますが、総勘定元帳では勘定科目ごとに記録されていきます。そのため、総勘定元帳では勘定科目を選択し、一覧で確認ができます。ひと目で入金と出金の有無が分かり、未入金分の残高などもすぐに確認できます。資金繰りを考えるときにも活用しましょう。

●売上計上日は異なる

　「売上」は会計では「収益」といいますが、実際にはどのタイミングで計上すればよいのでしょうか。たとえば百貨店では、「消化仕入法(しょうかしいれほう)」という独特の取引形態が主流ですが、一般的な商品や製品は、販売時点に売上を計上する「販売基準」が原則です。ただし、販売基準にも自社から出荷した時点の「出荷基準」、相手先への引き渡し時点の「引渡基準」、相手先の検収終了時点の「検収基準」などがあります。また、サービス業ではサービス提供が完了した日、建設業では建設工事が完了して施主に引き渡した時点、委託販売の場合では委託販売先（受託者）が、委託品を販売した日の計上になります。

🔑Keyword　消化仕入法　百貨店に入居しているテナントが顧客に販売した場合、百貨店は「仕入」と「売上」の両方を計上する。結果的に在庫はテナント負担になる。百貨店特有の商習慣。

入出金は総勘定元帳で一覧できる

仕訳帳

掛で行った売上や仕入の取引のすべてが、取引日順に記録されている。取引先ごとに入出金の確認などが行えない。

総勘定元帳

すべての取引内容を、勘定科目ごとに一つにまとめた帳簿。勘定科目ごとに増減・残高等を集計する。会計ソフトでは、勘定科目の名称を取引先や預金口座ごとに細かく設定できる。取引先や預金口座ごとに入出金の確認が行えるうえ、未入金分の残高などもひと目でわかる。

総勘定元帳

勘定科目：**売掛金**

月 日	相手科目	摘　　要	借 方	貸 方	差 引 金 額
					××××
3月24日	○×銀行	A社		165,240	
	○×銀行	B社		453,600	
	○×銀行	C社		539,244	
	○×銀行	D社		487,566	
	○×銀行	E社		237,600	
	○×銀行	F社		497,340	××××

同じ取引！

総勘定元帳

勘定科目：**○×銀行／普通1**

月 日	相手科目	摘　　要	借 方	貸 方	差 引 金 額
					××××
3月31日	売掛金	A社	165,240		
	売掛金	B社	453,600		
	売掛金	C社	539,244		
	売掛金	D社	487,566		
	売掛金	E社	237,600		
	売掛金	F社	497,340		××××

キャッシュの管理
資金繰り表の作成が欠かせない

ココが ポイント
- 売掛金の確実な回収で運転資金を確保する
- キャッシュ不足には早めの借入や増資を検討する

●「勘定合って銭足らず」状態に注意

「損益計算書（そんえきけいさんしょ）」では利益が出ているにもかかわらず、運転資金（キャッシュ）のやり繰りがつかずに倒産状態（黒字倒産）に陥ることを、「勘定合って銭足（かんじょうあ　ぜにた）らず」などと表現したりします。特に社員を増やしたり、設備投資によってビジネスを拡大したりする際に、こうした状態を招くことがよくあります。

その典型的な原因の一つとして、売上が順調に伸び、それに比例するように仕入を増やしたにもかかわらず、売上代金の入金より先に仕入代金の支払いが発生するといった事態が挙げられます。つまり、入金と出金のタイミングのズレによって会社がキャッシュ不足に陥っていることが問題だといえます。

●キャッシュの出入りに注意を払う

経理部門の担当者は、そうした事態を招かないために、キャッシュの出入りに細心の注意を払うことが必要です。キャッシュ不足（資金ショート）を起こさないためにも、右ページのような「資金繰り表」を作成して管理しましょう。

資金繰り表は、収入と支出の流れを確認できるという点で「キャッシュフロー計算書」に似ているといえます。その意味で、資金繰り表を管理・運用する際は、キャッシュフロー計算書への理解も必要です。

キャッシュ不足に陥ってあわてることがないよう、「売掛金元帳」をチェックして売掛金の回収状況や入金予定日を把握し、回収漏れや入金の遅れが発生している場合は早急に対処しましょう。もし、キャッシュ不足の懸念がある場合は、金融機関から資金調達（借入）を行ったり、場合によっては増資を行ったりして早めの手当てが必要です。なお、金融機関などからの借入金には、元金・利息の返済が必要ですが、株式の発行による資金調達の場合は、会社を清算しないかぎりは資金を返す必要がないのが基本です。

Keyword ｜ 黒字倒産　帳簿上の収支計算は黒字でありながら、売掛金の回収不能や取引先の倒産などの事情で会社が倒産すること。

資金繰り表のサンプル

作成日○年×月　　　　　　　　　　　　　　　　　　　　（単位：千円）

		実　績			予　定		
		10月	11月	12月	1月	2月	3月
経常収入	現金売上	191	205	1,200	802	210	1,480
	売掛金回収（現金）	27,459	19,758	23,937	37,548	15,000	26,370
	売掛金回収（手形）						
	商手割引						
	その他						
	計(A)	27,650	19,963	25,137	38,350	15,210	27,850
経常支出	仕入現金支払	9,662	10,732	20,466	13,154	20,759	9,824
	買掛金支払（現金）	10,000	10,000		5,000	4,000	3,000
	買掛金支払（手形）						
	営業支払手形決済						
	人件費	1,855	1,849	2,377	1,850	1,850	1,850
	経費	1,277	2,103	7,589	1,021	1,300	1,500
	支払利益割引料	254	27	118	27	27	27
	その他						
	計(B)	23,048	24,711	30,550	21,052	27,936	16,201
	経常収支 (C)=(A)－(B)	4,602	△4,748	△5,413	17,298	△12,726	11,649
経常外収	経常外収入						
	設備支払	4,500					
	総合収支	102	△4,748	△5,413	17,298	△12,726	11,649
財務収支	前月より繰越	713	20,092	14,621	8,485	5,060	△8,389
	短期借入金	20,000					
	短期借入金返済				20,000		
	長期借入金						
	長期借入金返済	723	723	723	723	723	723
	翌月への繰越	20,092	14,621	8,485	5,060	△8,389	2,537

経常収支が
マイナス！

キャッシュ不足が
発生する見込み！

売掛金の回収状況や入金予定日を把握することは重
要です。もし、キャッシュ不足が懸念される場合は、
資金調達を行うなどして、早急に対処しましょう。

決算業務
決算書を作成する

**ココが
ポイント**
- 決算書にもとづいて申告納税をする
- 株主総会で決算の承認を得る

●決算書を作成して申告納税と株主総会を実施

　「決算」とは会社が出した1年間の儲けを計算することと、期末日時点の財産や負債を確定させることをいいます。期末日は一般的に12月や3月の末日に設定している会社が多いとされますが、それぞれが定めた事業年度の最終日における会社の財政状態や、期首から期末までの経営成績をまとめた報告書が「決算書」になります。

　決算書には、「貸借対照表」「損益計算書」「キャッシュフロー計算書」「株主資本等変動計算書」「個別注記表」などがあります。会社によってはキャッシュフロー計算書を作成しなかったり、決算書の作成そのものを会計事務所などに委託したりするケースもありますが、日々の経理事務の最終目的は、この決算書を作成することにあるといってもよいでしょう。

　会社は決算書にもとづき、法人税などの申告納税を行うとともに、株主総会を開催することになります。この株主総会で、貸借対照表や損益計算書などの承認決議が行われます。

●決算業務の流れ

　決算日を迎えると、経理部門の担当者は決算書の作成に取り組むことになります。決算書作成の主な流れは、一般的に以下の通りです。

①各種帳簿を締める（右ページ）
②試算表を作成する（228ページ）
③財産・債務の実地調査を行う（230ページ）
④決算整理事項をまとめる（230ページ）
⑤精算表を作成する（228ページ）
⑥決算書にまとめる（242・244・246ページ）

Keyword｜中間決算　「年次決算」とも呼ばれるように決算とは通常、1年間の経営成績をまとめることを意味するが、企業によっては半年や3カ月ごとに経営成績をまとめ→

決算業務の具体的な手順

決算書は今後の経営判断の資料としたり、出資している株主や、融資をしている金融機関への経営報告に使用したり、税金の申告時の資料として必要です。そのため、経理部門の担当者は以下のような手順を踏みながら、正確でミスのない決算書の作成が求められます。

1

▶ **各種帳簿を締める**
- 総勘定元帳の各勘定科目の合計および残高を集計する。
- 記帳ミスや仕訳ミス、計算ミスがないかチェックする。

2

▶ **試算表を作成する**
- ①の合計や残高をもとに作成し、転記ミス等がないかチェックする。

3

▶ **財産・債務の実地調査を行う**
- 財産や債務を確定するため、現金預金や売掛金、買掛金、未収入金、未払金をチェックする。
- 商品の棚卸、消耗品の棚卸も実施する。

4

▶ **決算整理事項をまとめる**
- ③の実地調査にもとづき、決算に際して行うことをまとめる。
- 決算整理事項には「売上原価の計算」「棚卸資産の計上」「現金過不足の整理」「有価証券の評価替え」「固定資産の減価償却」「各種引当金の設定」などがある。

5

▶ **精算表を作成する（会計ソフトを利用）**
- 決算整理の内容を「精算表」にまとめる。

6

▶ **決算書にまとめる**
- 貸借対照表や損益計算書などを作成する。

Advice 国際化を見据えた決算期の移行

近年では、上場企業などを中心に、決算期を3月から12月に移行する動きが目立っています。欧米企業の多くは12月決算であり、この動きは国際化を見据えた変化といえるでしょう。また、資本参加を受けるなどして子会社になった場合、親会社の決算期に合わせる例も見受けられます。なお、決算期の移行にともない、移行した年度の決算では、期間が9カ月や6カ月などの変則決算になります。

→ ることもある。半年ごとの場合は「中間決算」、3カ月ごとの場合は「四半期決算」という。

試算表と精算表の作成
取引の合計額を総勘定元帳と一致させる

> **ココが ポイント**
> ● 総勘定元帳への転記・入力ミスの有無を確認する
> ● 試算表に決算整理事項を加えた精算表を作成する

● 試算表を作成する目的

　会社におけるすべての取引は、会計ソフトなどを用いてすべて記録します。したがって、「資産」「負債」「純資産」「費用」「収益」という５つの取引の合計額は、総勘定元帳の合計額と一致する仕組みになっています。「試算表」はこの一致を確認するために活用します。会計ソフトを使用すれば総勘定元帳や試算表は容易に作成できますが、その場合でも、数字の入力データに誤りがあれば合計額は一致しません。

　試算表は毎月作成するのが望ましいといえます。なぜなら、試算表を見れば会社の財務状態や損益状況が確認できるからです。また、月次試算表を作成することで、早めにミスを発見したり、月々の業績を把握したりすることも可能です。なお、仕訳自体のミスは、試算表では確認できないため、どのような方法を採る場合も、正しい仕訳をすることが不可欠です。

● 減価償却費などを追加し精算表を作成

　紙ベースの決算書作成は、「試算表→精算表→決算書」というのが通常の手順です。そのため、試算表には決算時に行う「決算整理事項」を加えて「精算表」にまとめ、最終的には決算書を作成していきます（226ページ）。

　たとえば、手持ちの現金が帳簿の記入金額と一致しなければ、帳簿の金額を実際の金額に合わせる処理が必要になります。また、実際に棚卸（たなおろし）をしたところ、在庫品に破損が見つかれば、評価額を正さなければなりません。月次試算表で減価償却費を計上していなければ、本決算では当該年度の減価償却費を計上することになります。これらのように、決算整理事項の仕訳を試算表に加えたものが、最終的な「貸借対照表（たいしゃくたいしょうひょう）」や「損益計算書（そんえきけいさんしょ）」になります。

Keyword ｜ 棚卸　年度末における商品や製品の在庫を確認し、商品や製品の評価価額を算定すること。

試算表から決算書作成までの手順

決算書作成までの主な手順は以下の通りです。

1 ▶試算表から転記
- 試算表の勘定科目と金額を精算表の試算表欄に転記する。

2 ▶決算整理の仕訳を記入
- 精算表の修正記入欄に決算整理仕訳を記入する。

3 ▶貸借対照表の作成
- 試算表欄と修正記入欄の両方に金額がある場合は差し引きして、資産・負債・純資産の勘定科目を記入する。
- 借方合計が貸方合計を上回れば、その差額を当期純利益として貸方欄で加算する。貸方合計が借方合計を上回った場合は、差額を当期純損失として貸方欄で減額する。

4 ▶損益計算書の作成
- 試算表欄と修正記入欄の両方に金額がある場合は差し引きして、収益・費用の勘定科目を記入する。
- 貸方合計が借方合計を上回れば差額を当期純利益として借方欄に記入する。借方合計が多ければ、当期純損失として借方欄で減額する。

精算表のサンプル（手書きの場合）

精算表 (単位：千円)

	試算表 借方	試算表 貸方	修正記入 借方	修正記入 貸方	損益計算書 借方	損益計算書 貸方	貸借対照表 借方	貸借対照表 貸方
現金	350		10				360	
普通預金	5,600						5,600	
売掛金	18,500		2,050				20,550	
短期貸付金	1,650						1,650	
繰越商品	3,200		5,000	3,200			5,000	
仮払消費税	7,056			7,056				
建物	29,884						29,884	
買掛金		12,100						12,100
貸倒引当金		500	500	700				700
減価償却累計額		15,000		1,500				16,500
仮受消費税		11,440	11,440					
長期借入金		10,000						10,000
資本金		10,000						10,000
売上		143,000	1,500	2,050		143,550		
仕入	85,000		3,200	5,000	83,200			
給与	41,850		1,500		43,350			
水道光熱								
支払利息								
保険料								
貸倒引								
貸倒引								
雑収入								
減価償却								
前払保険							1,650	
未払費用							2,913	
未払法人							4,384	
未払消費							1,500	
前受金								
法人税住								
当期純利							6,797	
			33,963	33,963	144,060	144,060	66,544	66,544

精算表とは、期末日に損益計算書と貸借対照表を作成するために記入する表のことをいいます。修正記入欄には、決算整理の仕訳を記入します。精算表を作成するのは、決算整理では必須の作業です。最近では手書きではなく会計ソフトを使用するようになっています。そのため精算表を作成したことがない方も多いことでしょう。ソフトによって何が自動化されているのかを知るために、帳簿の締め切りを含めて決算整理について理解しておきましょう。

年次決算期の処理
財産・債務の実地調査と決算整理を行う

● 年次決算期特有の作業を把握しておく
● 帳簿の預金金額と残高証明書をすり合わせる

● 財産・債務の実地調査を行う

　会社の1年間の経営成績や期末における財政状況を示す決算書の作成にあたっては、日々の経理事務のまとめである帳簿（ちょうぼ）からの転記に加え、年次決算期特有の作業や処理をする「決算整理（決算調整）」が必要です。

　まず、現金預金（勘定科目（かんじょうかもく）の一つで、会社が保有する現金および預金類を一括して表したもの）や売掛金（うりかけきん）・買掛金（かいかけきん）のチェック、商品や製品の実施棚卸（じっしたなおろし）などといった財産・債務の実地調査を行います。たとえば、現金預金のチェックでは、現金を実際に数え、預金については金融機関に残高証明書を発行してもらい照合します。もし帳簿と一致しない場合には、原因を究明します。また、ツケによる売買にともなう売掛金や買掛金が合わなければ、取引相手先に問い合わせをすることも必要です。なお、現金などがどうしても一致しない場合は、右ページの「①現金過不足の処理」をすることになります。

● 決算整理事項をまとめる

　財産・債務の実地調査を行ったら、次は決算整理事項をまとめます。以下に示した決算整理事項について必要な仕訳を起こし、決算書に反映させましょう。

　なお、財産・債務の実地調査と決算整理事項のまとめは、試算表や精算表を作成する過程で行うのが一般的です。

決算整理事項

①現金過不足の処理　②棚卸資産の計上　③売上原価の算定
④引当金の設定　　　⑤減価償却費の計上　⑥有価証券の評価替え
⑦費用・収益の見越し・繰延　⑧消耗品等の在庫処理　⑨法人税の計算

豆知識　残高証明書　残高証明書は当座預金や普通預金など、依頼側指定日における口座別残高を証明する書類。金融機関に依頼することで発行を受けるが、一度依頼すれば定期的に発行を受→

決算整理で行われる重要作業

決算整理の際の重要作業は以下の通りです。

決算整理事項	内　　容
①現金過不足の処理	帳簿と実際の期末日現金残高が一致しない場合、不足しているときは「雑損失」、多いときは「雑収入」として処理する。
②棚卸資産の計上 （232ページ）	棚卸で商品や製品の期末在庫を確認し、帳簿残高とつき合わせるとともに、商品や製品の評価価額を算定する。
③売上原価の算定 （234ページ）	棚卸資産を確定させることで売上原価を算定する。
④引当金の設定 （240ページ）	将来発生するかもしれない費用や損失に備えるため、引当金を計上する。代表的なものとして、退職給付引当金や貸倒引当金などが該当する。
⑤減価償却費の計上 （236・238ページ）	年度における固定資産の減価償却費を計上する。
⑥有価証券の評価替え	売買目的で所有する有価証券等について、時価に評価替えを実施。評価益あるいは評価損を計上する。
⑦費用・収益の見越し・繰延	現預金の収入・支出と会計上の収益・費用の時間的ズレを調整する。
⑧消耗品等の在庫処理	消耗品費等として処理したにもかかわらず、実際に消耗品が期末に大量に残っていた場合、未使用分を貯蔵品などに振り替える。
⑨法人税の計算 （248ページ）	決算整理事項などを処理することで、納付すべき法人税を確定させる。

決算書はこれらの要素を加えて作成します。
必要な仕訳を起こして決算書に反映させましょう。

Advice　決算書の作成は計画的に！

　経理部門の担当者にとって、決算に関する業務はとても重要なものです。しかし、通常の業務をストップするわけにはいかず並行作業になることから、負担感が増します。しかし、決算書は、申告・納税や株主総会開催に不可欠なものであり、作成の締切日は必ず守らなくてはならないため、スケジュールを事前に立て、計画的に取り組むようにしましょう。決算書の作成は、各月に正確な月次試算表を作成しておくことで、比較的スムーズな作成が可能です。

→けることも可能。発行手数料（三菱UFJ銀行は1通770円、みずほ銀行は1通880円、三井住友銀行は1通880円）がかかるが、正しい金額を確定するためには不可欠。

棚卸
在庫を数えて売上原価を把握する

ココがポイント
- 仕入の売れ残りは棚卸資産として計上する
- 棚卸資産の評価をして売上原価を確定する

●在庫数量から棚卸資産を算出

　販売のための仕入商品や製品は、必ずしも年度内に完売するわけではなく、売れ残りが出るのが一般的です。つまり、決算を行うためには、期末日に商品や製品が在庫としてどのくらい残っているのかを確認する必要があります。それを「棚卸」といい、この棚卸によって棚卸資産を確定させます。このように棚卸資産を確定することで売上原価がわかり、決算書の作成が可能になります。

　決算では会計年度に売れた商品や製品に対する仕入代や製造原価のみを売上原価として計上します。売れ残りの商品や使わなかった材料などは棚卸資産になります。たとえば、仕入が「100」として「100」のすべてを売上原価にするのではなく、売れた分についてのみ売上原価に計上し、残りは原則的に棚卸資産とします。棚卸資産（在庫資産の金額）は基本的に、期末日の在庫数量を確定させ、それに在庫の単価を乗じて計算しますが、必ずしも一つひとつの商品や製品の在庫単価を計算する必要はありません。右ページにあるように、在庫総量を一定の方法で計算することで求めます。

●売上原価を求める計算式

　決算書作成の際の「財産・債務の実地調査」と「決算整理事項のまとめ」で重要なのは、「棚卸」と「売上原価の算出」です。棚卸資産と売上原価は密接に関連しているため、期末棚卸資産を確定しなければ、売上原価を算出することはできません。なお、販売業と製造業では計算式が異なります（235ページ）。

■販売業の場合

「売上原価＝期首商品棚卸高＋当期商品仕入高－期末商品棚卸高」

■製造業の場合

「売上原価＝期首製品棚卸高＋当期製品製造原価－期末製品棚卸高」

豆知識　商品と製品　会計では、仕入れたもの、加工せずに売れるものを「商品」、つくったもの、加工して売れるものを「製品」という。製品の場合は、材料費や労務費、製造経費で製造原価を求める →

棚卸資産の評価法

棚卸資産は「数量×仕入単価」で求められます。ただし、仕入単価は一定ではないため、会社ごとに仕入単価を計算する評価方法が決められています。評価方法は、「原価法」と「低価法」に大別されますが、原価法は「最終仕入原価法」や「先入先出法」、「総平均法」などに細かく分かれています。

原価法と低価法

評価方法	内　容
•原価法	取得価額（原価）を期末評価額とする方法。
•低価法	取得価額よりも期末時価が低い場合に、時価を評価額とする方法。

原価法の６つの評価方法

評価方法	内　容
•最終仕入原価法	期末在庫のすべてについて、期末に最も近い時期における仕入時の仕入単価で評価額を算出する方法（税法では認められているが、会計基準では認められていない）。
•個別法	個々の商品の取得価額を一つひとつ調べ、期末評価額を算出する方法。
•先入先出法	先に仕入れたものから売れていくと考え、在庫は期末に最も近い時点のものが残っているとみなして、期末評価額を算出する方法。
•総平均法	期首在庫と当期仕入の合計額を、期首と当期仕入の合計数量で割った平均を単価として期末評価額を算出する方法。
•移動平均法	仕入時ごとにその仕入と直前在庫から平均単価を求めるが、この平均単価のうち最も期末に近いものを用いて期末評価額を算出する方法。
•売価還元法	期末在庫について、通常の販売価額で販売したものと仮定して総額を算出し、その総額に一定の原価率を乗じて期末評価額を算出する方法。

Advice　採用する評価方法を税務署に届け出る

採用する評価方法については、税務署に届出を提出するのが原則。届出をしない場合は、最終仕入原価法を採用します。評価方法を変更したい場合は、その事業年度開始日の前日までに税務署へ申請書を提出し、承認を受ける必要があります。

→ などして売上原価を算出。本社スタッフなどの給与に対して、製造など現場部門の人件費は労務費とするのが一般的。

売上原価
販売相当分のみを計算する

●売上原価の計算

　売上原価は、販売業も製造業も基本的に同じ計算式で求めますが、製造業では「当期製品製造原価」を求めるため、販売業に比べて複雑になっています（右ページ）。これは、販売業であれば、販売した商品の仕入高が売上原価の構成要素となりますが、製造業であれば販売した製品を製造するためにかかった材料費や外注費、その他の経費が売上原価の構成要素となるからです。

●棚卸資産の不良在庫化による利益率の低下

　売上原価は売れた分のみを計上し、残りは棚卸資産（在庫）としますが、棚卸資産が品質の劣化や破損などによって商品として販売できなくなる場合があります。たとえば、1個50円の商品を5個仕入れ、それを1個100円で販売した場合の例で考えてみましょう（完売の場合の粗利益率は50%）。

　1個売れ残った場合にそれを棚卸資産（在庫）とすることで、粗利益率は50%のままになります。しかし、残った1個が不良品化した場合、不良在庫を棚卸資産に計上するわけにはいかないため、粗利益率が低下します。つまり、不良在庫を出すことは利益率の低下を招くことであり、会社の損益に多大な影響を及ぼすというわけです。この点は、在庫管理や仕入業務の担当者だけでなく、経理部門の担当者も留意しておく必要があります。

ケース	売上高	仕入	在庫	売上原価	売上総利益	粗利益率
・完売した	500円	250円	0円	250円	250円	50%
・1個売れ残った	400円	250円	50円	200円	200円	50%
・売れ残り品が不良品化した	400円	250円	0円	250円	150円	37.5%

※粗利益率とは、売上高に対する売上総利益（粗利益）の割合。

Keyword｜労務費　製造原価のうち、労働力の消費によって発生する原価のこと。一般的には給与や賞与とするが、工場など製造部門に携わる人材への給与や賞与などは労→

売上原価の計算式

▶ 販売業の場合

「売上原価＝期首商品棚卸高＋当期商品仕入高−期末商品棚卸高」

損益計算書

期首商品棚卸高	×××
当期商品仕入高	×××
合　　　計	×××
期末商品棚卸高（−）	×××
売　上　原　価	×××

$$原価率(\%) = \frac{売上原価}{売上高} \times 100$$

※期首商品棚卸高とは、前期に売れ残った商品の仕入原価の合計額。当期商品仕入高とは、期末における仕入勘定の残高。期末商品棚卸高とは、期末時点で売れ残った商品の仕入原価の合計額。

▶ 製造業の場合

「売上原価＝期首製品棚卸高＋当期製品製造原価−期末製品棚卸高」

損益計算書

期首製品棚卸高	×××
当期製品製造原価	×××
合　　　計	×××
期末製品棚卸高（−）	×××
売　上　原　価	×××

科目	金額
1.材料費	×××
2.労務費	×××
3.経費	×××
当期総製造費用	×××
期首仕掛品棚卸高	×××
合計	×××
期末仕掛品棚卸高（−）	×××
当期製品製造原価	×××

・原価の3要素

製造原価は当期に完成した製品に対する原価であるため、以下の計算式で求めます。

「当期製品製造原価＝期首仕掛品棚卸高＋当期製造費用−期末仕掛品棚卸高」

製造費用の内訳は「原価の3要素」と呼ばれ、以下のように分類されます。なお、「仕掛品」とは「製造中のもの。未完成品のこと」をいいます。

分　類	内　　訳
材料費	原材料費、購入部品費、燃料費、工場消耗品費など
労務費	賃金(給料)、賞与、雑給、退職給与引当金、福利厚生費など
経　費	水道光熱費、賃借料、修繕費、減価償却費など

→ 務費として製造原価に計上する。雑給は一般的に、パートタイマーやアルバイトの費用を指す。

235

減価償却①
有形固定資産と無形固定資産を経費化する

ココがポイント
- 少額の減価償却試算は一括損金処理ができる
- 10万円以上20万円未満の減価償却資産は均等償却も可能

●減価償却の対象は、有形固定資産と無形固定資産

　社有車や建物を購入したとしても、損益計算書には購入資金が費用（損金）として全額が計上されるわけではありません。会社が所有する建物などの資産については、いったん資産に計上し、それぞれの資産ごとに定められた年数（耐用年数）で経費化します。これを「減価償却」といいます。

　減価償却の対象（減価償却資産）となるのは、「有形固定資産」と「無形固定資産」です。それぞれの主な内訳は以下の通りです。なお、土地は有形固定資産ですが、減価償却の対象ではないため、減価償却資産ではありません。

■有形固定資産と無形固定資産

有形固定資産	建物、構築物、車両運搬具、機械装置、備品など
無形固定資産	特許権、実用新案権、意匠権、商標権、ソフトウェアなど

●少額の減価償却資産は一括経費化も可能

　減価償却資産のうち取得金額が10万円未満のものは、少額の減価償却資産に該当し、一括で損金処理をすることができます。たとえば、10万円以上のパソコンを購入した場合は、固定資産として計上して4年で減価償却しますが、購入価格が10万円未満のパソコンを購入した場合は、その年度に消耗品費などの科目で費用（損金）化することが可能です。また、1セット10万円未満の応接セット（テーブルと椅子）や、1部屋で使用する合計額が10万円未満のカーテンなども、少額の減価償却資産に該当します。

　なお、取得価額が10万円以上20万円未満の減価償却資産については、通常の減価償却ではなく、一括償却資産として3年間の均等償却という方法を採用することもできます。また、中小企業等は右ページのように特例により一括で費用（損金）化することができます。

豆知識 減価償却費の計上　減価償却費は損益計算書の「販売及び一般管理費」に計上する。ただし、製造業の場合は「製造原価」にも含むのが一般的。

少額の減価償却資産

中小企業などの場合、「中小企業者等の少額減価償却資産の取得価額の損金算入の特例」の適用を受けられます。詳細は以下の通りです。

特　例

中小企業者が、取得価額30万円未満の減価償却資産を2022年3月31日までの間に事業用として取得した場合には、一定の要件のもとに、その取得価額に相当する金額を損金の額に算入することができる。

適用対象法人

青色申告をしている中小企業者などで、常時使用する従業員の数が1000人以下の法人が適用対象。

適用対象資産

取得価額が30万円未満の減価償却資産。原則、これら少額減価償却資産の取得価額の合計額は300万円が限度。

適用要件

特例を受けるためには、事業の用に供した事業年度において、少額減価償却資産の取得価額に相当する金額を損金経理するとともに、確定申告書等に少額減価償却資産の取得価額に関する明細書を添付して申告することが必要。

注意事項

取得価額が30万円未満である減価償却資産について適用がある。器具および備品、機械・装置等の有形減価償却資産のほか、ソフトウェア、特許権、商標権等の無形減価償却資産も対象。ただし、研究開発税制を除き、租税特別措置法上の特別償却、税額控除、圧縮記帳との重複適用はできない。

Advice　減価償却は「名目上の費用」

200万円の社有車や500万円の建物、あるいは、億単位の店舗設備の場合でも支払いは一括（ローン返済や金融機関から借入をして支払う場合も含めて）であり、それを定められた期間に経費にするというのが減価償却です。減価償却は収益や利益を減額させる費用科目（経費）ですが、実際に出金をともなうものではなく、支払い時以降は資金の流失がない名目上の費用なのです。したがって、多くの場合、年間の減価償却費に相当する金額を投資規模の目安にしたりします。資金繰りにおいても、減価償却費は考慮しなければならないポイントで、金融機関が投資余力や返済能力を査定するときに減価償却費を重視するのもそのためです。

減価償却②
定額法と定率法の違いを理解する

ココが ポイント

● 減価償却計算には定額法と定率法がある
● 定率法のほうが取得直後の経費化率が大きい

●減価償却の考え方

　経費として認められる金額によって納税額も異なりますが、たとえば売上高が100万円で減価償却費も100万円という場合、利益は0円となり、基本的に税金が発生することはありません。このように、一挙に減価償却することを認めてしまうと税収が少なくなるため、法律で償却する年数（法定耐用年数）を定めています。そのため、一定期間使用する資産は、減価償却によって毎年、少しずつ費用（経費）化することになります。

●定額法と定率法

　納税額を確定させる税務会計では、国税当局が定める法定耐用年数に従うことになります。ただし、企業会計においては必ずしも従う必要がなく、一括償却してもかまわないとされています。

　減価償却の具体的な方法としては、定額法と定率法の2通りがあります。定額法は、耐用年数に応じた均等割にした額を、毎年費用に計上します。計算式は「取得価額×定額法の償却率」となります。この取得価額とは、物品や物件を購入した額のことをいいます。

　一方、定率法では、購入直後ほど経費化率が大きく、次第に償却額が減ります。最初に減価償却費を大きく計上できる点がメリットといえます。たとえば300万円で社有車を購入した場合、定率法のほうが、当初の償却額は大きくなります。計算式は「（取得価額－すでに償却した額）×定率法の償却率」です。償却方法は、原則として資産の種類ごとに償却方法を定め、税務署に届出を提出します。届出がない場合は、建物と2016年4月以後に取得した建物附属設備、構築物を除き、通常の資産は定率法（旧定率法を含む）を適用することになります。

Keyword　残存価額　耐用年数が経過したのちに売却すると仮定した場合の価額。2007年4月1日以降に取得した減価償却資産（有形固定資産）については残存価額が廃止→

減価償却費の計算

取得価額が200万円の備品（耐用年数5年）を購入した場合、定額法、定率法それぞれの減価償却の計算は以下の通りです。

• 定額法：「取得価額×定額法の償却率」

耐用年数5年の償却率

1年目	200万円×0.2＝40万円
2年目	200万円×0.2＝40万円
3年目	200万円×0.2＝40万円
4年目	200万円×0.2＝40万円
5年目	200万円×0.2＝39万9999円[1]

その年の決算の
必要経費として
盛り込む金額

• 定率法：「（取得価額−すでに償却した額）×定率法の償却率」

耐用年数5年の償却率

1年目	（200万円−0円）　　　×0.4＝80万円
2年目	（200万円−80万円）　×0.4＝48万円
3年目	（200万円−128万円）×0.4＝28万8000円
4年目	（200万円−156.8万円）×0.5＝21万6000円
5年目	21万5999円[1]

その年の決算
の必要経費と
して盛り込む
金額

改定償却率[2]

[1]　「備忘価額」として1円を残します。

[2]　定率法では、耐用年数に応じた償却保証額（1年に償却すべき最低額）を設定できます（上記では21万6000円）。通常の償却率による金額がそれを下回る場合（上記では4年目17万2800円）、改定償却率（43万2000円×0.5）を使って計算します。

Advice　定率法の税務メリット

定率法を使うと最初にまとまった額の償却が行えるため、税務メリットがあるといえます。これは費用としての償却額が多ければ、それだけ利益は減り、そうなれば納める税金の額も減って手元にキャッシュが残るからです。場合によってはそのキャッシュを元手にして新たに設備投資を行い、事業をさらに拡大していくことも可能です。

→され、1円まで減価償却が可能（それ以前に取得した有形固定資産は取得価額の10%）。無形固定資産の残存価額は、取得時期にかかわらず0となる。

引当金
将来の費用や損失に備えて計上する

ココが ポイント
- 貸倒引当金や賞与引当金、退職給付引当金などがある
- 貸倒引当金の引当確定額は経費として税負担の軽減が可能

●回収不能に備える貸倒引当金

　「引当金（ひきあてきん）」とは、将来の費用や損失に備えてあらかじめ費用を見込んで計上するものです。引当金のなかでも代表的なのが「貸倒引当金（かしだおれひきあてきん）」です。商品や製品を掛取引（かけ）（ツケ）で販売したり、受取手形で支払いを受けたりすることがありますが、貸倒引当金はそうした売掛金（うりかけきん）や受取手形、あるいは貸付金などの金銭債権が回収できないリスクに備えて計上するものです。この貸倒引当金は「貸倒実績率」などをもとに計算して引当額を確定させます（一括評価金銭債権）。一定条件を満たしている場合、引当額は右ページのように法定繰入率を使用して計算します。なお、A社、B社といったように相手先別に計算することもあります。引当確定額は損益計算書の「販売費及び一般管理費」に計上して経費にするため、結果的に税負担が一部軽減されることになります。実際に債権の回収が不可能になる貸倒れが発生した場合は、「貸倒損失」として計上しますが、貸倒引当金を取り崩すことで、損失を補てんできます。

　ただし、決算書作成のために正確な計算をして貸倒引当金を計上しても、税法で認められている部分（貸倒引当金繰入限度額）は限定的でしかない点に注意が必要です。貸倒引当金は、評価性引当金とされ、貸借対照表の資産の部にマイナス科目（金額の前に「△」をつける）として計上します。

●賞与引当金と退職給付引当金

　引当金には、貸倒引当金以外に、「賞与引当金」や「退職給付引当金」などがあります。3月決算の会社であれば、その年の夏の賞与に備えて賞与引当金を計上します。また、将来の退職金の支給に備えるのが退職給付引当金です。この賞与引当金と退職給付引当金は、「負債性引当金」として、貸借対照表の負債の部に計上します。こちらは税負担が軽減される制度はありません。

Keyword ｜ 返品調整引当金　当期の決算書に計上する売買利益が、翌期の返品でマイナスになることに備える引当金。返品が予想される商品の利益部分について設定する引当金で→

貸倒引当金の計算

貸倒引当金は、ほぼ回収が不可能な「個別評価金銭債権」と、それ以外の「一括評価金銭債権」に分けて計算します。

貸倒引当金の対象になるものを「一括評価金銭債権」と「個別評価金銭債権」に分離

貸倒引当金の対象とならないのは、敷金、保証金、前渡し金、前払給与など

一括評価金銭債権
【一括評価金銭債権の対象】
・受取手形
・売掛金
・貸付金
・未収譲渡代金未収手数料など

実際の計算は複雑だが、資本金1億円以下などの条件を満たす場合はこの計算式で計算

【計算式】
「貸倒引当金＝一括評価金銭債権×法定繰入率」

個別評価金銭債権

「一括評価金銭債権」のうち、会社更生法や民事再生法などの申立てや認可の決定、また、債務超過状態が相当期間継続した債権

それぞれの状況により計算した金額

・中小法人等の法定繰入率（税法上）

業種	卸・小売業	製造業	金融・保険業	割賦小売業	その他
繰入率	10/1000	8/1000	3/1000	7/1000	6/1000

引当金は、貸倒引当金だけでなく、賞与引当金や退職給付引当金などについても理解しておきましょう。

→あり、出版業や医薬品卸売業といった無条件に返品を受け入れることを商慣行としている業種などに認められている。法人税法に定められており、決算実務では損益計算書の売上総利益で調整する。

決算書の基本①
貸借対照表を理解する

> **ココがポイント**
> ● 貸借対照表は決算日における財政状態を表す
> ● 貸借対照表は「資産＝負債＋純資産」で示される

● 決算日における会社の財政状態を表す

　「貸借対照表」は決算日における会社の財政状態を表したもので、会社の安全性を見ることができる決算書です。表の左側の「資産」と右側の「負債＋純資産」のバランスが必ずとれていることから、「バランスシート（B／S）」とも呼ばれます。貸借対照表を簡略化すると、以下のようになります。

資産	負債（他人資本）
・流動資産 　現預金、売掛金、商品 ・固定資産 　建物、工具、運搬具、土地	・流動負債　支払手形、買掛金、短期借入金、未払金 ・固定負債　長期借入金、リース債務 **純資産**（自己資本） 資本金、資本剰余金、利益剰余金

● 純資産と負債の比率が財政状態の尺度

　表の右側は会社がどうやって資金を調達したのかを示しています。「純資産」は資本金など返済不要なものを示し、「負債」は他人から調達した資金であり、返済が必要なものです。一方、表の左側は調達した資金をどのように使っているのかを示しています。「流動」に分類するか「固定」に分類するかは、１年が基準（ワンイヤールール）になります。これは、１年以内に現金化ができるものは流動資産、１年を超えて保有する資産は固定資産という考えです。同様に、負債も１年以内に返済しなければならないものは流動負債、返済期限が１年を超えるものは固定負債となります。左側も右側も、上から順に現金化しやすい、あるいは早く支払わなければならない科目が示されています。

　純資産と負債の比率で純資産の比率が高いほど、財政状態に余裕があるといえます。また、流動資産が流動負債を上回っていれば、資金繰りに余裕があると判断できます。

Keyword ┃ **利益剰余金**　純資産のなかの利益剰余金は、会社の創業時からの利益の蓄積を示すもの。

貸借対照表のサンプル

貸借対照表
(令和○年3月31日現在)

(単位:千円)

資産の部		負債・純資産の部	
科 目	金額	科 目	金額
資産の部		負債の部	
【流動資産】		【流動負債】 ③流動負債	
現金及び預金	000	買掛金　1年以内に返済しな	000
売掛金　①流動資産	000	短期借入金　ければならない負債	000
有価証券　1年以内に現金化	000	1年内返済予定の長期借入金	000
商品　できる資産	000	未払法人税	000
繰延税金資産	000	賞与引当金	000
貸倒引当金	△000	その他	000
流動資産合計	000	流動負債合計	000
【固定資産】		【固定負債】 ④固定負債	
(有形固定資産)		長期借入金　支払期限が1年を	000
建物及び構築物	000	繰延税金負債　超える負債	
減価償却累計額	△000	退職給付に係る負債	000
建物及び構築物(純額)	000	その他	000
機械装置及び運搬具	000	固定負債合計	000
減価償却累計額	△000	負債の部合計	000
機械装置及び運搬具(純額)	000	純資産の部	
工具、器具及び部品	000	【株主資本】	
減価償却累計額	△000	資本金	000
工具、器具及び備品(純額)	000	資本剰余金	000
土地	000	利益剰余金	000
建設仮勘定　②固定資産	000	自己株式	△000
有形固定資産合計　1年を超えて使用・	000	株主資本合計	000
(無形固定資産)　保有する資産	000		
営業権	000		
ソフトウェア	000		
無形固定資産合計	000		
(投資その他の資産)	000		
投資有価証券	000		
繰延税金資産	000		
差入保証金	000		
その他	000		
投資その他の資産合計	000		
固定資産合計	000		
		純資産の部合計	000
資産の部合計	000	負債・純資産の部合計	000

決算書の基本②
損益計算書を理解する

**ココが
ポイント**

● 損益計算書は「利益＋費用＝収益」となる

● 「当期純利益」は会計年度における会社の最終利益

● 1年間の会社の利益を表す

　「損益計算書（そんえきけいさんしょ）」は、会社が期首から決算日までの1年間にどの程度の利益を出したかを示す決算書です。その計算構造は、表の右側の「収益」（売上高に相当）から表の左側の「費用」（経費等）を差し引いて「利益」を求めます。なお、損益計算書は英語では「Profit and Loss Statement」といい、「P／L」とも略されます。損益計算書を簡略すると、右のようになります。

利　益	収　益
費　用	

● 損益計算書の「5つの利益」

　損益計算書では、利益を以下の5段階に分けて示しています。特に会社の儲けを示す「営業利益」や、会計年度における会社の最終利益を示す「当期純利益」は重要です。

売上総利益	売上高から売上原価を差し引いて求める。粗利益とも呼ばれる。
営業利益	売上総利益から販促費や人件費など「販売費及び一般管理費」を差し引いて求める。本業による儲けを示しており、当期純利益とともに最も注目すべき利益。
経常利益	営業利益に営業外収益を加算し、営業外費用を差し引いて求める。営業外の収益や費用は、受取利息や支払利息など財務関連に起因する損益であり、財務状況に余裕のある会社では営業利益を上回る場合がある。
税引前当期純利益	経常利益に当該会計年度における特別利益を加算し、特別損失を差し引いて求める。
当期純利益	税引前当期純利益から法人税などを差し引いて求める。会計年度における会社の最終利益。

豆知識　売上高営業利益率　「営業利益」を見る際は「売上高営業利益率」も重要。企業の儲け具合を示す売上高営業利益率は「営業利益÷売上高×100％」で求める。業種にもよるが10％ →

損益計算書のサンプル

損益計算書
自 令和○年4月1日　至 令和○年3月31日

(単位：千円)

科　目	金額
売上高	350,000
売上原価	210,000
売上総利益	140,000
販売費及び一般管理費	
給料	58,000
賃借料	12,000
租税公課	1,600
減価償却費	6,400
その他	41,000
販売費及び一般管理費合計	119,000
営業利益	21,000
営業外収益	
受取利息	300
受取配当金	200
雑収入	2,400
営業外収益合計	2,900
営業外費用	
支払利息	1,900
雑損失	2,000
営業外費用合計	3,900
経常利益	20,000
特別利益	
固定資産売却益	600
特別利益合計	600
特別損失	
固定資産除却損	1,200
特別損失合計	1,200
税引前当期純利益	19,400
法人税、住民税及び事業税	6,400
法人税等調整額	600
法人税等合計	7,000
当期純利益	12,400

「売上高－売上原価」で求める

「売上総利益－販売費及び一般管理費」で求める

「営業利益＋営業外収益－営業外費用」で求める

「経常利益＋特別利益－特別損失」で求める

「税引前当期純利益－法人税等合計」で求める

→を超すと高収益企業といえる。

決算書の基本③
キャッシュフロー計算書を理解する

ココが ポイント

● 会社にどれくらいのお金があるかわかる
● 営業活動によるキャッシュフローは黒字が前提

●キャッシュフローは「営業」「投資」「財務」に大別

　決算書と一般的に呼ばれる財務諸表は、前述の「貸借対照表（たいしゃくたいしょうひょう）」と「損益計算書（そんえきけいさんしょ）」に「キャッシュフロー計算書」を加えた３つを指すことが多く、「財務三表」とも呼ばれます。キャッシュフロー計算書は、英語では「Cash Flow Statement」といい、「Ｃ／Ｆ」とも略されます。なお、中小企業の場合には、キャッシュフロー計算書を作成しない場合もあります。

　キャッシュフロー計算書は、「営業活動によるキャッシュフロー」「投資活動によるキャッシュフロー」「財務活動によるキャッシュフロー」の３つに大別でき、それぞれの入金と出金を計算します。最終的には決算日におけるキャッシュの残高を示します。３つのキャッシュフローは以下の通りです。

営業活動による キャッシュフロー	商品やサービスの提供など本業による入金と、仕入や給与、税金の支払いなどの出金を計算する。
投資活動による キャッシュフロー	工場の増改築や企業買収などに投じた出金と、所有している土地や子会社の売却にともなう入金を計算する。
財務活動による キャッシュフロー	配当金の支払いや金融機関への返済にともなう出金と、新たな資金調達による入金を計算する。

　大企業における「営業活動によるキャッシュフロー」は、損益計算書を利用して作成するため難しく感じますが、実質的にはキャッシュの出入りを１円単位で計算したものと理解できます。

　キャッシュフロー計算書を読み解く重要なポイントは、営業活動によるキャッシュフローは出金よりも入金が多い黒字が大前提であるということです。一方、投資活動によるキャッシュフローと財務活動によるキャッシュフローは、入金よりも出金が上回る赤字（一般的には「△」で表示される）として計上されるのが普通です。

豆知識 　営業活動によるキャッシュフロー　営業活動によるキャッシュフローと投資活動によるキャッシュフローを合わせて、フリー・キャッシュフローという場合がある。呼び名の通り、企業が自由に →

キャッシュフロー計算書の○と△の意味

「営業活動によるキャッシュフロー」「投資活動によるキャッシュフロー」「財務活動によるキャッシュフロー」のそれぞれについて、入金が出金を上回っている場合は「○」、出金が入金を上回っている場合は「△」とします。

キャッシュフロー	○の意味	△の意味	解　説
営業活動によるキャッシュフロー	本業が順調	本業で苦戦	「○」が企業継続の絶対条件。仕入代や人件費、税金などで流失するキャッシュを上回るキャッシュを本業で獲得するのが企業の本来の姿。
投資活動によるキャッシュフロー	投資が不活発	投資が活発	企業の成長に向けて工場の増設や店舗の拡大にキャッシュを投じれば、有価証券の売却などにともなう入金を上回り、赤字を示す「△」になるのが一般的。
財務活動によるキャッシュフロー	借入が多い	借入が少ない	金融機関からの借入がない超優良企業ともなれば、ここでは配当金の支払いだけが示されたりして、当然のごとく「△」になる。借入金の返済を上回る資金調達をした場合は、必然的に「○」となる。

キャッシュフロー計算書から読む企業状況の例

▶事例①　営業ＣＦ○　投資ＣＦ△　財務ＣＦ△

本業で獲得したキャッシュが、出金を上回っています。そこから、将来に備えた設備投資に出金しています。また、新規の借入よりも配当や返済が上回っていることで財務活動によるキャッシュフローは入金を出金が上回っている状態。優良企業と考えられます。

▶事例②　営業ＣＦ○　投資ＣＦ△　財務ＣＦ○

本業で獲得したキャッシュが、出金を上回り、そこから、設備投資に出金しているのは事例①と同じです。ただし、財務活動によるキャッシュフローは、入金が上回っている状態です。手持ち資金ではまかなえないため、設備投資のために新たに資金を調達したところです。

▶事例③　営業ＣＦ△　投資ＣＦ○　財務ＣＦ△

営業活動によるキャッシュフローの赤字は、本業で稼ぐ力が弱まっていることを意味します。そのため、土地や子会社などの資産を売却したのでしょう。投資活動によるキャッシュフローは、入金が出金を上回る状態です。その資金を金融機関への返済に回したことで、財務活動におけるキャッシュフローは出金が入金を上回っています。

→使えるキャッシュを意味する重要な指標である。

頻度　**年に1回**　　締切　事業年度の最終日から2カ月以内

法人税等の計算
会計上の利益に税法上の調整を行う

ココが ポイント

● 法人税は加算や減算した所得金額に対して課税される
● 「収益」「益金」「費用」「損金」の使い分けに注意する

●法人税は所得金額にかかる

　国税である法人税は、確定した決算書の利益にそのままかかるわけではなく、会計上の利益をベースに、税法にもとづく調整（加算や減算を行って計算）を実施して求める「所得金額」に対して課税されます。申告・納税締切日は、事業年度の最終日から2カ月以内です。赤字の場合も申告が必要です。

●課税所得を求める際の注意

　会計上の利益を求める場合は「利益＝収益－費用」、法人税を計算する際の基本となる所得金額を求める場合は「所得金額＝益金－損金」で計算します。多少のズレはありますが、ほぼ「収益＝売上高」と考えて差し支えありません。ただし、「収益」「益金」「費用」「損金」といった言葉の使い分けに注意が必要です。この場合の「収益」は会計上の用語であり、課税額を計算する場合は税務上の用語である「益金」となります。同様に「損金」も税法上の用語で、会計上の「費用」にほぼ相当します。なぜ、所得金額を求めるときに益金や損金とするのかといえば、これは必ずしも「収益＝益金」「費用＝損金」というわけではないためです。具体的には以下のようなケースがあります。

- 収益ではあっても益金ではない（益金不算入）
- 収益ではないが益金となる（益金算入）
- 費用ではあっても損金ではない（損金不算入）
- 費用ではないが損金となる（損金算入）

　実際には、右ページにあるように、最初から益金や損金を計算するのではなく、会計上の当期純利益をベースに、「益金算入」と「損金不算入」は加算、「益金不算入」「損金算入」は減算と、加減して課税所得を求めます。

豆知識　確定した決算書　株主総会で承認された決算（決算書）を指す。法人税の申告書は、確定した決算にもとづいて作成することになっており、厳密にいえば株主総会後でなければ申告書の→

法人税計算の基本と仕組み

法人税は、「益金－損金」で所得金額を求め、その額に税率を乗じて算出します。
資本金の額によって税率が異なる点に注意しましょう。

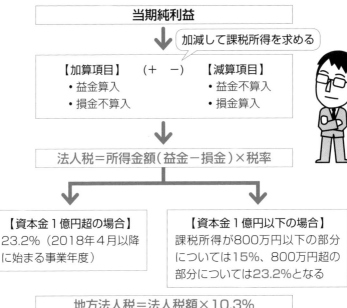

当期純利益

→ 加減して課税所得を求める

【加算項目】　（＋ －）　【減算項目】
・益金算入　　　　　　　　・益金不算入
・損金不算入　　　　　　　・損金算入

法人税＝所得金額（益金－損金）×税率

【資本金1億円超の場合】
23.2%（2018年4月以降
に始まる事業年度）

【資本金1億円以下の場合】
課税所得が800万円以下の部分
については15%、800万円超の
部分については23.2%となる

地方法人税＝法人税額×10.3%

地方税の計算

　国税の法人税以外に、地方税として法人住民税（都道府県民税・市町村民税）と
法人事業税がかかります（174ページ）。法人税と同様に納税は、事業年度の最終日
から2カ月以内です。なお、「法人税割」とは、法人税額を基準として法人が納め
る税金のこと。「均等割」とは、納税者の所得金額の多少にかかわらず一定額を納
める税金のことをいいます（2019年10月以降に始まる事業年度）。

法人住民税＝法人税割＋均等割
（例）　法人税割＝法人税額×住民税率（東京都：7.0%）
　　　　均等割＝7万円～（東京都）

※東京都23区の場合
※法人税額が1000万円超は10.4%

法人事業税＝所得金額×標準税率（4.795%～9.59%）

→ 作成はできないことになるが、日程の関係で、実際には株主総会での承認を前提に、申告書も事前に作成
　する。

249

頻度 年に1〜12回　締切 事業年度末日の翌日から2カ月以内

消費税の計算
税額に合わせて申告・納税回数を決める

**ココが
ポイント**
- 課税売上高1000万円超で納税義務が発生する
- 課税売上高5000万円以下なら簡便な計算方式を選択可能

● 消費税の納税義務の有無

　消費税の納税義務者に該当するのは、以下のような場合です。

①前々事業年度の売上高（課税売上高）が1000万円を超える。

②前事業年度開始から6カ月間の課税売上高が1000万円を超える、かつ
　前事業年度開始から6カ月間の給与・賞与合計額が1000万円を超える。

③資本金が1000万円以上である。

④資本金が1000万円未満でも、課税売上高が5億円超の企業が50%超出資。

　①〜④のいずれかに該当する場合には消費税の課税事業者となり、税務署に「消費税課税事業者届出書」を提出して消費税を納税します。

● 原則課税方式と簡易課税方式

　消費税の計算方式には、通常の計算で消費税を精算する「原則課税方式」と、みなし仕入率により消費税を精算する「簡易課税方式」があります。簡易課税方式は課税売上高が5000万円以下の場合に選択が可能で、その場合には、有利な方式を選ぶことができます。なお、簡易課税方式を選択する場合には、税務署に届出が必要です。それぞれの計算式と、簡易課税方式で仕入控除税額の算出に用いられる「みなし仕入率」は以下の通りです。

原則課税方式	納める消費税＝課税売上高×10%－課税仕入高×10%
簡易課税方式	納める消費税＝課税売上高×10% －（課税売上高×10%×みなし仕入率）

業　　　種	みなし仕入率	業　　　種	みなし仕入率
卸売業	90%	飲食業等	60%
小売業	80%	金融・サービス業等	50%
製造業・農林業等	70%	不動産業	40%

豆知識　消費税率　2019年10月から消費税率は10%（それ以前は8%）に引き上げられている。10%の内訳は、国税分が7.8%、地方消費税が2.2%である。

消費税の申告・納税までの流れ

前年（前事業年度）の消費税の納付金額に応じて、申告・納税回数は年1回から12回に分かれます。なお、消費税の経理処理には「税込経理処理」と「税抜経理処理」の2つの方法があり、課税事業者はいずれかの方法を選ぶことができます。

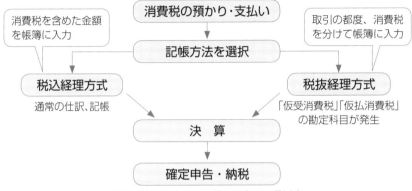

消費税を含めた金額を帳簿に入力

取引の都度、消費税を分けて帳簿に入力

消費税の預かり・支払い

記帳方法を選択

税込経理方式
通常の仕訳、記帳

税抜経理方式
「仮受消費税」「仮払消費税」の勘定科目が発生

決　算

確定申告・納税
基本は事業年度末日の翌日から2カ月以内

前年（前事業年度）の消費税額で異なる申告・納税回数

前年の消費税額	申告・納税回数	申告・納税期限
48万円以下	年1回（確定申告1回）	事業年度末日の翌日から2カ月以内
48万円超～400万円以下	年2回（確定申告1回、中間申告1回）	申告対象期間末日の翌日から2カ月以内
400万円超～4800万円以下	年4回（確定申告1回、中間申告3回）	申告対象期間末日の翌日から2カ月以内
4800万円超	年12回（確定申告1回、中間申告11回）	申告対象期間末日の翌日から2カ月以内

Advice 　消費税がかからない主な取引

社会政策的配慮などから課税の対象としない取引のことを「非課税取引」といいます。たとえば、土地や有価証券、商品券などの譲渡、預貯金や貸付金の利子、社会保険医療などの取引がこれに当たります。また、商品の輸出や国際輸送、外国の事業者に対するサービスの提供など、輸出類似取引は消費税が免除される「免税取引」。非課税と免税は、その取引のために行った課税仕入について、仕入税額の控除を行うことができるかどうかという点が異なります。一方、国外取引、寄附や単なる贈与、出資に対する配当などは、「不課税取引」とされます。非課税取引と不課税取引とでも、課税売上割合の計算においてその取り扱いは異なります。

※2023年10月よりインボイス制度が導入され、消費税の取り扱いが大きく変更された。詳細については252～255ページを参照。

インボイス制度①
制度の概要と適格請求書の発行

ココが　ポイント
- 2023年10月から「インボイス制度」開始
- 登録申請は2021年10月から可能

●新しいルールの役割

　現在の消費税は基本的に10%、一部の優遇税制品目については8%が適用されています。納付する消費税は、「課税売上高の消費税額」から「課税仕入高の消費税額」を引いて計算します（250ページ）。

　消費税の計算方法は変わりませんが、申告・納税について、「インボイス制度（適格請求書等保存方式）」が導入されます。今まで、消費税の納付において、「益税」が発生しているということが、問題視されていたからです。

　益税とは、本来であれば国に納税されるべき税金が、納付されることなく事業者の利益になっている状態をいいます。消費税の場合には、免税事業者であるなどの、一定の条件がそろうことによりこの状況が生まれやすくなっていたのです。この状態を解決するためにできたのが「インボイス制度」です。

●売り手側の注意点

　インボイスとは、「適格請求書」を意味します。この新制度の要となる、適格請求書は、売り手側が取引相手に対して正確な適用税率や消費税額などを伝えるものです。加えて、「適格請求書発行事業者（登録事業者）」のみが、適格請求書を発行できます。

　登録事業者になるには、要件を満たしたうえで、「登録申請書」を納税地の所轄税務署に提出しましょう。この申請を行うことで、登録事業者としての登録番号を入手することができ、適格請求書に登録番号を記載して登録事業者であることを相手に知らせます。

　登録申請を行わず、適格請求書が発行できない事業者については、取引の際に様々なデメリットが生じることも考えられます。

　登録申請については、損得を加味して慎重な判断をお勧めします。

豆知識　免税事業者　年間の売上高が1000万円以下の事業者や、フリーランスは取引相手から消費税を受けとっていたとしても、消費税の納税が免除されている。

インボイス制度における負担軽減措置

　事業者の負担を軽減する制度が設けられています。その一つが、「少額特例」です。基本的には課税売上高が１億円以下の事業者の場合、仕入が１万円未満(税込課税仕入れに係る支払対価)の場合、インボイスの提供を受けなくても、帳簿のみの記載・保存で仕入税額控除を適用することができます(2029年９月30日まで)。

適格請求書の例

　適格請求書には以下の記載が必要です。
①発行者の名称及び登録番号
②取引年月日
③取引内容（軽減税率の対象品目である旨）
④税率ごとに区分して合計した対価の額及び適用税率
⑤税率ごとに区分した消費税額
⑥交付を受ける事業者の名称

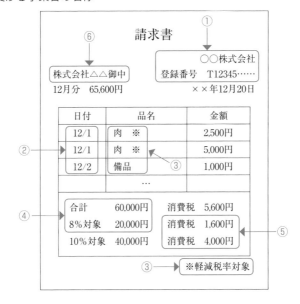

インボイス制度②
仕入税額控除を受ける場合の注意点

ココが
ポイント

● 適格請求書でなければ仕入税額控除は原則不可
● 3万円未満の鉄道料金などは例外処置

●買い手側としての注意点

インボイス制度では、適格請求書の活用により、消費税の「出」と「入」を厳格に管理することになります。これにより、大きな影響を受けるのが、右図に示した、消費税の納税額を計算する際の「仕入税額控除」の計算です。

今までは買い手側は、基本的に支払った消費税については、「仕入税額控除」の対象となっていました。

しかし、インボイス制度では、登録事業者が発行した適格請求書を受領しているもののみ、仕入税額控除ができるようになっています。つまり、取引相手が登録事業者か否かを確認しなければなりません。

この決まりがあるため、適格請求書を発行する側（売り手側）になった場合には、適格請求書の発行を適切に行うことが要求されます。

●適格請求書の必要なとき、不要なとき

これまでは、3万円未満の金額であれば領収書不要とされていた取引がありました。しかし、インボイス制度では、そのような取引でも、適格請求書を受け取る必要があります。

ただし、飲食店やタクシーの利用などの場合には、適格請求書でなくても必要事項が記載されたレシート（適格簡易請求書）でもよいとされています。この場合、これまでよしとされていた、手書きの領収書では必要な事項が記載されていないことがあるので注意しましょう。

また、そもそも適格請求書が不要とされる取引もあります。

たとえば、近距離での電車利用時の交通費や、自動販売機・コインロッカーの利用でかかった費用などです。このような場合には帳簿に、金額や日付など必要事項を記入しておけば大丈夫です。

Keyword｜適格簡易請求書　適格請求書と基本の記載項目は同じであるが、交付を受ける者の名称は不要とされている。

仕入税額控除

▶計算式 ···

消費税額 ＝ [課税売上高の消費税額] － [課税仕入高の消費税額]

[仕入税額控除]

　この「仕入税額控除」の適用を受けるために、仕入を行った際には「適格請求書」を受領し保存しておかなければなりません。適格請求書が受領できない場合には支払った分の消費税額を差し引くことができません。

▶ケース１　相手が登録事業者である場合 ·····························

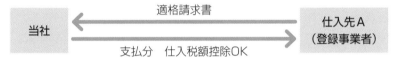

当社　←　適格請求書　←　仕入先Ａ（登録事業者）
当社　→　支払分　仕入税額控除OK　→

▶ケース２　相手が登録事業者でない場合 ·····························

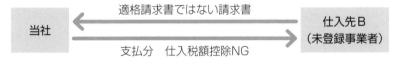

当社　←　適格請求書ではない請求書　←　仕入先Ｂ（未登録事業者）
当社　→　支払分　仕入税額控除NG　→

適格請求書なしでも控除できるもの

　以下の取引などは、適格請求書がなくても帳簿の記入のみで、仕入税額控除が適用できます。

- ３万円未満の公共交通機関の運送費
- ３万円未満の自動販売機などによる購入
- 郵便切手を対価とする郵便サービス
- 従業員などに支給する出張旅費など
- 入場券などが回収されるもの

適格請求書を受け取ることが現実的には難しいので例外として認められています。

税務調査への対応
任意調査は帳簿や領収書等を再確認する

ココが ポイント
- 税務調査には「任意調査」と「強制調査」がある
- 申告漏れがあれば追徴課税に応じる

● 税務調査の大半は任意調査

「税務調査」とは法人税や消費税などの申告・納税が正しくなされているかどうかを税務署がチェックし、誤りがあれば是正を求めることをいいます。税務調査は、「任意調査」と「強制調査（査察）」の2種類に分かれます。通常、税務調査といえば任意調査を指します。一方、強制捜査は告発を視野に入れ、裁判所の令状にもとづいて行われるものです。

任意調査の場合、税務署から企業やその企業が顧問契約を結んでいる税理士・公認会計士事務所に連絡があり、日程を調整するのが一般的です。事前通知がなく、突然税務調査が入るケースもありますが、その場合は断ることが可能です。調査官の訪問を受けたら、身分を確認したうえで、顧問税理士に連絡するなど、冷静な対応が必要です。

● 税務調査は「10時〜16時」「2日間」が一般的

税務調査の実施日が確定したら、経理部門は帳簿や領収書などの用意と再確認作業を進めるとともに、顧問契約している税理士・公認会計士事務所に当日の立ち会いを依頼するなど、税務調査への準備を進めます。企業規模などによって多少異なりますが、税務調査は「10時〜16時」「2日間」というのが一般的です。

税務調査における調査項目は、多岐にわたります。税務署は裏づけを取るため、取引金融機関や取引先の会社などに対して調査を行う「反面調査」を実施する場合もあります。もちろん、税務調査を受けたからといって、必ず「追徴課税」されるわけではありません。税務上の処理が適切であれば、追徴課税が発生することはありませんが、もし処理に誤りがあった場合はその誤りを正して、追徴課税に応じる真摯な姿勢が大切です。

Keyword | 追徴課税　法人税や所得税など確定申告をして納税した金額が、申告漏れなどで本来納税すべき金額よりも少なかった場合、追加で納付することになる税金。加一

税務調査を受ける際のポイント

税務調査の際に注意すべき主なポイントは以下の通りです。担当部門や経営者、顧問税理士などと協力して準備しましょう。

1
▶基本的な態度
- 机やロッカー、金庫などを整理。不要なものは入れておかない。
- 自然な応対を心がける。
- 受け答えは主に顧問税理士に任せ、経営者など会社側の立会人は、必要な場合にのみ発言する。

2
▶現金について
- 現金の過不足をチェックする。
- 小売店や飲食店の場合は、税務署が連絡もなく調査に来ることがあるが、重要なのは、現金の実際残高と現金出納帳の残高が一致していること。

3
▶預貯金について
- 残高証明書と照合する。
- 定期預貯金については、満期日を確認する。

4
▶契約書について
- 印紙が貼ってあることを確認する。

5
▶資料について
- 請求書、領収書、仕入帳、売上帳、現金出納帳、総勘定元帳など5年分の資料を用意する。

6
▶従業員給与関係について
- 源泉徴収簿、タイムカード・出勤簿、交通費などを確認する。

7
▶役員報酬について
- 使用人兼務役員や社宅家賃などの妥当性、特殊関係者（配偶者や子どもなど）への支払いの有無を確認する。
- 支給額が適正であるかどうかを確認する。

8
▶在庫について
- 数量や単価、評価方法の妥当性を確認する。

9
▶その他
- 旅費交通費、福利厚生費、交際費、諸会費、前払費用、仮払金、前渡金、貸付金、貸倒引当金、前受金、借受金などの処理の妥当性を確認する。
- 売上高など前期と比べて増減が著しい場合は、その要因についての確認も行う。

→ 算税（「過少申告加算税」「無申告加算税」「不納付加算税」「重加算税」）と延滞税がある。

小さな会社のための勘定科目一覧

貸借対照表（資産の部）

勘定科目	用　　途
現金	小切手も現金扱い
預金	普通預金、当座預金、定期預金など
受取手形	得意先から受け取った約束手形など
売掛金	販売代金など得意先に対する未回収の債権
有価証券	株券や国債など
棚卸資産	商品、製品、原材料、仕掛品など
前払金	商品の仕入れなどに際して前払いした金額
仮払金	現金の支出はあったが勘定科目や金額が未確定な金額
短期貸付金	貸付金のうち1年以内に返済される貸付金
貸倒引当金	金銭債権の貸倒見積額
有形固定資産	建物、付属設備、機械装置、車両運搬具、土地など
無形固定資産	ソフトウェアなど
投資有価証券	子会社や関連会社の株式など
繰延資産	創立費、開業費など

貸借対照表（負債・資本の部）

勘定科目	用　　途
支払手形	仕入先に対して振り出した手形
買掛金	支払代金の未払残高
前受金	商品の売上などに際して前受けした金額
短期借入金	1年以内に返済予定の借入金
1年内返済予定の長期借入金	長期借入金のうち1年以内に返済を予定する金額
未払金	固定資産の購入などに支出が予定されている金額
未払法人税等	法人税および住民税の未納税額
仮受金	現金の収入はあったが勘定科目や金額が未確定のもの
預り金	従業員から預かっている源泉所得税など
退職給付引当金	将来の退職金の支払いに備えて会計年度に費用計上する金額
長期借入金	返済・償還予定が1年以上先の借入金・社債

貸借対照表（純資産の部）

勘定科目	用　途
資本金	出資者から出資された金額
資本準備金	出資者から払い込まれた金額のうち、資本金として計上しなかった金額
その他資本剰余金	資本金および資本準備金の取り崩しを行った場合に発生した剰余金
利益剰余金	利益を積み立てたお金で、会社内部に蓄積されているもの

損益計算書

勘定科目	用　途
売上高	商品や製品の販売で獲得した収益
売上原価	仕入れ、材料費、製造原価など
役員報酬	取締役や監査役など役員への報酬
給与・手当・賞与	従業員に対する給与や手当、賞与
雑給	パート・アルバイトなどへの給与
退職金	退職慰労金など
法定福利費	従業員の社会保険料の会社負担分
旅費交通費	出張旅費、電車・バス代、タクシー代など
会議費	社内外における商談や打ち合わせなどの会議費用
交際費	接待や贈答などに支出した金額
諸会費	業界団体の会費など
宣伝広告費	広告のために支出した金額
賃借料	土地や建物など賃借にともなう支出金額
リース料	機械やコピー機などのリース代
減価償却費	有形固定資産について会計年度に費用計上した金額
営業外損益	受取利息、受取配当金、為替差損、雑損失など
特別損益	固定資産売却益、投資有価証券売却益、固定資産売却損、固定資産除去損、投資有価証券評価損など
法人税等	決算を受けて納税する法人税、道府県民税、市町村税

給与所得者の扶養控除等（異動）申告書

　「給与所得者の扶養控除等（異動）申告書」は、給与の支払を受ける人（給与所得者）が、その給与について配偶者控除や扶養控除、障害者控除などの控除を受けるための手続きに必要な書類です。会社は新規採用者が入社したり、従業員に扶養家族の増減があったりする場合、入社後に「給与所得者の扶養控除等（異動）申告書」を記入・提出してもらう必要があります。

社員には氏名、生年月日、世帯主の氏名、住所などを記入してもらう。また、個人番号（マイナンバー）の記入も必要。

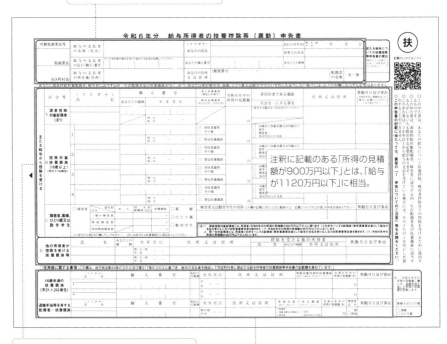

注釈に記載のある「所得の見積額が900万円以下」とは、「給与が1120万円以下」に相当。

控除対象の配偶者、16歳以上の扶養親族などの氏名、生年月日、続柄などを記入する。また、本人同様、個人番号（マイナンバー）の記入が必要。

16歳未満の扶養親族については、この欄に記入する。

給与所得の源泉徴収税額表
（2024年分）月額表

　「甲欄」は扶養親族等の数と給与額によって、「乙欄」は給与額のみで所得税が決まります。たとえば、課税対象金額（その月の社会保険料等控除後の給与等の金額）が317,000円で、扶養親族等の数が2人の場合、その税額は①の5,860円になります。一方、扶養親族等申告書がない乙欄の場合、その税額は②の58,800円になります。

健康保険料や厚生年金保険料、介護保険料、雇用保険料を控除した金額（通勤手当は含まない）。

扶養控除等申告書の提出がある場合は甲欄で税額を確認する。

扶養控除等申告書の提出がない場合は乙欄で税額を確認する。

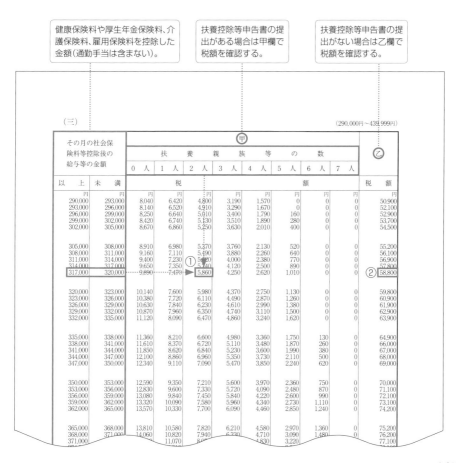

（三）　　　（290,000円〜439,999円）

その月の社会保険料等控除後の給与等の金額		甲 扶　養　親　族　等　の　数								乙
以　上	未　満	0 人	1 人	2 人	3 人	4 人	5 人	6 人	7 人	税　額
		税					額			税　額
円	円	円	円	円	円	円	円	円	円	円
290,000	293,000	8,040	6,420	4,800	3,190	1,570	0	0	0	50,900
293,000	296,000	8,140	6,520	4,910	3,290	1,670	0	0	0	52,100
296,000	299,000	8,250	6,640	5,010	3,400	1,790	160	0	0	52,900
299,000	302,000	8,420	6,740	5,130	3,510	1,890	280	0	0	53,700
302,000	305,000	8,670	6,860	5,250	3,630	2,010	400	0	0	54,500
305,000	308,000	8,910	6,980	5,370	3,760	2,130	520	0	0	55,200
308,000	311,000	9,160	7,110	5,490	3,880	2,260	640	0	0	56,100
311,000	314,000	9,400	7,230	5,620 ①	4,000	2,380	770	0	0	56,900
314,000	317,000	9,650	7,350	5,740	4,120	2,500	890	0	0	57,800
317,000	320,000	9,890	7,470	5,860 ①	4,250	2,620	1,010	0	0	58,800 ②
320,000	323,000	10,140	7,600	5,980	4,370	2,750	1,130	0	0	59,800
323,000	326,000	10,380	7,720	6,110	4,490	2,870	1,260	0	0	60,900
326,000	329,000	10,630	7,840	6,230	4,610	2,990	1,380	0	0	61,900
329,000	332,000	10,870	7,960	6,350	4,740	3,110	1,500	0	0	62,900
332,000	335,000	11,120	8,090	6,470	4,860	3,240	1,620	0	0	63,900
335,000	338,000	11,360	8,210	6,600	4,980	3,360	1,750	130	0	64,900
338,000	341,000	11,610	8,370	6,720	5,110	3,480	1,870	260	0	66,000
341,000	344,000	11,850	8,620	6,840	5,230	3,600	1,990	380	0	67,000
344,000	347,000	12,100	8,860	6,960	5,350	3,730	2,110	500	0	68,000
347,000	350,000	12,340	9,110	7,090	5,470	3,850	2,240	620	0	69,000
350,000	353,000	12,590	9,350	7,210	5,600	3,970	2,360	750	0	70,000
353,000	356,000	12,830	9,600	7,330	5,720	4,090	2,480	870	0	71,100
356,000	359,000	13,080	9,840	7,450	5,840	4,220	2,600	990	0	72,100
359,000	362,000	13,320	10,090	7,580	5,960	4,340	2,730	1,110	0	73,100
362,000	365,000	13,570	10,330	7,700	6,090	4,460	2,850	1,240	0	74,200
365,000	368,000	13,810	10,580	7,820	6,210	4,580	2,970	1,360	0	75,200
368,000	371,000	14,060	10,820	7,940	6,330	4,710	3,090	1,480	0	76,200
371,000			11,070			4,830	3,220			77,100

261

労災保険率表

(単位：1/1000)　　　　　　　　　　　　　　　　　　　　　　　　　（2024年4月1日施行）

事業の種類の分類	業種番号	事業の種類	労災保険率
林　業	02または03	林業	52
漁　業	11	海面漁業（定置網漁業または海面魚類養殖業を除く）	18
	12	定置網漁業または海面魚類養殖業	37
鉱　業	21	金属鉱業、非金属鉱業（石灰石鉱業またはドロマイト鉱業を除く）または石炭鉱業	88
	23	石灰石鉱業またはドロマイト鉱業	13
	24	原油または天然ガス鉱業	2.5
	25	採石業	37
	26	採石業その他の鉱業	26
建設事業	31	水力発電施設、ずい道等新設事業	34
	32	道路新設事業	11
	33	舗装工事業	9
	34	鉄道または軌道新設事業	9
	35	建築事業（既設建築物設備工事業を除く）	9.5
	38	既設建築物設備工事業	12
	36	機械装置の組立てまたは据付けの事業	6
	37	その他の建設事業	15
製造業	41	食料品製造業	5.5
	42	繊維工業または繊維製品製造業	4
	44	木材または木製品製造業	13
	45	パルプまたは紙製造業	7
	46	印刷または製本業	3.5
	47	化学工業	4.5
	48	ガラスまたはセメント製造業	6
	66	コンクリート製造業	13
	62	陶磁器製品製造業	17
	49	その他の窯業または土石製品製造業	23
	50	金属精錬業（非鉄金属精錬業を除く）	6.5
	51	非鉄金属精錬業	7

	52	金属材料品製造業（鋳物業を除く）	5
	53	鋳物業	16
	54	金属製品製造業または金属加工業（洋食器、刃物、手工具または一般金物製造業およびめっき業を除く）	9
	63	洋食器、刃物、手工具または一般金物製造業（めっき業を除く）	6.5
	55	めっき業	6.5
製造業	56	機械器具製造業（電気機械器具製造業、輸送用機械器具製造業、船舶製造または修理業および計量器、光学機械、時計等製造業を除く）	5
	57	電気機械器具製造業	3
	58	輸送用機械器具製造業（船舶製造または修理業を除く）	4
	59	船舶製造または修理業	23
	60	計量器、光学機械、時計等製造業（電気機械器具製造業を除く）	2.5
	64	貴金属製品、装身具、皮革製品等製造業	3.5
	61	その他の製造業	6
	71	交通運輸事業	4
運輸業	72	貨物取扱事業（港湾貨物取扱事業および港湾荷役業を除く）	8.5
	73	港湾貨物取扱事業（港湾荷役業を除く）	9
	74	港湾荷役業	12
電気、ガス、水道または熱供給の事業	81	電気、ガス、水道または熱供給の事業	3
	95	農業または海面漁業以外の漁業	13
	91	清掃、火葬またはと畜の事業	13
	93	ビルメンテナンス業	6
	96	倉庫業、警備業、消毒または害虫駆除の事業またはゴルフ場の事業	6.5
その他の事業	97	通信業、放送業、新聞業または出版業	2.5
	98	卸売業・小売業、飲食店または宿泊業	3
	99	金融業、保険業または不動産業	2.5
	94	その他の各種事業	3
	90	船舶所有者の事業	42

印紙税額一覧表

番　号	文書の種類	印紙税額（記載された金額・1通につき）
1号文書	1. 不動産、鉱業権、無体財産権、船舶、航空機または営業の譲渡に関する契約書 （例）不動産売買契約書 2. 地上権または土地の賃借権の設定または譲渡に関する契約書 （例）土地賃貸借契約書 3. 消費貸借に関する契約書 （例）金銭借用証書 4. 運送に関する契約書（用船契約書を含む） （例）運送契約書	1万円未満…非課税 10万円以下…200円 10万円を超え50万円以下…400円 50万円を超え100万円以下…1千円 100万円を超え500万円以下…2千円 500万円を超え1000万円以下…1万円 1000万円を超え5000万円以下…2万円 5000万円を超え1億円以下…6万円 1億円を超え5億円以下…10万円 5億円を超え10億円以下…20万円 10億円を超え50億円以下…40万円 50億円を超えるもの…60万円 契約金額の記載のないもの…200円 ※1997年4月1日から2022年3月31日までの間に作成される不動産の譲渡に関する契約書のうち、契約書に記載された契約金額が一定額を超えるものについては、税率の軽減がある。
2号文書	請負に関する契約書 （例）工事請負契約書、工事注文請書	1万円未満…非課税 100万円以下…200円 100万円を超え200万円以下…400円 200万円を超え300万円以下…1千円 300万円を超え500万円以下…2千円 500万円を超え1000万円以下…1万円 1000万円を超え5000万円以下…2万円 5000万円を超え1億円以下…6万円 1億円を超え5億円以下…10万円 5億円を超え10億円以下…20万円 10億円を超え50億円以下…40万円 50億円を超えるもの…60万円 契約金額の記載のないもの…200円 ※1997年4月1日から2022年3月31日までの間に作成される建設工事の請負に関する契約書のうち、契約書に記載された契約金額が一定額を超えるものについては、税率の軽減がある。

| 3号文書 | 約束手形または為替手形 | 記載された手形金額が
10万円未満…非課税
100万円以下…200円
100万円を超え200万円以下…400円
200万円を超え300万円以下…600円
300万円を超え500万円以下…1000円
500万円を超え1000万円以下…2000円
1000万円を超え2000万円以下…4000円
2000万円を超え3000万円以下…6000円
3000万円を超え5000万円以下…1万円
5000万円を超え1億円以下…2万円
1億円を超え2億円以下…4万円
2億円を超え3億円以下…6万円
3億円を超え5億円以下…10万円
5億円を超え10億円以下…15万円
10億円を超えるもの…20万円 |
| 4号文書 | 株券、出資証券もしくは社債券または投資信託、貸付信託、特定目的信託、もしくは受益証券発行信託の受益証券 | 記載された券面金額が
500万円以下…200円
500万円を超え1000万円以下…1000円
1000万円を超え5000万円以下…2000円
5000万円を超え1億円以下…1万円
1億円を超えるもの…2万円 |

印紙税の軽減措置

「不動産譲渡契約書」及び「建設工事請負契約書」については印紙税の軽減措置があります。

契約金額		本則税率	軽減後の税率
不動産譲渡契約書	建設工事請負契約書		
10万円超　50万円以下	100万円超　200万円以下	400円	**200円**
50万円超　100万円以下	200万円超　300万円以下	1000円	**500円**
100万円超　500万円以下	300万円超　500万円以下	2000円	**1000円**
500万円超　1000万円以下		1万円	**5000円**
1000万円超　5000万円以下		2万円	**1万円**
5000万円超　1億円以下		6万円	**3万円**
1億円超　5億円以下		10万円	**6万円**
5億円超　10億円以下		20万円	**16万円**
10億円超　50億円以下		40万円	**32万円**
50億円超		60万円	**48万円**

12号文書	信託行為に関する契約書	200円
13号文書	債務の保証に関する契約書	200円
14号文書	金銭または有価証券の寄託に関する契約書	200円
15号文書	債権譲渡または債務引受けに関する契約書	記載された契約金額が1万円以上のもの…200円 契約金額の記載のないもの…200円
16号文書	配当金領収証、配当金振込通知書	記載された配当金額が3000円以上のもの…200円 配当金額の記載のないもの…200円
17号文書	売上代金に係る金銭または有価証券の受取書 (例)商品販売代金の受取書	5万円未満…非課税 100万円以下…200円 100万円を超え200万円以下…400円 200万円を超え300万円以下…600円 300万円を超え500万円以下…1000円 500万円を超え1000万円以下…2000円 1000万円を超え2000万円以下…4000円 2000万円を超え3000万円以下…6000円 3000万円を超え5000万円以下…1万円 5000万円を超え1億円以下…2万円 1億円を超え2億円以下…4万円 2億円を超え3億円以下…6万円 3億円を超え5億円以下…10万円 5億円を超え10億円以下…15万円 10億円を超えるもの…20万円 受取金額の記載のないもの…200円 営業に関しないもの…非課税
	売上代金以外の金銭または有価証券の受取書 (例)借入金の受取書	5万円未満…非課税 5万円以上…200円 受取金額の記載のないもの…200円 営業に関しないもの…非課税
18号文書	預金通帳、貯金通帳、信託通帳、掛金通帳、保険料通帳	1年ごとに200円
19号文書	消費貸借通帳、請負通帳、有価証券の預り通帳、金銭の受取通帳などの通帳	1年ごとに400円
20号文書	判取帳	1年ごとに4000円

さくいん

●監修者　池田 陽介（いけだ・ようすけ）

税理士。1962年、埼玉県生まれ。1988年、税理士登録。税理士法人　池田総合会計事務所代表社員。相続税や法人税の申告業務を中心に、病院・医院の開業・経営支援なども実施。経営コンサルティング会社であるフォローアップ株式会社の代表取締役を務めるほか、弁護士、弁理士、司法書士、不動産鑑定士、一級建築士、社会保険労務士などと士業ネットワークを結び、多方面での活動を展開。主な著書に『図解　決算書、ここだけ見ればいい!』（三笠書房）、『身近な人が亡くなったときの手続きと届け出ぜんぶ』（KADOKAWA）、『知識ゼロからの相続の手続き』（幻冬舎）などがある。

本書に関するお問い合わせは、書名・発行日・該当ページを明記の上、下記のいずれかの方法にてお送りください。
電話でのお問い合わせはお受けしておりません。
・ナツメ社webサイトの問い合わせフォーム
　https://www.natsume.co.jp/contact
・FAX（03-3291-1305）
・郵送（下記、ナツメ出版企画株式会社宛て）
なお、回答までに日にちをいただく場合があります。正誤のお問い合わせ以外の書籍内容に関する解説・個別の相談は行っておりません。あらかじめご了承ください。

ナツメ社Webサイト
https://www.natsume.co.jp
書籍の最新情報（正誤情報を含む）は
ナツメ社Webサイトをご覧ください。

基本と実務がよくわかる　小さな会社の総務・労務・経理　24-25年版

2024年6月4日　初版発行

監修者　池田陽介　　　　　　　　　　Ikeda Yosuke,2024
発行者　田村正隆

発行所　株式会社ナツメ社
　　　　東京都千代田区神田神保町1-52　ナツメ社ビル1F（〒101-0051）
　　　　電話　03（3291）1257（代表）　FAX　03（3291）5761
　　　　振替　00130-1-58661
制　作　ナツメ出版企画株式会社
　　　　東京都千代田区神田神保町1-52　ナツメ社ビル3F（〒101-0051）
　　　　電話　03（3295）3921（代表）
印刷所　ラン印刷社

ISBN978-4-8163-7554-5　　　　　　　　　　Printed in Japan